体育经济学概论

（第二版）

骆秉全 主编

"十二五"普通高等教育本科国家级规划教材

普通高等学校体育专业教材

中国教育出版传媒集团

高等教育出版社·北京

内容提要

本书是在总结多年来体育经济学研究和实践经验的基础上进行修订的。全书内容通俗易懂，具有较强的实用性。全书分为 10 章，内容包括：绪论，体育在国民经济中的地位与作用，体育商品、体育资源、体育资产、体育资金，体育市场经营的成本与收益分析，体育市场的供需及体育市场机制，体育产品价格，体育消费者行为理论，体育产品生产者的劳动报酬，体育产业政策。

本书可作为普通高等学校体育经济与管理专业核心课程教材，也可作为社会体育指导与管理、休闲体育等相关专业选修课教材，对从事体育经济活动或研究的人员也具有较高的参考价值。

图书在版编目（CIP）数据

体育经济学概论 / 骆秉全主编． -- 2版． -- 北京：高等教育出版社，2025.9． -- ISBN 978-7-04-065466-0

Ⅰ．G80-052

中国国家版本馆CIP数据核字第2025KC7610号

Tiyu Jingjixue Gailun

策划编辑	范　峰	责任编辑	李　淼	封面设计	姜　磊	版式设计	马　云
责任绘图	马天驰	责任校对	刘娟娟	责任印制	耿　轩		

出版发行	高等教育出版社	网　址	http://www.hep.edu.cn
社　址	北京市西城区德外大街4号		http://www.hep.com.cn
邮政编码	100120	网上订购	http://www.hepmall.com.cn
印　刷	河北信瑞彩印刷有限公司		http://www.hepmall.com
开　本	787mm×960mm　1/16		http://www.hepmall.cn
印　张	18.25	版　次	2014年5月第1版
字　数	270千字		2025年9月第2版
购书热线	010-58581118	印　次	2025年9月第1次印刷
咨询电话	400-810-0598	定　价	37.50元

本书如有缺页、倒页、脱页等质量问题，请到所购图书销售部门联系调换
版权所有　侵权必究
物料号　65466-00

前言

自20世纪后半叶起,全球体育产业以前所未有的规模和速度迅猛发展。我国的体育产业随着社会主义市场经济制度的确立勃发生机,逐渐成为国民经济新的增长点,在我国国民经济和社会发展中的地位越来越重要。体育产业已形成以服务业为主导的高质量发展新格局。新时代以来,我国体育事业更加蓬勃发展,体育产业规模持续扩大,结构不断优化,体育产品越来越丰富,体育市场越来越活跃,人们的体育消费观念越来越成熟,社会体育消费需求向多元化发展,体育经济问题的研究越来越受到人们的重视。深入研究体育经济学及其理论本土化构建的需要更为迫切。

作为新兴交叉学科,体育经济学理论体系仍需进一步构建。当前国内研究多聚焦引介西方理论框架,在学科本土化探索中呈现出两种主要取向:一为侧重宏观层面的经济功能分析,二为着力微观领域的市场要素研究,但整体而言仍存在理论构建与实践应用衔接不够紧密的现状。本次修订坚持以习近平新时代中国特色社会主义思想为指导,系统梳理了党的十八大以来经济领域特别是体育经济与产业发展的理论创新成果,深入贯彻落实党的二十大关于"加快建设体育强国"的战略规划,全面体现党的二十届三中全会对经济工作的部署,紧密对接全国教育大会精神,充分融入《体育强国建设纲要》关于促进体育产业升级、落实全民健身国家战略的最新要求等内容,同时将数字经济与体育融合、体育消费新业态、体育产业供给侧结构性改革等前沿议题纳入框架，并且融合了宏观环境变化以及我国体育产业最新发展现状，突出体现我国体育产业发展新成就。因此，第二版教材的结构更为合理和完整，内容体系更加充实和丰富，进一步凸显了教材的思想性与原创性。

全书仍保留第一版10章的总体架构，在介绍体育经济学的研究对象和发展现状的基础上，从宏观层面探讨了体育对国民经济发展的作用和产业政策问题，从微观层面分析了体育商品、体育资产、体育资金、体育资源、体育市场、体育消费者行为和体育产品生产者劳动报酬等问题。第二版主要围绕以下三方面进行修订：

1. 体现宏观环境

基于国内外宏观经济发展整体环境、最新政策内容及改革发展方向、我国体育产业高质量发展阶段面临的实际情况等宏观环境因素，对相应章节框架、文字表述、数据资料等进行更新，使之贴合体育经济发展现实，保持与时俱进。

2. 把握理论共性

紧密联系中国实际，关注体育市场经济、消费者行为的国际理论研究新进展，围绕构建中国自主知识体系，更注重学科体系、学术体系、话语体系、知识体系、理论体系之间的关系和协调。

3. 突出时代特征

充分考虑教材的使用场景和教学目标，增设"本章导学"，引入更多高质量实践案例，添加更多政策内容及知识链接等，融入适应当前教学环境的数字资源、教学资料，为教师与学生提供便利。

在本书编写过程中，参阅了大量国内外专家、学者的相关论著，汲取了体育经济学最新的研究成果，深度、广度并重，同时运用微观经济学和宏观经济学、产业经济学、劳动经济学、消费者行为学等对体育经济领域的现实问题进行经济学分析。但是，本书并未局限于用经济学的原理来解释体育现象，而是根据体育产业自身特点，结合中国实际国情研究体育领域中的经济问题，坚持理论与实践相结合，力求为读者呈现立体多元的体育经济知识图谱。

  本教材由首都体育学院骆秉全教授担任主编，王庆伟教授、王萍萍博士后担任副主编，参编人员有马天平、胡良平、张丛杉等。教材编写团队从事体育经济学研究与实践多年，在长期教学实践与行业观察中总结相关经验，不断更新和完善理论架构与知识点，最终形成了目前的体系和内容。

  由于作者学识有限，书中难免会有疏漏与不当之处，敬请广大师生批评指正。

编者
2025 年 3 月

目 录

第一章　绪论 / 1

　　第一节　体育经济学概述 / 2
　　第二节　体育经济学的研究内容和研究方法 / 11

第二章　体育在国民经济中的地位与作用 / 21

　　第一节　体育与经济的关系 / 22
　　第二节　体育的产业化与市场化对国民经济发展的促进作用 / 42

第三章　体育商品 / 55

　　第一节　体育商品的使用价值和价值 / 56
　　第二节　体育商品的属性和特征 / 59
　　第三节　体育商品的分类及其相互关系 / 64

第四章　体育资源、体育资产、体育资金 / 75

　　第一节　体育资源 / 76
　　第二节　体育资产 / 83
　　第三节　体育资金 / 110

第五章　体育市场经营的成本与收益分析 / 119

　　第一节　体育市场经济效益的概念与分类 / 120

  第二节 体育市场经营的成本核算 / 122
  第三节 体育市场经济效益分析 / 126

第六章 体育市场的供需及体育市场机制 / 143

  第一节 体育市场的供给分析 / 144
  第二节 体育市场的需求 / 147
  第三节 体育市场机制研究 / 151

第七章 体育产品价格 / 165

  第一节 体育产品价格的决定 / 166
  第二节 弹性理论及其在体育市场中的运用 / 184

第八章 体育消费者行为理论 / 197

  第一节 体育消费者行为理论基础 / 198
  第二节 影响体育消费者行为的因素分析 / 200
  第三节 我国的体育消费者行为 / 206

第九章 体育产品生产者的劳动报酬 / 219

  第一节 运动员的劳动报酬 / 220
  第二节 教练员的劳动报酬 / 227
  第三节 体育教师的劳动报酬 / 235
  第四节 社会体育指导员的劳动报酬 / 242

第十章 体育产业政策 / 249

  第一节 体育产业政策概述 / 250
  第二节 体育产业政策的体系 / 256

主要参考文献 / 279

第一章 绪 论

❋ 本章导学

本章回顾体育经济学的产生以及国内外研究情况,介绍体育经济学的研究对象、研究任务和学科属性,阐述体育经济学的研究内容和研究方法,向读者展现体育经济学的完整理论构架。

学习目标

1. 理解体育经济学产生的社会经济背景与学科发展逻辑。
2. 了解体育经济学的研究对象、核心任务及其与相关学科的差异。
3. 了解体育经济学所具有的经济学与体育学交叉融合的学科属性。
4. 掌握定量/定性、实证/规范等核心分析方法的应用逻辑。
5. 理解体育经济学的理论基础及其研究的现实意义,关注当前研究热点问题。

第一节 体育经济学概述

一、体育经济学的产生和发展

（一）体育经济学的产生

体育经济学是一门新兴的独立学科，具有一定的学科体系结构，其兴起和发展离不开社会政治、经济和文化等背景。体育经济学的历史并不长，但发展速度很快，尤其在20世纪60年代以后得到了迅猛发展。

体育经济学是现代体育发展与经济发展相结合的产物，是经济学和现代体育发展的必然结果。有消费就会有生产，进而就会有投资、产品、市场等一系列经济学所要研究的内容，体育经济学也不例外。社会生产力和人们生活水平的不断提高、休闲时间的不断增多以及体育运动的不断发展，为人们提供了参与体育消费活动的可能性。人们的体育意识不断增强，经常参加体育锻炼的人数不断增加，使社会对体育消费的需求也急剧增加。这些体育消费需求不仅包括体育器械、运动服装和鞋帽等体育实物消费品，也包括体育健身、休闲、娱乐、培训、咨询、辅导等服务消费，当然还包括体育竞赛表演、体育文化活动等公共或准公共体育产品。如此多的体育消费领域，带来了更广泛的体育经济研究领域，对体育经济学的发展有着积极作用。

经济学是关于如何将有限的资源按照人们的需求进行有效配置的科学，现代经济学已经形成了比较成熟的学科体系，并具备独特、系统的分析方法，这为体育经济学的产生奠定了深厚的学科基础。体育活动是人类一种重要的社会现象，必然要占用一定的人力、物力和财力，所以也存在有限的资源如何配置的问题。经济学的发展必然要深入体育领域，从而形成体育经济学。

体育经济学的产生是现代体育发展的需要。现代体育的发展，不仅对体育经济理论的产生提出了客观要求，也为体育经济理论的产生准备了客观条件。

1. 体育产业已经成为国民经济发展的重要组成部分

随着社会生产力的进步与人们生活水平的提高，人们对体育的需求也在增长，体育需求的规模化与稳定化直接推动体育逐渐成为一项独立的社会活动和新兴产业。在发达国家，体育服务产品消费和体育物质产品消费所构成的体育消费市场已经形成规模，成为新的消费热点和投资热点，体育产业与资本市场结合得越来越紧密，体育产业资本在资本市场中的比例不断升高，在美国、英国等一些国家，体育产业已经成为国民经济的支柱产业。我国的体育产业不断发展壮大，目前已经形成既具有横向联系又具有纵向关联的系统行业结构，已经从单一的体育产品、体育服务的生产经营发展成为跨行业生产和经营的综合产业，成为国民经济的重要组成部分。1985 年，国务院批转了国家统计局《关于建立第三产业的统计报告》，其中将体育部门列入第三产业。此后，政府、企业和个人等投资主体对体育的投入越来越多。社会资源是有限的，如何将有限的社会资源在体育与其他产业之间以及体育产业内部进行有效配置，成为一个重要的研究课题。

体育产业总规模与增加值增长趋势

2. 体育与经济的联系日益密切

随着经济的发展和体育事业规模的扩大，体育与经济的联系越来越密切。一方面，体育越来越明显地依赖于经济，受经济的制约。无论是举办大型运动会还是为培养优秀运动员及其后备力量而建立遍布全国的运动训练网，都需要巨大的财力支持。这不仅要依靠国家的巨额拨款，企业的资助也必不可少。各体育机构还通过提供有偿体育服务及多种经营的途径增加收入，扩大体育经费来源。另一方面，体育对经济增长的影响作用也在增强。体育对经济的影响大体可分为三个层次：第一个层次是体育作为一个产业部门自身可以创造产值；第二个层次是体育运动通过增强劳动者身体素质提高社会生产力，进而间接创造价值；第三个层次是体育事业的发展可以刺激和促进与体育有关产业的发展。例如，2016—2020 年杭州市筹办第 19 届亚运会，赛事经济带动地区生产总值增长约 4 141 亿元，占同期 GDP 的 7.6%；带动当地财政收入增加约 1 033 亿元，占同期财政收入的 8.2%；带动当地就业人数增加约 67 万人，占同期就业人数的 2.4%，对杭州经济发展有着显著的正向影响。体育事业与社会经济生活的联系日益紧密，从而产生了研究体育经济学的必要。

3. 体育改革的深化和观念的转变

随着经济体制改革的推进和体育改革的深化,体育部门的产品和服务进入流通领域,体育领域出现了和其他经济领域一样的多种所有制和多种经营方式。体育事业改革和发展的新形势要求体育部门、体育组织机构的管理者,不仅应遵循体育运动的规律,还应遵循市场规律,探索如何在体育领域运用经济规律来组织、推动体育事业的发展。经济改革、体育改革的深化,不仅使我国体育事业稳步发展,而且普遍增强了体育工作者的经济意识、经济观念。经济意识、经济观念已渗透到体育事业管理和运行过程中的诸多环节,成为体育部门决策者考虑体育事业发展的重要依据,也成为体育部门及各体育机构管理人员经常思考和讨论的热门话题。体育工作者的这些思考和研究,为体育经济学的产生提供了条件。

4. 我国体育事业面临的经济问题更加突出

随着新时代体育产业的发展,我国体育事业与经济的联系日益密切,体育发展过程中所面临的经济问题也日益突出。这些问题主要表现在以下几个方面:① 体育产业如何高质量发展;② 在新质生产力的背景下如何繁荣体育市场,提高体育消费水平;③ 体育资金的筹措问题;④ 体育的经营效益问题;⑤ 体育的经济效益与社会效益如何兼顾的问题;⑥ 体育产业中的分配问题。

(二)体育经济学的发展

体育经济学是一门新兴的学科。第二次世界大战后,世界进入和平发展时期,体育得到了迅猛发展,同时,体育中的经济问题日渐复杂和突出,于是,人们开始研究体育经济问题。

1. 国外研究的基本情况

对体育经济学以及相关问题的研究最早开始于西方发达国家。第二次世界大战后,随着科学技术的发展,一些国家的生产力水平飞速提高,人们收入增加、劳动时间缩短、生活水平大幅提高,对体育的需求逐渐增长,表现为参加大众体育的人越来越多,竞技运动水平突飞猛进,对体育的人力、财力、物力投入越来越多,体育运动中的经济问题趋于突出和复杂,人们对体育经济问题开始进行认真、系统地研究。这时的研究主要从两个方面进行：① 非营利性的体育经济问题，主要有体育的经济功能、体育经费、家庭体育经费、体育在国民经济发展中的地位等。② 营利性的体育经济问题，主要有体育市场问题、体育场馆的经营、职业俱乐部的经营管理、大型运动会资金的筹措、媒体与体育的互利共赢、运动竞赛的门票价格、运动员的转会及费用等。这些研究成果在很大程度上促进了体育经济学这门新学科的发展。

对于体育经济问题，美国及欧洲一些资本主义国家的研究以营利性体育经济问题为主，而且是从市场经济的角度进行的。苏联等社会主义国家对体育经济理论的研究是从20世纪70年代开始的。苏联体育运动委员会和全苏体育科学研究所于1975年在莫斯科召开了第一届全苏体育运动经济问题科学会议，讨论了为体育学院制定的体育经济学教学大纲。1981年，苏联体育与运动出版社出版了由库兹马克和奥辛采夫合著的《体育运动的社会经济问题》一书，第一次比较系统地论述了体育经济理论的内容，但该书研究的出发点和重点是非营利性的体育经济问题。

2. 我国研究的基本情况

我国对体育经济学的研究起步较晚，是从20世纪80年代开始的。在党的十一届三中全会思想路线的指引下，我国体育界一些学者开始了对体育经济学的研究。原国家体育运动委员会（国家体委）及其下属机构以及中国体育科学学会等单位通过召开体育理论研讨会的形式，推动了体育经济学的发展。1984年在福建省泉州市召开的体育哲学社会科学论文报告会上，首次提出了创建我国体育经济学的倡议，并得到了我国经济学界的大力支持。此后，以《体育科学》及各体育院校学报为代表的刊物发表了众多研究体育经济学的文章，许多刊物开辟了"体育经济学"专栏。1988年，我国第一本体育经济学专著——《体育经济学》由四川教育出版社出版。此后，一些体育院校开始开设"体育经济学"课程，并编写了体育经济学教材和讲义。我国体育经济理论研究从无到有，逐步繁荣起来。但最初的研究由于受计划经济体制的影响，在研究的内容和目的上还局限于计划经济的模式，基本没有涉及体育市场、体育消费、体育的产业化等问题。随着我国经济体制的改革与发展，研究的领域逐渐扩大，开始涉及体育产品、体育消费、体育资金来源的多元化，体育投资的经济效益和体育经济法等问题。

到了20世纪80年代中期，尤其是1985年于光远先生在全国体育哲学社会科学研讨会上提出要研究体育运动的经济问题、创建体育经济学以后，体育理论界对体育经济的研究进入了一个飞速发展的阶段。但是，这一时期出版发行的体育经济理论方面的著作仍然未能脱离计划经济的束缚，可以说是在计划经济向社会主义市场经济转型时期的产物。虽然这些著作具有历史局限性，但是填补了我国在这一学科领域的空白。1991年，国家教委将体育经济学列为体育学下的一个学科。1992年，国家质量技术监督局发布了《中华人民共和国学科分类与代码国家标准》，将体育经济学列为体育学下的学科之一，这表明体育经济学已经成为一门新的交叉学科。

《关于加快发展体育产业促进体育消费的若干意见》

随着市场经济体制的确立，我国的体育经济理论在内容上发生了重大的变化，开始研究市场经济与体育体制、体育产业化、体育市场及其管理、体育商品化、市场经济与体育消费、体育彩票和体育赞助等问题。随着2008年北京奥运会的成功举办以及党的十八大报告"广泛开展全民健身运动，促进群众体育和竞技体育全面发展"，群众体育发展和体育消费、全民健身产业的开发等相关问题成为新的研究热点，这些都在很大程度上丰富了我国体育经济学的研究内容。2014年，国务院印发《关于加快发展体育产业促进体育消费的若干意见》，明确提出要推动体育产业成为经济转型升级的重要力量。体育经济的研究内容逐渐扩展至体制机制创新、产业结构优化、多元主体培育、业态融合发展等方面。

《"健康中国2030"规划纲要》

此后，我国体育产业规模逐年扩大、全民健身事业快速发展与经济社会发展新形势，对体育经济的发展也提出了新的要求。新时代以来，我国经济加快从速度规模型向质量效益型转变，步入了高质量发展阶段，要求必须激发出经济的活力、创新力与竞争力。同时，随着健康中国、全民健身、体育强国等战略的纵深推进与《中华人民共和国体育法》持续完善优化，学者们紧密结合时代发展潮流，从构建高水平社会主义体育市场经济体制、建设现代化体育产业体系、全面推进乡村振兴、促进体育产业区域协调发展、推进高水平对外开放等方面进行研究，为推动体育经济实现质与量的双重提升提供理论支撑。

《全民健身计划（2021—2025年）》

《体育强国建设纲要》

现如今，我国已进入数字经济时代，为持续深化体育经济高质量发展，必须以新技术、新模式、新动能、新优势激发体育经济活力。2023年9月，习近平总书记在黑龙江考察时首次提出"新质生产力"这一重要概念，为我国经济社会发展指引了方向，并成为学界关注的新焦点。为此，学界从信息技术颠覆性创新、体育生产要素革新、体育产业深度转型、各业态融合发展等方面对体育经济展开积极论述，为形成技术水平更高、质量更好、效率更高、更可持续的体育经济形态奠定理论基础。

《中华人民共和国体育法》

新质生产力概述

二、体育经济学的研究对象和任务

（一）体育经济学的研究对象

从宏观角度来看，体育经济学的研究对象很多。体育经济学的研究对象是体育与经济的关系以及体育领域的经济现象、经济活动的本质、特点和规律。可见，体育经济理论不是简单地研究体育或者经济，而是以经济学的方法分析体育。具体来说，体育经济学的研究对象包括两个大的方面：一是体育与经济的关系。体育与经济的关系实际上也是一种经济关系。在研究体育与经济的关系问题时，既要研究经济对体育的制约、决定和促进作用，又要研究体育如何适应经济的发展以及体育对经济增长的积极作用，主要着眼点在于协调体育产业内各部门发展的数量与质量，实现各产业部门协调发展，优化配置稀缺的经济资源。现代社会体系包含很多内容，其中体育和经济是必不可少的两个要素。两者之间的关系贯穿着体育经济学研究的始终。二是体育部门内部的经济现象、经济活动及其规律。通过优化体育产业内各部门的结构，促进体育产业的协调发展。研究和揭示体育领域的经济现象和经济规律，目的是提高体育事业的经济效益和社会效益，这也是体育经济学的核心所在。作为体育经济学研究对象的两个方面，两者相互统一，不可偏废。

（二）体育经济学的研究任务

体育经济学的研究任务，就是以经济学的分析方法探讨市场经济条件下体育产业发展的一般规律，总结我国体育产业发展的经验，吸取教训，提高我国体育产业的经济效益和社会效益，促进我国体育产业在社会主义市场经济条件下健康、快速发展。

1. 阐述体育与经济发展的关系

在现代社会，体育已经成为一个重要的产业部门。体育产业的发展，不仅取决于体育部门自身，而且受到整个国民经济发展状况的制约。体育产业的发展对整个国民经济发展也有着很大的影响。体育经济学必须系统地阐明体育与经济发展的复杂关系，揭示体育的经济功能，充分认识体育在经济增长中的作用，摆正体育在国民经济中的位置。

2. 探索体育领域内经济活动的规律

体育产业是第三产业的重要组成部分，体育领域内的生产与消费以及分配活动不同于物质生产部门，而且与其他第三产业相比具有自身的特点和独特的规律。体育经济学要揭示体育领域内经济活动的特点和独特规律，就需要研究体育市场、体育资金和体育资产等问题。

3. 研究体育经营管理的经济效益、社会效益以及实现两者有机结合的可行途径

体育活动同样要占用大量的社会资源。资源总是有限的，因此必须有效利用，这就需要研究体育经营管理的经济效益。体育经济学就是要研究如何以较小的消耗获得更大的有用效果，这是发展我国体育事业的核心问题，也是体育经济学要研究的核心问题。

4. 探讨新时代我国体育产业高质量发展的现实路径

我国体育部门的改革正在不断深化。体育部门的改革究竟应该朝什么方向发展？应该通过什么方法和途径？需要制定什么政策与措施来进一步推进我国体育部门的改革实践并降低改革成本？这些问题均需要我们从理论上进行探讨并指导改革的实践。

三、体育经济学的学科属性

体育经济学是在体育与经济的交叉和边缘地带成长起来的一门新学科，是体育学知识与经济学知识相互渗透的结果，是综合体育学知识和经济学知识的产物。体育经济学是从经济学的角度或者说以经济学的分析方法研究体育产业的应用经济学，这是体育经济学的学科属性。为了更好地把握这一点，下面将体育经济学与相关学科作简要比较。

（一）体育经济学与其他经济学科的关系

体育经济学属于应用经济学，具有以下特点。

1. 知识交叉性

研究体育经济学不但需要扎实的经济学理论功底，而且要熟悉体育科学知识。这就必然使经济学知识、体育科学知识以及其他社会科学知识相互交叉和综合，因而体育经济学带有交叉性和边缘性。知识的交叉不等于知识的简单叠加，而是将体育科学知识与经济学分析相结合，使体育活动更加符合经济学规律。

2. 应用性

体育经济学注重对体育活动一般规律的理论概括，但更重要的是，体育经济学要在一般经济理论的指导下研究体育活动实践，为制定促进体育产业健康发展的战略、方针和政策服务。在体育经济学的研究中既有理论的探索，又有应用的研究，两者不能完全分开。体育经济学是体育领域经济活动的理论概括，既要研究体育领域的一些基本经济理论问题，又要用这些理论来分析接近实践层次的经济问题。

应该强调的是，我国的体育经济学是社会主义体育经济学，与西方体育经济学相比较，更加注重经济效益与社会效益的结合以及兼顾经济效率和社会公平。

（二）体育经济学与其他体育科学学科的关系

与体育管理学相比，体育经济学研究的主要是体育领域的经济问题，体育管理学主要研究体育产业中的经营管理问题，两者的研究内容有所交叉，但研究角度不同。体育管理学的研究着眼于体育产业的管理方式与方法，注重管理过程中的计划、组织、控制、协调等，针对具体的体育经济活动进行可操作的技术性管理方案设计与改进；体育经济学则侧重于理论研究，技术性因素较少，更注重研究体育经济中的深层次问题，如体育商品特性、体育市场运行机制等问题。

与体育社会学相比，体育经济学的研究范围相对狭窄，更注重体育领域中的经济问题。此外，体育经济学与体育社会学的研究方法有着重大的区别。体育社会学主要采取社会调查和个案分析法，而体育经济学的分析方法相对注重基本假定前提下的理性推理。

四、体育经济学的学科基础

体育经济学的学科基础主要是经济学、体育学、社会学、管理学、法学和数学等，其中，经济学和体育学是最基本的学科基础。在经济学中，主要以马克思主义政治经济学、宏观经济学、微观经济学、产业经济学、消费经济学和福利经济学等为基础。在体育学中，主要以体育管理学、体育市场学、体育产业学、体育社会学、体育哲学、体育法学和体育原理等为基础。

五、体育经济学的研究意义

现代科学体系的发展，不仅建立了体育经济学科，也为体育经济学科的发展提供了条件。研究体育经济学既是现代体育运动发展的需要，同时对我国经济发展的深化和改革也具有重要的现实意义。研究体育经济学不仅具有重要的理论价值，而且对于建设和完善中国特色的体育市场具有重要的实践指导意义。主要体现在以下几个方面。

（一）有助于繁荣我国人文社会科学

在我国科学体系中，人文社会科学占据着重要的位置，经济学和体育学都是其中不可或缺的研究领域。对于体育学来说，体育经济学是一门新兴学科；对经济学而言，体育经济学在其间又没有得到应有的重视。所以，深入研究体育经济学，无论是对我国的体育学科还是经济学科，进而对整个人文社会科学都有着积极的意义。

（二）重新认识体育在国民经济发展中的作用

研究体育经济学可以深化人们对体育的认识。长期以来，人们习惯于将体育作为由政府拨款支持的公益事业来对待，而不注重区别体育产业中哪些部门可以推向市场，追求经济效益，哪些部门必须由政府加以扶持，服务于公益。体育不但可以满足人们身体、精神、交往的需要，还可以直接或间接地促进经济增长，促进整个国民经济的发展。研究体育经济学可以使人们充分认识到体育产业的复杂性，明确体育产业在国民经济中的地位和作用。体育经济学倡导效益观念，研究实现体育与经济协调发展和体育产业内部资源有效配置的途径，促进体育产业步入良性发展之路。

（三）有利于体育管理工作的宏观决策

研究体育经济学还有助于深化我国体育管理制度改革，提高体育宏观决策的科学水平。党的二十大报告中提出了"社会主义市场经济体制更加完善，更高水平开放型经济新体制基本形成"的目标任务，为了适应社会主义市场经济的要求，加快体育产业的发展，必须深化体育管理制度改革。体育管理制度怎样改革、怎样确定改革的目标，需要体育经济学加以研究和回答。研究体育经济学，揭示体育领域内的经济规律，结合我国体育运动的实际情况和所处经济环境，制定体育事业的有关经济政策，科学地处理体育工作宏观决策的重大问题，可以防止体育工作的盲目性、随意性，加快我国体育事业的发展。

第二节 体育经济学的研究内容和研究方法

一、体育经济学的研究内容

体育经济学的研究内容是对体育经济学研究对象的展开和具体化。研究对象与研究内容实际上是同一个问题的不同层次。比较起来，研究对象的抽象程度更高一些，而研究内容则相对具体。体育经济学的研究内容主要包括以下几个方面。

（一）体育产业与国民经济发展的关系

体育产业本身是一个相对独立的产业。作为一个独立的产业，体育产业的发展必须与整个经济发展的水平相适应，体育经济学必须阐明经济对体育产业发展的制约作用。同时，体育作为一个产业，其发展也对经济整体具有很大的推动作用。体育经济学应当充分论证体育产业在国民经济中的重要地位，并对体育发展速度与体育产业结构进行深入的探讨，促进经济良性发展。

（二）体育产业

体育经济学要对体育产业的含义给出清晰的界定，研究体育产业的特点并对体育产业进行适当的分类。面对市场经济的要求，体育经济学要阐明我国体育产业的组织形式、发展目标以及发展模式，明晰影响我国体育产业发展的基本因素，探寻加快我国体育产业发展的途径。

（三）体育市场

发展体育产业必须面向市场。体育经济学要深入研究体育市场，首先，要明确体育市场的基本含义以及基本功能和作用。其次，要阐明各类市场的特点和运行机制，加快培育体育市场。最后，要研究体育市场发展的条件和市场供需，提出建立和健全体育市场的基本措施和相应的市场规则，探讨政府应当发挥的作用和发挥作用的方式。

（四）体育消费

体育产业的发展归根结底是要满足人们的体育消费需求，体育经济学要研究体育消费的特点、方式、结构和水平。为了使体育产业动态地适应人们消费需求的变动，就要揭示人们对体育产品的消费需求变化规律的发展趋势，研究影响我国居民体育消费需求的基本因素，以及如何扩大和引导人们对体育产品的消费需求，从而为体育产业迅速发展创造市场条件。

（五）体育投资

体育投资是体育产业正常运行的必要条件。要进行投资，必须首先筹集体育资金，因而体育经济学要研究体育投资和体育资金。第一，要明确体育资金的特点和重要作用，探讨在社会主义市场经济条件下筹集体育资金的多元途径，探讨如何加强体育资金预算，实现体育资金的合理配置，并探索在社会主义市场经济条件下对体育资金进行有效审计和监督的政策措施。第二，要研究体育投资的内涵、性质和特点，体育投资的来源、管理、分配和使用以及体育投资的增长变化趋势等。

（六）体育市场经营的成本与收益分析

如何提高体育市场的经济效益，是体育领域经济活动的核心问题。研究体育经济学的最终目的，就是通过揭示体育经济运动的客观规律性及其特点，寻求提高体育经济效益的途径和方法，厘清体育市场经营成本与收益之间的关系，提高产业发展水平和市场收益，以推动体育事业较快发展。

（七）体育资源及体育资产、体育资金

体育资源的开发是体育产业发展的基础，是在把握自然资源、社会文化资源的基础上研究体育经济的资源问题，对体育产业的发展具有重要的现实意义。资源的拥有量及开发和利用情况如何，往往制约着一个国家的经济发展水平，在特定的时期或地域，甚至起着决定性的作用。同样，对一个产业部门来说也是如此。

面对市场，体育产业要进行资产经营，以更好地实现资产的保值与增值。体育经济学要阐明体育资产的内涵，明确体育资产的特点和类型，提出恰当的体育资产评估体系与方法，针对市场经济的要求探寻改善我国体育资产经营管理的政策措施。

体育资金是指专门用于发展体育事业的人力和物力的货币表现。体育资金是体育事业得以顺利进行和发展的必要条件，如何筹集体育发展资金、提高体育资金的使用效率是体育经济学研究的主要课题之一。

（八）体育产品价格

在微观经济学中，价格是由供给和需求共同决定的。在体育市场中，体育产品的价格也主要是由体育产品的供给（如运动员、教练员、裁判员等所能提供的赛事等无形产品或企业所生产的有形产品）和体育产品的需求（如消费者对体育产品的购买欲望和购买能力）共同决定的。研究体

产品价格，尤其是对不同形式体育产品供求价格的形成，以及价格弹性等的分析探讨，对推动体育市场发展具有重要意义。

（九）体育产品生产者的劳动报酬

在体育领域内，运动员、教练员不仅是运动场上的主体，也是整个职业体育运动的核心。我国体育产业和体育市场中的体育赛事经济活动都是紧紧围绕运动员尤其是职业运动员这个核心展开的。因此，分析、研究我国职业运动员的劳动价值，对丰富与完善我国体育经济学研究具有重要的现实意义。体育教师担负着学生身心健康的重任，分析体育教师的劳动报酬，对尊重体育教师劳动和提高体育教师待遇具有重要意义。社会体育指导员对促进、繁荣和培育全民健身市场具有不可替代的作用。如何认识他们的劳动价值，给其应有的社会地位，从现实出发解决其劳动报酬问题应成为政府公共服务的重要内容之一。

（十）体育产业发展政策

现代经济活动已经证明，市场并不是万能的，体育产业的发展同样需要政府发挥积极作用。体育经济学要探讨制定体育发展政策和计划的依据、原则、内容和方法，同时要研究体育产业政策的制定依据、基本政策目标、实施手段和主要政策措施，以保证体育产业的发展与整个经济发展的要求相适应。

（十一）数字赋能体育产业发展

数字赋能体育产业发展是提升我国体育经济实力的关键手段，也是现代化产业体系构建的重要路径。随着数字化技术快速迭代，以数字技术为抓手赋能体育产业发展，突破传统体育经济、体育产业的发展局限，与时代发展趋势相符合。同时，数字经济在体育产业中具有较强的渗透性，将数字经济与体育产品生产、分配、交换、消费等环节融合，可充分提升体育产业资源配置效率。可见，体育产业数字化转型为传统体育产业发展提供创新驱动与更大的发展空间，同时进一步推动了数字技术的应用与进步，以此促进生产力产生新的质变。

二、体育经济学的研究方法

作为一门应用经济学，体育经济学的研究离不开马克思主义理论的指导。唯物辩证法是马克思主义的世界观，也是科学的方法论。研究体育经济学也必须应用唯物辩证法，使其成为体育经济学的指导性研究方法。应用唯物辩证法进行研究，首先必须从客观存在的体育经济关系、体育产业经济发展过程的具体实际出发，深入调查研究，充分占有材料，这是研究问题的唯物主义基础。在此基础上，再对客观的体育产业经济关系及其发展过程以及所有材料进行辩证的分析，找出其中内在的、本质的、必然的联系，揭示体育产业与经济的关系以及体育产业经济运动的规律，一切从体育产业发展的实际出发，结合整个经济的发展状况，实事求是，不断总结新经验，研究新问题，得出新的理论概括和科学结论，发展体育经济学。除此之外，体育经济学还有其自身独特的研究方法。

（一）定量分析与定性分析相结合

任何经济现象都有质和量两个方面的属性，体育经济现象也不例外。在运用唯物辩证法研究的同时，体育经济学还必须注意将定性分析与定量分析方法相结合。对体育经济现象进行定性分析不仅是必要的，而且是第一位的。体育经济学首先要研究体育经济现象的本质，对其进行定性分析，以揭示体育产业经济的基本运行规律。定性分析是定量分析的前提和基础，没有正确的定性分析，定量分析就失去了存在的意义，纯粹的定量分析是不能说明任何问题的。但是，经济运行中内在的和本质的联系，毕竟要通过由它决定的经济变量的关系具体体现出来。定量分析方法，就是应用经济统计和经济计量方法，研究经济变量之间的相关性或函数关系。定量分析为定性分析提供分析材料和依据，使定性分析更加准确，从而深化对事物性质的认识。

（二）实证分析与规范分析相结合

体育经济学的功能首先是研究体育经济现实，离开了对体育经济现实的把握，体育经济学就会丧失其独立的科学价值和学科地位，也就不能成为一门社会科学。因此，体育经济学必须重视使用实证分析的方法，也就是运用经验分析或者借助特定的假设，对现实体育经济的运行和发展过程如实地加以描述和说明，从理论上阐明现实体育经济的客观事实及其内在联系"是什么"（what）和"为什么"（why）的问题。没有实证分析，就不会对现实的体育经济状况达到清晰和准确的认识。所谓规范分析，就是依据一定的价值标准，对经过实证分析认识到的现实体育经济状况作出是非好坏的价值判断，在此基础上，提出"应该怎样"才好的问题，并依据符合某种价值判断的目标提出应当怎样去做的措施。单纯的规范分析所能提供的只是一种可能的状况，而不是现实。体育经济学应当将实证分析方法与规范分析方法相结合。

（三）宏观经济分析与微观经济分析相结合

宏观经济分析主要指从总体上研究体育经济发展问题。如从总体上研究体育产业与整个国民经济发展之间相互作用的关系，研究体育产业内在的结构均衡与优化的问题，以及体育总体消费需求、体育投资总量、体育投资效益等体育经济变量之间的变动关系等。宏观经济分析为我们提供了一个关于体育产业经济发展的总体框架和脉络。同时，体育经济学又要将分析的着眼点深入下去，对具体的体育运动与体育产业经营的基层组织和单位进行微观经济分析，通过微观经济分析找寻具体的微观体育产业经营主体的经营轨迹。微观经济分析提供了微观体育产业经营主体的行为方式与反应机制，为宏观体育产业政策制定和实施找到了微观的有效载体和实施依据。宏观经济分析应当与微观经济分析相结合，只有充分运用两种经济分析方法，才会对体育经济的认识达到整体与局部的统一，从而使体育经济学的研究立体化并具有完整性。

（四）体育分析与经济分析相结合

体育分析与经济分析相结合是体育经济学独特的研究方法。体育经济分析既涉及经济现象，又直接面对体育现象。研究对象的交叉性决定了分析方法的交叉性。在研究方法上，体育经济学首先要运用经济分析的方法，以经济分析实证复杂的体育产业经济关系，同时又要借鉴体育科学的研究方法，将经济分析的合理性建立在体育技术合理性的基础上，将体育分析与经济分析在研究中有机地结合起来。

除了上述主要分析方法，体育经济学还应吸收其他体育学科的分析方法，在研究实践中逐步丰富、发展，形成体育经济学独特的分析方法体系。

三、体育经济学的基本理论基础

体育经济学的建立具有深厚的理论基础，包括马克思主义政治经济学、现代西方经济学和产业经济学。其中，马克思主义政治经济学具有指导性地位。

研究体育经济学领域的经济关系，必须以马克思主义政治经济学为理论指导。现代西方经济学已经发展出了系统的分析方法与理论知识，对消费行为理论、生产理论等方面的研究日臻成熟，可用于分析体育经济学中的体育消费、体育市场、体育资产以及微观体育经营等问题。

此外，产业经济学已经发展成为一门成熟和相对独立的学科。产业经济学主要包括产业结构理论、产业组织理论和产业政策理论等内容。体育经济学应当充分运用产业经济学理论分析和研究体育产业的内部结构优化、组织结构形式以及体育产业政策，以促进体育经济学以及体育产业的发展。

学好体育经济学需要掌握以下经济学理论。

（一）社会再生产理论

体育产业的运行过程就是体育产品的生产、分配、交换、消费和扩大再生产过程。运用社会再生产理论可揭示体育本身完整的生产和再生产过程，同时也可以从外部联系上揭示体育在整个社会再生产中的作用。

（二）社会主义市场经济理论

党的二十大报告中提出要构建高水平社会主义市场经济体制，这是社会主义市场经济理论的又一深化过程。体育产业经济活动是社会主义市场经济的重要组成部分，市场经济的运行规则必然要深入体育领域。体育经济学必须依据社会主义市场经济理论，研究体育与经济的关系，研究体育领域内部经济活动的性质和运行机制、体育消费与体育市场。

（三）微观经济理论

体育经济学要分析微观的体育经营（如体育产品价格、体育产品需求弹性、体育消费等），必须以微观经济理论为理论基础。

（四）产业经济学理论

体育经济学的研究对象实际上局限于体育产业，决定了产业经济学的基本理论必然对体育经济学的研究具有直接的指导意义和应用价值。

上述经济理论是体育经济学研究所依据的主要经济理论。马克思主义政治经济学作为理论基础具有指导性地位，同时体育经济学的研究也要紧密联系中国实际，并有鉴别地吸收、运用现代西方经济学和产业经济学的理论原理，只有这样，体育经济学才会得到更充分的发展。

四、当前体育经济学研究的一些热点问题

随着我国社会经济的发展和体育部门改革的不断深化，以及我国体育市场的逐步繁荣，需要研究的体育经济问题越来越多。从当前体育经济发展的实际来看，以下是当前体育经济学研究的一些热点问题：经济全球化条件下中国体育产业面临的机遇与挑战、体育市场的国际化、我国体育经济与产业政策、大型体育赛事对地方经济社会发展的综合效应、体育对人力资本的贡献、运动员参加商业开发活动的理论和实践、体育彩票的理论与实践、政府在体育产业发展中的作用、体育市场监管、体育用品业的自主创新能力、体育无形资产的开发与保护、体育改革与发展中的产权问题、体育保险、体育产业融资、体育产品的知识产权保护、运动员人力资本的产权界定和保护、体育场馆的经营管理模式和效益、体育市场及体育产品标准化管理以及新质生产力要求下体育市场更高质量发展等。

思考题

1. 为什么说体育产业已经成为国民经济发展的重要组成部分?
2. 体育经济学的主要研究任务有哪些?
3. 联系实际谈谈为什么"随着经济社会和科学技术的发展,体育与经济的联系日益密切"。
4. 举例说明体育经济学研究的主要内容。
5. 为什么要学习、研究体育经济学?有什么重要意义?

第二章
体育在国民经济中的地位与作用

本章导学

　　体育产业对经济发展具有乘数效应、融合效应、带动效应，体育经济学的发展有助于推动体育产业早日成长为国民经济的支柱性产业。本章主要包括以下两个方面内容：第一，从营利性体育组织与非营利性体育组织的经济属性及经济价值、国民经济发展状况对体育的影响、体育对经济增长的贡献、现阶段我国体育的经济特征等方面分析了体育与经济之间的关系。第二，阐述了体育的产业化与市场化对国民经济发展的促进作用，梳理了国内外体育产业发展历程，论述了体育的产业化、市场化以及培育与发展体育市场的意义。

学习目标

1. 了解营利性体育组织、非营利性体育组织的经济属性及经济价值。
2. 了解国民经济发展状况对体育的影响以及体育对经济增长的贡献。
3. 了解国内外体育产业发展历程。
4. 理解现阶段我国体育的经济特征。
5. 理解体育的产业化、市场化以及培育与发展体育市场的意义。
6. 掌握体育产业统计分类标准。

第一节　体育与经济的关系

依据目标和职能的不同，现代社会组织通常可以分为政府组织、营利性组织和非营利性组织三类，它们是政治、经济和社会领域的主要组织形式。营利性体育组织与非营利性体育组织都具有经济属性，但二者的成立目的和服务宗旨不同。所以在市场中，营利性体育组织凸显的是其经济属性，以追求利润最大化为目的；非营利性体育组织凸显的是其社会属性，以追求社会效益最大化为目的。

一、营利性体育组织的经济属性及经济价值

营利性体育组织是以营利为目的，从事体育项目的经营，自主经营、自负盈亏、自我约束、自我发展的市场组织。营利性体育组织通过自由、自愿的交易方式提供体育产品，满足消费者的体育需求，其追求的主要目标是利润最大化。

（一）营利性体育组织的特点

营利性体育组织具有两个基本特点。

1. 营利性

营利性体育组织进行市场经营，其主要目的就是获取经济利益，在此基础上该组织才能生存和发展，才能进行技术更新、新产品开发，扩大生产和服务的规模和效益。体育消费品和体育劳务的生产都是以此为出发点进行经营决策和运作的。

2. 自主性

营利性体育组织自主经营、自负盈亏，有独立的产权，以求自我发展，这是市场经济自主性的要求。在我国进行营利性体育市场经营，一定要强调经营者有独立的决策权和经营权。

（二）营利性体育组织的经济属性

营利性体育组织以营利为目的，其经营的体育项目必然是具有经济价值，能够通过市场带给其丰厚利润的项目。古典经济学家李嘉图在其《政治经济学及赋税原理》中说："具有效用的商品，其交换价值是从两个源泉得来的——一个是它们的稀缺性，另一个是获取时所必需的劳动量。"他认为稀缺商品的价值决定于供求关系，与劳动量无关，强调购买力和偏好。一些体育服务与人的技艺、特质相容，具有稀缺性，这也就是乔丹能够为芝加哥公牛队带来丰厚利润的原因。体育用品的价值主要由生产产品所需要的社会必要劳动时间决定。营利性体育组织，通过各种途径所获得的收入盈余，除去用于组织发展的资金，可将盈余分配给股东。以商业目的为主的营利性体育组织，经营的项目主要以大众体育为主，一些有观看市场的竞技体育项目也是其经营范围。营利性体育组织完全按市场经济机制经营，面对市场，根据各种不同项目、不同层次及不同水平和爱好的人的体育需求，提供相应的服务，进行等价交换。事实上，在市场经济条件下最有效的管理规则就是"适应市场"，从市场出发，服务于市场。体育产品通过市场交换，实行优胜劣汰，可以提高体育资源的利用效率，促进体育市场的繁荣。营利性体育组织在追求经济利益的过程中，能够产生社会效益。例如，通过大众体育市场的开发，可以促进国民体质的提高、人们生活品质的提升和生产效率的提高。营利性体育组织也会从利润中拿出一定的比例资助国家体育事业的发展，以提高自身的知名度。

（三）营利性体育组织的经济价值

营利性体育组织提供满足人们健身、娱乐等需求的产品，这种满足通过体育教育、竞技运动和身体锻炼来实现。现代生活方式强调生活质量，而生活质量取决于经济、教育、环境和健康等要素。健康是生活质量提高的前提。健康、愉悦的人将会提高劳动生产效率，享受到生活赋予的快乐和人生的美好，而体育产品是非常贴近人们这种生活需要的。

现代体育是一种意义深远、影响很大的社会活动，它吸引了众多行业部门的参与，涉及交通、金融、旅游、餐饮、通信、媒体、场馆等许多行业，从而推动了相关社会活动的不断深化和发展。这种高度的关联带动功能，使得体育产业无可取代地占据了一个产业群的核心地位。《2023年全国体育产业总规模与增加值数据公告》显示，2023年我国体育产业总规模为36 741亿元，增加值为14 915亿元，占国内生产总值（GDP）的比重为1.15%。从内部构成看，体育服务业总产出为21 046亿元，体育用品及相关产品制造总产出为14 696亿元，体育场地设施建设总产出为999亿元。近年来，我国体育旅游行业呈现快速发展的态势。据中研普华研究院《2023—2028年中国体育旅游行业发展前景分析与投资战略规划报告》预测，2023—2028年中国体育旅游市场规模将继续保持高速增长。预计到2028年，市场规模将达到一个新的高度，行业年收入有望突破2 000亿元。

二、非营利性体育组织的经济属性及经济价值

经济学理论和现代经济生活已经证明，无论是政府还是市场，在资源配置中都存在一定的缺陷和不足，这在经济学上分别被称为政府失效和市场失灵。由于这两种机制的不足，产生了以志愿方式满足公共体育利益的机制，即非营利性体育组织。

（一）非营利性体育组织的特点

非营利性体育组织既不同于主要从事社会生产和流通的企业组织，也不同于掌握社会权力资源，主要进行协调、管理的政府部门。非营利性体育组织一般具有以下特征。

1. **非营利性**

这是指非营利性体育组织虽然投入成本，但不以谋求物质利益为目的。非营利性体育组织的管理目的在于追求目标（如服务质量、社会效益等）的实现而非经济效益，而且在现实操作中，往往会因要达到某一非经济目标而牺牲一部分经济效益，不以追求利润最大化为目标。但这并不意味着非营利性体育组织不用进行成本管理，相反，其运作与管理也要讲效率、重成果，力求以最小的成本完成目标。

2. **志愿性**

非营利性体育组织的内在驱动力不是利润动机，也不是权力原则，而

是以志愿精神为背景的利他主义和互助主义，因此，非营利性体育组织能够吸引志愿者的无私奉献以及社会捐赠，这是政府与企业都不具有的突出优势。一方面，国家直接面对公众，沟通成本较高且效率低下；另一方面，国家所提供的体育产品未必与公众需求匹配。非营利性体育组织能够成为公众表达体育意愿、获取体育服务的渠道，成为政府管理体育事业的好帮手。

3. 非政府性

相对于企业来说，政府和非营利性体育组织提供的都是公共体育物品，但是非营利性体育组织不是政府体育机构或其附属部分，而是非政府的社会体育组织，如一些体育协会和社团组织等。政府的行政系统具有严格的登记制度和审批工作流程，会带来较大的交易费用，是一种不经济的交换方式，并且政府直接操办体育事业难以克服不计成本的弊端。政府将部分公共体育产品交给非营利性体育组织生产，并提供相应的政策优惠，如税收减免、经费资助等，吸引它们通过平等竞争提供公共体育产品，巧妙地将公共体育产品生产引入竞争机制，势必提高资源配置效率。为了生存与持续发展，非营利性体育组织就要进行成本核算，使体育资源得到更好地利用，并通过提供公众满意的体育产品，不断提高其信誉。引进市场机制后的非营利性体育组织会有营利性体育组织的特点，但是它和营利性体育组织不同，它经营所得的盈余不同于企业经营所得的利润，不能用于单位产权所有人或员工的福利分配，而是成为再发展的新资源，如美国的太平洋十二校联盟等。因为在很大程度上，其经济盈余是靠政策优惠和再分配机制间接获得的。

从本质上而言，志愿与公益是非营利性体育组织的基本特征，正是这两者使它区别于以强制求公益的政府和以自由交易方式实现组织利益的企业。由此可见，非营利性体育组织有着自己独特的工作性质和社会功能。

（二）非营利性体育组织的经济属性

非营利性体育组织不以营利为目的，并不意味着这些组织不能赚取利润，而是指作为一个非营利性体育组织不能将其所获得的盈余当作红利分配给其组织的领导者和其他成员。非营利性体育组织要开展活动和生存，必须有资金支持，必须以收抵支。它们也可以搞经营性活动，也必须争取有一定的盈利。现代体育组织包括综合性体育组织和单项运动组织，如国际奥委会、国际单项运动联合会、国家奥委会、国家单项协会和体育俱乐部等。组织性质和宗旨规定它们有义务通过竞赛手段宣传奥林匹克主义，发展体育事业。除了部分职业俱乐部，体育组织一般都是非营利性机构，然而体育赛事需要大量的资金。如近几届奥运会都耗资巨大，东京奥组委发布的数据显示，2021年东京奥运会举办成本达154亿美元。WalletHub分析数据显示，2024年巴黎奥运会约耗资82亿美元。这些资金大多都通过体育组织及其赛事无形资产的商业化运作筹得。又如，《北京冬奥组委财务收支报告》指出，落实节俭办赛理念的北京2022年冬奥会支出150.4亿元，收入153.9亿元，其中市场开发收入达111.3亿元。

45家企业赞助收入创历届新高——北京冬奥会市场开发实现共赢发展

　　非营利性体育组织是具有志愿性的组织，但并不意味着非营利性体育组织的工作人员不能得到合理的工作报酬和福利。非营利性体育组织在不同程度上都要依赖志愿者为其工作，也就是人们愿意不拿报酬或者在低于正常报酬水平下为该组织工作。非营利性体育组织的理事通常都是没有薪金报酬的，很多非营利性体育组织的工作人员也没有薪金报酬或者只拿有限的工作津贴。但是，作为一种专业化的组织，非营利性体育组织需要具有特定素质的职业工作人员，这些职业工作人员也需要养家糊口和实现自我发展。所以，一定的、合理的工作报酬和福利对非营利性体育组织的职业工作人员来说是必需的。

　　非营利性体育组织的产品和服务必须进入市场，接受公众的挑选，这就使得它们的工作无法保持相对封闭、自足的状态。并且，非营利性体育组织必须根据市场和公众的需求及其变化来进行"生产"，否则，其产品就无法得到社会的承认并产生相应的价值。在新的时代条件下，非营利性体育组织必须转变观念，进行必要的市场调研，了解社会和市场的需求、国内外有关的竞争情况，并以此来确定自己的发展方向、目标与重点，彻底改变以往闭门造车、盲目生产的状况。优胜劣汰是市场竞争的必然规律和结果。面对市场竞争，非营利性体育组织只有改进工作，提高自己的产品和服务质量，才能得到公众和社会的认可和支持。简言之，尽管非营利性体育组织所提供的是特殊的产品和服务，但同样也应以消费者为中心，满足消费者的需求，尽可能赢得市场和公众的青睐。非营利性体育组织在走向市场的过程中，既要遵循市场规律，通过科技开发、提供人力和专业服务等方式，赢得政府、企业和消费者的投资，同时又要强调自身的特殊性，不能完全按照营利性组织的模式来运作，而应把社会效益放在首位，积极地承担自己的社会责任，注重职业道德，讲求社会公德，努力体现和倡导文明、进步的社会价值取向，参加各种社会公益事业，更多地服务、回报社会。

（三）非营利性体育组织的经济价值

人们的物质需求与文化需求的满足离不开公共产品的消费，健康与福利的需求离不开公益福利机构提供的公共产品与服务。公共产品与私人产品一样都是人类劳动的产品，具有价值与使用价值的属性。非营利性体育组织不仅具有公益和福利的属性，还具有生产的属性。人力资本理论认为，教育、文化、体育、卫生等投资是人力资本的投资，是生产性投资，这些领域是全局性、先导性的基础产业。在市场经济中，在这类行业里投资，同样可以获得丰厚的回报，还能带动相关产业的发展，产生巨大的社会效益。

利润不向所有者分配，这是非营利性体育组织最重要的特征。企业经营体育产品以获取利润为根本目的，而非营利性体育组织不以营利为目的，所提供的体育产品相对于体育企业所提供的产品价格要低，能够满足普通居民的需求。政府虽然也能提供公共体育物品，但由于其机构庞杂、信息不完备，只能采取"广覆盖、低水平"的方式，难以满足大众的多层次体育需求。而非营利性体育组织则不同，它具有为民服务的根本宗旨，其生存完全取决于能提供大众所需要的体育产品。有的非营利性体育组织小而灵活，可以广泛收集各阶层居民的需求信息，善于从底层动员居民参与体育的积极性，同时，还能准确进行体育产品定位，制定大多数居民都能够接受的价格，以满足不同阶层人群的体育需求。

在竞技体育方面，非营利性体育组织同样也能大显身手。国际上的一些体育协会都是非营利性体育组织，它们不以营利为目的，因而能保持组织的独立性，不受各国政府的控制。世界各国的体育体制各不相同，大致可分为政府主导型、社会自治型和结合型三大类。实行后两种体育体制的国家普遍重视发挥非营利性体育组织的作用，政府与非营利性体育组织之间是合作与互补的关系，这促进了这些国家竞技体育的发展。如果没有非营利性体育组织，政府就必须进行体育机构的人员扩充，这必然会增加政府的运行成本。

三、国民经济发展状况对体育的影响

阐述经济与体育的关系，必须从国民经济发展历程与现有发展水平这一基本国情出发来看体育的发展。具体表现为：经济发展水平决定了体育的产生和发展，体育又反作用于经济；科技进步在推动社会生产力发展的同时，也使得体育与整个社会经济状况之间的关系日益复杂。

经济发展水平对体育的制约作用主要表现在以下几个方面。

（一）经济发展水平决定社会对体育消费的需求状况

体育产业的产生和发展与其他产业一样，是人们一定消费需求的产物。经济发展水平决定了人们对体育产品的消费需求。

1. 经济发展水平制约着人们对体育的消费需求

体育作为一个独立的产业出现，必须以稳定的、具有一定规模的体育市场需求为前提。经济发展水平决定人们的收入水平，从而决定了人们的支付能力，支付能力则决定了人们对体育产品的有效需求。一方面，经济发展水平通过影响人们的消费水平制约体育产业的产生和发展程度；另一方面，经济发展水平通过影响人们的消费结构决定体育产业本身的产品结构。只有在人们有较高的支付能力时，付费体育产品才可能形成规模生产。

2. 分配制度影响体育消费

不同的分配制度决定了社会具有不同的收入结构。有的社会收入分配平均，有的社会贫富差别适度，有的社会则贫富两极分化，这直接影响了人们的支付能力，形成了不同的体育消费结构。

在我国传统的计划经济体制下，由于实行了平均主义的分配政策，人们的收入水平比较接近，这决定了人们具有相似的体育消费需求水平和消费结构，只能发展一些不付费的公益体育活动，如乒乓球、篮球、田径等体育活动。在社会主义市场经济体制下，实行按劳分配为主体、多种分配方式并存的分配政策。当人们对体育产品的总体消费需求提高时，需求结构也在发生变化，更加多样的体育活动逐步发展起来，并且体育职业化进程开始加快，付费体育产品也越来越多。党的二十大报告强调"扎实推进共同富裕"，明确提出"构建初次分配、再分配、第三次分配协调配套的制度体系。努力提高居民收入在国民收入分配中的比重，提高劳动报酬在初次分配中的比重。坚持多劳多得，鼓励勤劳致富，促进机会公平，增加低收入者收入，扩大中等收入群体"。"橄榄型分配结构"会使居民的体育消费能力得到提升，并逐步由实物型消费向观赏型和参与型消费转变。

（二）经济发展水平决定体育产业的性质

经济发展水平对体育产业性质的决定作用主要表现为：生产力状况决定体育产业的地位，生产关系的状况决定了体育产业的社会性质。

1. 生产力状况决定体育产业的地位

原始社会生产力水平极其低下，体育只是在人与自然界斗争的物质生产活动之中孕育萌芽，并没有成为物质生产活动之外的独立活动形式。奴隶社会、封建社会的生产力有了一定程度的发展，但社会剩余产品不多，自然经济形态占统治地位，产业分工与分化程度还很低。在这一漫长的时期中，体育未能作为一个独立的产业获得充分的发展。到了资本主义社会与社会主义社会，生产力有了飞速的发展，经济发展水平大大提高，体育也逐步发展成为一个独立的产业部门，其产业功能也变得完善。一方面，各国政府对体育产业的发展日益重视。自20世纪中叶以来，产业革命的专业化分工越来越细，这种专业化分工给工人的身体发展带来的损害也表现得越来越明显，各国政府为此开始大力发展体育和娱乐事业。学校体育、群众体育和竞技体育都得到了空前的发展，各国陆续出台了有关发展体育的法律法规，国际体育交流也走向经常化、制度化和规范化。另一方面，现代体育开始向全社会的各个领域渗透，体育活动覆盖了社会的大部分人口，并向终身体育发展。在现代社会中，体育产业已经成为一个独立的、日益发展的、完整的、具有复杂内部结构和完善产业功能的部门，成为国民经济的重要组成部分。

2. 生产关系的状况决定了体育产业的社会性质

体育产业的社会性质是由占统治地位的生产关系的性质决定的，是占统治地位的生产关系的社会性质在体育领域内的延伸。从人类历史的发展来看，体育的社会性质（即体育产业的生产目的和任务），是随着人类社会的发展、生产关系的更替而不断变动的。

在奴隶社会中，奴隶制生产关系占统治地位，体育只能是为奴隶主阶级的利益服务。到了封建社会，民间的体育活动（如划龙舟、武术等）得到发展，成为农民强身健体和农闲时期的娱乐方式。但从封建地主阶级的利益出发，体育主要用于为统治者"练兵习武"，成为培养封建专政工具的手段。在封建统治阶层，体育活动则主要成为封建阶级养生、健体和消遣的手段。

到了现代资本主义社会，因为有了比较完善的收入再分配制度和政策，也因为生产力的发达和人们总体收入水平的提高，体育产业开始发展起来。一方面，体育活动已经成为劳动人民强身健体和休闲娱乐的基本需要；另一方面，体育已经深深融入市场经济而成为经营者营利的事业。由于资本家控制着投资的主要来源和主要股份，利润最大化成为体育产业的生产目的。

在社会主义社会，体育产业的根本生产目的由社会主义生产目的决定，体育产业的根本目的就是满足人民强身健体和精神娱乐的需要并促进劳动者的自由全面发展。当然，微观体育经营者的经营目的首先是利润最大化，因此，从微观上，体育成为体育经营者合法营利的手段，但其生产目的符合总的社会主义生产目的的要求。

（三）经济发展水平制约体育产业发展的规模和水平

经济发展水平不仅通过影响体育消费的需求和结构制约体育产业的发展，而且通过影响体育产业发展所必需的要素供给条件制约着体育产业的发展规模和水平。

1. 经济发展水平制约着体育产业发展所必需的物质和资金条件

经济发展是体育产业发展的基础，体育产业的发展依赖经济发展所提供的资金和物质条件。只有经济发展到一定的水平，资金与物质产品剩余才会有一定规模的积累，发展体育产业所必需的经济投入才能得到满足。而且，随着经济的发展，新的科技成果和物质手段不断被应用到体育之中，为体育运动技术、训练技术以及体育设施的更新创造了条件。

2. 经济发展水平制约体育产业发展所必需的自由时间和劳动力条件

体育产品需求是人们的较高层次需求，只有当经济发展到一定水平、劳动生产率提高到一定程度时，人们无须将全部时间用于物质生产，才会有自由时间进行体育活动，欣赏体育比赛和体育表演。同样道理，体育产业发展需要一定的人力条件，而这种人力条件也只有在经济发展到一定程度而不需要将全部劳动力用于物质生产时才有可能出现。经济发展不仅会从量上影响体育产业发展所必需的人力条件和时间条件，而且会提高人们的素质，从而推动体育产业的发展。

3. 经济发展水平制约体育竞技水平

经济发展水平决定了体育产业投资力度及体育设施和训练技术的现代化程度，从而制约了体育竞技水平的发展。如果对世界各国进行横向比较，可以发现体育竞技水平与国家经济发展水平具有明显的正相关关系。国家经济发展水平越高，体育竞技水平往往越高；反之，体育竞技水平往往越低。

（四）经济发展和社会进步通过增加余暇时间来影响体育产业的发展

体育消费与一般生产消费和生活消费的最大区别是受余暇时间的影响。许多体育产品，如体育竞赛表演、体育健身、体育娱乐等都需要占用大量的余暇时间。如果没有足够的余暇时间作保证，就算国民收入水平很高，大众对属于享受需求层面上的体育消费也不会有太大的增长。

经济发展到不同阶段，余暇时间受到不同的评价。在经济尚不发达、国民收入水平不高的阶段，利用余暇时间继续工作将会产生额外的收入，这时候，利用余暇时间进行工作而实现的边际收入是递增的，所以大众普遍倾向于利用余暇时间来创造更多收入。在经济比较发达、国民收入水平比较高的阶段，利用余暇时间工作而产生的边际收入是递减的，大众对余暇时间的评价就会提高，利用余暇时间进行体育消费来满足享受的需要成为很普遍的生活方式。余暇时间的多寡极大地影响着体育消费的规模及体育产业的发展。

四、体育对经济增长的贡献

（一）体育经济的发展是国民经济发展的重要组成部分

当前，体育产业作为一个经济性产业，是国民经济的重要组成部分，为国民经济的发展作出了重要的贡献。作为北美第一运动，美国国家橄榄球联盟（NFL）场均观众能达到近 7 万人次，为所有北美体育联盟比赛中上座人数之最。门票销售方面，NFL 的门票价格也是一骑绝尘。以 2023 年超级碗比赛为例，比赛门票均价达 10 385 美元（约合人民币 71 753 元），销量超过 10 万张。此外，在 2021 年，NFL 宣布和亚马逊、CBS、ESPN/ABC、FOX 和 NBC 签下 2023—2033 年总价值高达 1 130 亿美元的电视转播合同。再如，美国帕克 12 联盟 2021—2022 赛季的总产值达到了 5.81 亿美元。从这些数据可以看出现代体育经济的发展为国民经济的发展所作出的贡献。体育产业是当今全球经济中发展最快的产业之一，根据 Plunkett 市场研究公司的统计数据，2023 年全球体育产业总产值为 1.7 万亿美元。体育产业蕴藏的巨大商机，使其成为 21 世纪最有活力和最具有广阔前景的新兴产业之一。体育产业的发展促进了国内生产总值的增长，在经济与体育较发达的国家，体育产业已成为国民经济的支柱产业。根据 Plunkett 市场研究公司的统计数据，2023 年美国体育产业总值达到 6 112 亿美元，占全球体育产业总规模的 35.95%。美国以"赞助＋转播＋特许＋门票"为四大支柱的现代体育产业已高度成熟，体育经纪引领全球，持续吸引着全球顶尖大型赛事在北美地区举办，进一步完善了产业发展环境。其中，根据美国体育媒体 CBS 的统计数据，2021—2022 赛季，在四大联赛中最大的橄榄球联赛的年产值达 115 亿美元；其次是棒球联盟，为 101 亿美元；职业篮球联赛排第三，大概是 80 亿美元。而几大职业联赛加起来占美国全年体育产业总产值的比例也不高，所以更多的体育产业的产值分散在各个与体育产业相关的角落里。在大多数发达国家，体育产业产值占本国 GDP 的比值为 2%～4%。

2014 年，《关于加快发展体育产业促进体育消费的若干意见》（以下简

美国帕克 12 联盟研究

称《意见》）发布，提出到 2025 年体育产业总规模超过 5 万亿元的发展目标。自此，体育产业市场化改革进入实质性阶段，我国体育产业发展驶入快车道。根据国家统计局数据，2023 年全国体育产业总规模为 36 741 亿元，增加值为 14 915 亿元，占 GDP 的比重为 1.15%，比上年提高 0.07 个百分点。从内部构成看，2023 年体育服务业增加值为 10 849 亿元，占体育产业增加值的比重为 72.7%，比上年提高 2.1 个百分点。体育用品及相关产品制造增加值为 3 832 亿元，占体育产业增加值的比重为 25.7%，比上年下降 2.1 个百分点。体育场地设施建设增加值为 234 亿元，占体育产业增加值的比重为 1.6%，与上年持平。我国体育产业规模从 2015 年的 1.7 万亿元，增长到 2023 年的 3.6 万亿元，增加值从占同期 GDP 的 0.8% 提高至 1.15%。

  自《意见》下发以来，中国体育产业迎来一个发展的春天。北京的体育产业呈现出稳定健康持续发展的态势，产业规模不断扩大，产业内部结构进一步改善，体育服务业发展优势显著。竞赛表演领域竞争力强，体育中介、培训与教育相关行业发展较好，体育用品销售相关贸易活跃，冰雪运动项目相关行业初具规模，产业融合发展态势日益显现。体育产业对经济的贡献稳步提高，有力地促进了北京城市软实力的提升。2015 年《京津冀协同发展规划纲要》的发布和北京申办第 24 届冬季奥运会的成功为北京体育产业发展提供了新的战略性机遇与历史性机遇。北京市统计局会同北京市体育局对 2015 年北京体育产业主要统计数据进行测算的结果显示，2015 年北京市体育产业实现总产出 1 063.1 亿元，对全市经济增长贡献率达到 1.3%，占当年全国体育产业增加值的比重达到 3.9%。《2023 北京市体育产业工作情况报告》显示，2023 年通过制定实施促进体育消费工作方案，有效促进了体育消费升级。第四届 "8·8" 北京体育消费节暨首届京津冀体育消费节成交总额 2.23 亿元，同比增长 27.4%；服贸会体育服务专题展一年期签约执行金额达到 8.07 亿美元；体彩销售额达到 108.24 亿元，同比增长 48.5%；筹集公益金 25.75 亿元，同比增长 41.7%，创历史新高。在国家的政策红利下，北京市将逐步实现《北京市关于加快发展体育产业促进体育消费的实施意见》的发展目标：到 2025 年，基本建成符合首都城市战略定位的体育产业体系，全市体育产业总规模超过

3 000亿元，实现增加值500亿元左右；体育服务业增加值占体育产业增加值的比重达到70%以上。这显示出在"双奥效应"的巨大影响下体育产业的发展跃上新台阶，也说明体育产业正在成为推动北京经济社会持续发展的重要力量。

（二）体育对于促进国民经济发展的积极作用

1. 体育产业的发展能够满足大众的体育需求

体育产业的蓬勃发展是满足人民群众日益增长的体育需求和美好生活向往的关键路径。在深化供给侧结构性改革背景下，体育产业通过不断扩大规模、提升品质、优化体验、丰富内涵、精准匹配，正在并将持续有效地回应人民群众从"有没有"到"好不好"、从"基本参与"到"深度体验"、从"强身健体"到"全面发展"的多元化、高层次体育需求。例如，"十三五"时期，随着全民健身与全民健康深度融合，户外运动逐渐成为人民群众喜闻乐见的运动方式。但总体而言，我国户外运动产业尚处于发展初期，还难以很好满足人民群众日益增长的户外运动需求。近年来，在《户外运动产业发展规划（2022—2025年）》的指引下，我国户外运动产业结构与发展环境不断优化、发展布局日趋完善、产品供给愈加丰富、消费潜力持续释放、市场活力持续激发，更好地满足了人民群众日益增长的户外运动需求和美好生活向往，为促进人民群众身心健康、提升获得感和幸福感、推进体育产业高质量发展和体育强国、健康中国建设贡献了重要力量。再如，体育是发展旅游产业的重要资源，旅游是推进体育产业的重要动力，体育旅游已经成为人们重要的生活方式。近年来，在《关于大力发展体育旅游的指导意见》等政策指引下，我国健身休闲旅游飞速发展、体育旅游市场主体和赛事活动旅游市场得到培育、体育旅游装备制造水平不断提升、体育旅游公共服务设施建设全面加强，结构合理、门类齐全、功能完善的体育旅游产业体系和产品体系逐渐成形，较好地满足了人民群众日益增长的体育旅游需求，推进了全民健身和全民健康深度融合，推动了体育产业提质增效。由此可见，持续推动体育产业高质量发展，是满足人民群众对更丰富、更优质体育需求和美好生活向往的必由之路。

2. 体育产业的发展能够刺激和拉动内需

体育产业是一个关联性较强的产业，其发展不仅能带动第二产业一系列相关行业的发展，而且能带动第三产业的迅速发展，是刺激和拉动内需的动力。这源于两个方面的原因：一是体育产业的发展必须依靠物质生产资料，如体育场馆、体育器材等。没有物质条件的辅助，就不会实现体育产品的生产，所以体育产业的发展能够促进相关物质资料生产行业的发展。二是体育产业所提供的体育竞赛表演产品、体育健身娱乐、体育培训产品等都是服务性产品，与国民经济第三产业中其他服务性行业的联系非常紧密，能够直接或者间接地带动这些行业的发展。

体育运动的发展对旅游业、饮食业、服务业和商业发展具有促进作用，形成了第三产业内部重要的相关互补关系。各种大型体育活动，特别是国际性、世界性的体育赛事，如奥运会，参赛运动员达万人之多，加上裁判员、新闻记者、政府官员、其他工作人员及观众、游客等，人数可多达几十万乃至上百万人之多。要解决这么多人的吃、住、行、游等生活需要，就必须开设旅馆、饭店，开发旅游区，兴办各种服务业、饮食业和商业。所以，体育的发展在对这部分第三产业起着促进作用的同时，这部分第三产业也对体育的发展起着促进和辅助作用。如第六届全运会促进了广州旅游、饮食、商业的振兴。1990年北京亚运会是中华人民共和国成立以来第一次承办大规模综合性国际运动会，同时该年也是北京市旅游等服务行业、商业的振兴年，两者是相关互补的。北京在2001年申奥成功时，有星级酒店394家；到2007年年底，星级酒店的数量已跃升至806家，社会旅馆也有相当数量的增加。

2008年北京奥运会给北京甚至是整个中国带来的不仅是16天的运动会，而且是几十年的发展机遇。当时我国旅游业连续遭受国际金融危机和各种突发事件、不利因素的冲击，经受了前所未有的考验。面对严峻的旅游市场形势，全国旅游行业克服困难，总体上保持了平稳发展。全年共接待入境游客1.30亿人次，实现国际旅游外汇收入408.43亿美元。

2022年北京冬奥会的成功举办和"带动三亿人参与冰雪运动"目标的实现，带动更多地区开展冰雪运动，促进竞技体育向群众体育过渡，推动我国向体育强国迈进，带来的无形资产和长远收益不可估量。中国旅游研究院发布的《中国冰雪旅游发展报告（2025）》显示，2023—2024冰雪季全国冰雪休闲旅游人数达4.3亿人次，冰雪休闲旅游收入为5 247亿元，我国冰雪旅游市场进入提质增效的繁荣新阶段。此外，借举办冬奥的东风，京张体育文化旅游带建设取得新进展，京张体育文化旅游带正逐步成为以冰雪运动、冰雪文化、冰雪旅游为重点的创新示范带、融合发展带、民生促进带、区域协同带。

《京张体育文化旅游带建设规划》

3. 体育产业的发展可以为社会提供大量的就业岗位

体育产业由于本身包含许多服务性内容，即使在现代科技普遍运用于生产和生活的情况下，许多服务项目仍然是由人主导的。体育产业较第一产业、第二产业更易吸纳更多的就业人口。体育产业的关联性较强，不仅要提供各种体育服务产品，而且要提供其他实物产品以及教育培训等，这也为社会提供了较多的就业机会。发达国家第三产业的生产总值在GDP中所占比例已经超过了第一产业和第二产业，而就业人口也大大超过了第一产业和第二产业的就业人口数量。体育产业的市场化运作需要各种各样的劳动者，这为拓宽社会就业渠道提供了机遇。例如，2008年北京奥运会为我国在2005—2008年创造了150万个就业机会。2022年北京冬奥会也为社会提供了大量就业机会。冰雪产业链条长，从造雪、压雪等机械设备制造，到体育服装、器材生产，再到运动健身、休闲康养、技能培训，集聚了大量资源，创造了约60万个就业机会。如河北小城崇礼因为冬奥会而闻名世界，冰雪产业发展让当地人吃上了"冰雪饭"，直接或间接带动了3万多人就业。

《"十四五"体育发展规划》提出，到2025年体育产业从业人员超过800万人。体育产业对培育经济增长新动能和促进就业的贡献日渐突出，将在稳就业、促民生方面发挥突出作用，成为扩大社会劳动者就业的重要渠道。

4. 体育赛事对经济的影响巨大

体育赛事对主办地区的经济影响，是指因主办该项赛事而从外部流入本地区的投资在拉动经济增长、增加本地区居民收入以及扩大就业等方面的综合效应，这种影响包括直接影响和间接影响。根据一些政府部门和国内外研究机构的预测，筹备和举办奥运会每年可以拉动举办国GDP增长

0.3%~1%。此外，还会对本国经济发展所需的良好稳定的经济发展环境方面产生巨大的间接影响。

承办大型体育赛事，不仅要求具备相关的体育场馆设施，而且需要各种各样的生活服务设施与之配套，如道路、机场、宾馆、饭店、邮电通信、电视转播、旅游景点等。这必然会促进交通运输业、邮电通信业等相关产业的发展。北京为了举办2008年奥运会，不仅新建、改建、临建体育场馆31个，而且投资2 800亿元对地铁、道路、环境等基础设施进行了大规模建设与改造，使得城市面貌有了极大的改观，城市的综合实力显著增强。举办奥运会对北京市经济产生了巨大的拉动作用，直接投资拉动北京地区生产总值增长1 249亿~2 319亿元，增加财政收入288亿~533亿元，增加就业岗位99万~186万个。2008年北京奥运会推动北京基础设施建设达到新高度，城市道路总里程由2001年的13 891千米增加到2008年的20 754千米，轨道交通数量由4条增加到8条。2022年北京冬奥会推动基础设施建设更加完善，京张高铁和京礼高速开通运营，轨道交通数量达到24条，总里程达到727千米。延庆区作为北京冬奥会三个赛区之一，借助北京冬奥会筹办的重要契机，紧紧围绕"最美冬奥城"这一定位，通过推动"世园""冬奥""长城"三张金名片联动发展，大力发展特色文化体育旅游产业，成功创建国家全域旅游示范区。2016—2020年旅游收入累计达到323亿元，同比增长30.3%。形成了3条高速、1条高铁、1条市郊铁路的对外交通网络。"体育之城"张家口的冰雪装备制造发展迅速，规划建设了两个占地200公顷的冰雪产业园，先后引进了一批国际知名冰雪装备制造企业落户张家口。基础设施建设提速升级，张家口全面跨入高铁时代，京张高铁、崇礼铁路、张呼高铁、张大高铁"四驾马车"齐发力，四通八达的交通网络使其成为区域交通枢纽。

除奥运会外，多元化的体育赛事也会为举办地的经济发展带来显著的溢出效应。《关于释放旅游消费潜力推动旅游业高质量发展的若干措施》明确指出：培育"跟着赛事去旅行"品牌项目。之后，国家体育总局会同文化和旅游部相继发布"跟着赛事去旅行"2023全国青少年体育赛事目录、2023—2024全国冰雪赛事目录、2024暑期全国户外运动赛事目录、2024—2025全国冰雪赛事目录等。2024年3月，国家体育总局会同商务部、文化和旅游部共同开展了"体育赛事进景区、进街区、进商圈"活动,不断释放赛事消费潜力。

5. 体育的发展可以提高劳动生产率

劳动生产率就是劳动者的生产效率。劳动生产率的高低有两种表示方法:一是每个劳动者在单位时间内所生产出来的产品数量;二是生产单位产品所耗费的劳动时间。任何生产过程都是人们运用体力与智力的结果,而体育对生产和再生产过程的作用正体现在劳动者的身体素质上。毛泽东在《体育之研究》一文中指出,体育之效,在于"强筋骨""增知识""调感情""强意志",使人"身心皆适";并强调"体育一道,配德育与智育,而德智皆寄于体,无体是无德智也"。这一论述辩证地阐述了德、智、体三方面的关系,强调了体育的重要性。体育在造就全面发展的人和提高劳动生产效率这两个方面,是相互联系和相互统一的,它统一在劳动者身上。其作用主要表现为劳动者体力和智力的全面发展以及劳动力质量的提高。

面对竞争日益激烈的社会,健康投资成为一项重要的人力资本投资。健康投资是指一定时期用于预防和治疗人体病变、维护和保持人们身心健康所花费的所有支出。从内容上看,健康投资既包括在医药、医疗器械、传染病预防上的开支,也包括人们在休闲、娱乐及体育锻炼等方面的投资。体育消费与医疗卫生消费是一种互补的关系,而且,体育消费相对于医疗卫生消费又是一种较廉价的健康消费。一个社会,体育消费增加,医疗卫生消费就会相对减少;体育消费减少,医疗卫生消费就会相对增加。健康投资通过提高劳动者身体素质,直接推动了劳动生产率的提高。体育锻炼对劳动者的某些疾病具有医疗和康复作用。对于现代社会的某些疾病,如冠心病、高血压、糖尿病等,体育疗法的效果是其他方法所不能替代的。根据我国学者李力研等的《北京上海沈阳深圳最大型企业员工健康状况与体育锻炼的社会研究》,群众体育开展较好的企业,职工的出勤率要比一般单位高 2.12%。在现代企业中,组织员工定期进行体育锻炼、参加体育比赛已成为企业文化建设的一部分,它不仅关系到职工的健康、出勤率的提高、发病率的减少,而且有利于增强企业的凝聚力、发扬团队精神,从而提高企业的竞争力。

6. 体育的发展可以促进精神文明建设，提高人们生活质量

体育是社会主义精神文明和物质文明建设的重要内容，是提高劳动者身体素质、促进生产力进一步发展、进行物质文明建设的重要手段，也是建立文明、健康、科学的生活方式，提高人民的生活水平、生活质量的重要途径。改革开放以来，随着社会主义市场经济和现代科学技术的发展，人们的生产劳动和工作过程逐步走向高度的自动化、电子化和信息化，这使得劳动与工作的时间大大缩短，人们的闲暇时间相对增多。1995年5月起，我国职工实行每周工作时间40小时，周六、周日为休息日，即实行"双休日"。自2025年起，我国法定年节假日由11天增至13天，进一步增加了休闲时间。人们闲暇时间的安排是自主的，休息的方式方法也多种多样。随着社会的进步和人类文明程度的提高，人们越来越关注自身的健康，将更多的闲暇时间用于健身锻炼。体育是人们提高生活水平、提高生活质量、科学安排闲暇时间、满足机体和精神生活需要的手段，是健康、文明、科学生活方式的重要组成部分。

体育产业为社会提供了重要的文化活动场所和科学、健康、合理的休闲方式，提高了人们对体育活动的认知，改善了人们的精神面貌。在全面建设社会主义现代化强国、向第二个百年奋斗目标进军的今天，体育不仅是文化建设，也是精神文明建设的重要内容，它在提高人们生活品质方面所起的作用是难以替代的。现在，体育活动的内容是传统项目与现代项目并举，娱乐、旅游、商贸与体育结合，中西体育结合，体育与文化融为一体，而过去只是做体操、打球、爬山、游泳等。体育活动项目的单一化已被体育发展的多样化所代替，如冰雪、山地户外、水上、汽车摩托车、航空、电子竞技等体育活动，已被我国人民群众广泛接受，有些项目在有的地区已广泛开展。而赛龙舟、舞龙、舞狮、武术、气功等民族传统体育项目的发展也空前活跃。此外，人们还将节假日、庆典、商贸活动与体育结合在一起，如春节体育联欢、元宵节体育晚会、国庆大典体育表演等。

五、现阶段我国体育的经济特征

（一）新发展阶段理论是研究我国现阶段体育经济特征的立足点

党的十九大提出，我国经济已由高速增长阶段转向高质量发展阶段。党的十九届五中全会提出，全面建成小康社会、实现第一个百年奋斗目标之后，我们要乘势而上开启全面建设社会主义现代化国家新征程、向第二个百年奋斗目标进军，这标志着我国进入了一个新发展阶段。新发展阶段是社会主义初级阶段中的一个阶段，同时是其中经过几十年积累、站到了新的起点上的一个阶段。新发展阶段的主要特征是：世界进入新的动荡变革期，世界百年未有之大变局加速演进的特征更趋明显；新一轮科技革命和产业变革深入发展，我国经济发展迎来新机遇；高质量发展成为经济社会发展主题。当前，我国社会主要矛盾已经转化为人民日益增长的美好生活需要和不平衡不充分的发展之间的矛盾。进入新发展阶段明确了我国发展的历史方位，贯彻新发展理念明确了我国现代化建设的指导原则，构建新发展格局明确了我国经济现代化的路径选择。体育的发展与改革必须从新发展阶段的实际出发。

党的二十大报告强调："高质量发展是全面建设社会主义现代化国家的首要任务。"习近平指出，发展新质生产力是推动高质量发展的内在要求和重要着力点。新质生产力是创新起主导作用，摆脱传统经济增长方式、生产力发展路径，具有高科技、高效能、高质量特征，符合新发展理念的先进生产力质态。它由技术革命性突破、生产要素创新性配置、产业深度转型升级而催生，以劳动者、劳动资料、劳动对象及其优化组合的跃升为基本内涵，以全要素生产率大幅提升为核心标志，特点是创新，关键在质优，本质是先进生产力。2024年政府工作报告再一次明确要求，要"大力推进现代化产业体系建设，加快发展新质生产力"。体育产业作为朝阳产业、绿色产业、幸福产业，其产业特性非常符合新质生产力所指代的生产力演进方向。

发展新质生产力是推动高质量发展的内在要求和重要着力点

（二）新发展阶段体育的经济特征

1. 多元化体育体制并存发展

目前，我国体育部门由过去高度集中、形式单一的体制逐步转向多形式、多渠道、多层次的竞争体制，表现为所有制的多元化和经营方式的多元化。各种经济成分均活跃在我国的体育市场上，经营方式也趋于多元化。非营利性体育服务与营利性体育服务并存于我国的体育服务领域。

2. 与市场经济的关系日益密切

通过发展体育运动，可提高劳动者素质，培养拼搏精神；利用运动竞赛能传播信息、扩大商品销售；为社会提供体育服务商品，可满足消费者的需要；促进和体育有关的产业的发展等，能为经济发展提供服务。同时，体育的要素全方位进入市场，竞赛、表演、培训、咨询、无形资产的开发等都可以采用招标、拍卖等市场经济的手段来运作。

3. 体育发展布局的不平衡性

生产力发展水平和经济发展水平的不平衡性，带来了体育发展布局的不平衡性。一般来说，城市体育发展要快于农村体育发展，沿海城区体育发展要快于内地体育的发展。

4. "体育+""+体育"促进融合发展

通过促进体育产业与相关产业融合，有利于形成新模式、新业态、新消费，提升生活性服务业发展质量和效益，满足大众消费结构升级需要，发挥体育产业的经济社会效益。要促进体育与文化、旅游、教育、养老、健康、医疗、互联网、金融、科技、交通运输、传媒等产业融合发展，构建全产业链生态体系，拓展体育产业发展空间。

5. 体育数字化转型

当前，世界正处在新科技革命和产业革命的交汇点上，以物联网、云计算、大数据、人工智能、区块链等为代表的新一代信息技术飞速发展，以数字化、网络化、智能化为特征的信息化浪潮兴起，推动全球进入数字经济时代。数字经济是继农业经济、工业经济之后的一种新的社会经济发展形态，已成为全球范围内产业转型升级的重要驱动力。党的二十大报告明确指出："加快建设数字中国。加快发展数字经济，促进数字经济和实体

数字体育蓬勃发展为体育强国建设提供新动能

经济深度融合，打造具有国际竞争力的数字产业集群。"在数字经济时代，数字体育正是科技进步在体育领域中的具体体现。

第二节 体育的产业化与市场化对国民经济发展的促进作用

一、体育产业发展历史

（一）国外的体育产业发展

产业随着社会分工的产生而产生，并随着社会分工的发展而发展。人类历史上相继发生了三次社会大分工，三次社会大分工的结果，相应地形成了农业、畜牧业、手工业和商业等产业部门。由于工业同手工业的分离以及工业内部特殊分工的形成，社会经济的各产业部门也随之迅速发展起来。

19世纪下半期以后，人类社会经历了第二次、第三次技术革命，都曾引起过大规模的产业革命。尤其是当代新技术革命的影响更为深远，许多崭新的产业部门逐渐形成，从而改变了传统的产业结构，也使人们的产业观念再次发生了根本性的变化。当代产业的含义已经从"产业是以生产物质资料为主导经济特征的物质生产部门"扩展到"为生产和生活服务，并以信息、知识和精神为特征的一切生产部门"。因此，"industry"一词在当代，不仅指工业，也指国民经济的各行各业，从部门到行业，从生产到流通、服务，以至文化教育、体育等都可称为"产业"。现代产业概念的内涵是社会经济发展在人们观念上的反映，并随着社会经济的不断发展而日益丰富和完善。随着产业内涵的逐步扩展，体育这项古老而崇高的事业，也成为社会产业大家庭中的重要成员，并对人类社会经济的发展产生着积极的影响。体育产业的理论概念，在整个社会产业不断演变的大背景中逐步形成和发展，并最终确立起来。体育是对国民经济和社会发展具有较大影响的基础产业，已成为越来越广泛的社会共识。

第二节 体育的产业化与市场化对国民经济发展的促进作用

英国是现代体育和体育产业的发源地。足球、拳击、橄榄球、高尔夫球、保龄球和部分水上项目基本上都起源于英国贵族们热衷的户外运动。随后，户外运动又逐渐传播到美国和欧亚等国，这在客观上为体育在全球的职业化和商业化作好了经营内容上的准备。

1750年，在英国的纽马克特市，一批贵族资助成立了赛马俱乐部。就是这家极普通的赛马俱乐部，由于实行了法人治理及相关的规章制度，产生了良好的社会效应和机制。而且这种机制很快被板球和拳击等俱乐部仿效，从而形成了世界上最早的体育产业。

19世纪初叶，英国赛马俱乐部的模式流行到美国，许多年轻人纷纷按照英国人的模式成立体育俱乐部，但这些俱乐部由于缺少赞助，难以维持。1828年，纽约的一家赛马俱乐部会员考德沃德·科尔顿建议俱乐部出售股票并向观众出售门票，由此开启了体育商业化的先河。其中，以全美棒球协会的运作最为出色。1876年，有"棒球沙皇"之称的威廉·赫尔伯特接管了全美棒球协会并采用商业模式经营棒球。他不但将全美棒球协会改为全美棒球联盟，而且制定了联盟的各项规则，并有计划、有步骤地开发棒球市场，进行棒球联盟的垄断经营。全美棒球联盟的成功运作经验，很快被推广到篮球、美式橄榄球和冰球等项目中，例如成立了美国国家橄榄球联盟（NFL）、职业棒球大联盟（MLB）、职业篮球联赛（NBA）和国家冰球联盟（NHL）。据统计，除英超排名第三外，美国四大职业体育联盟在2022—2023赛季产值均跻身世界职业体育联盟前五。

体育产业是名副其实的朝阳产业。1990年以来，体育产业以其成本低、安全性高、渗透性强、辐射面广的优势，在许多国家持续快速发展，产业规模大幅度增长，在国民经济各个行业中的地位显著上升，成为提高就业率、促进关联产业发展的主力产业部门之一。体育产业的发展，为引导居民消费、拉动国民经济相关产业的增长、促进国民经济增长发挥了积极的作用。2024年11月，普华永道发布《渐入佳境——全球体育行业调研报告》（第八期），该报告指出：全球体育行业高管预测未来3~5年的年增长率将达到7.3%左右（高于2023年调研中的6.6%）。同时，主要地区大部分受访者都对未来体育市场充满信心。20世纪80年代，美国体育产业总产值占其国内生产总值的2%左右，成为全美11大产业之一；20世纪90年代中期，美国体育产业总产值已经超过了3 000亿美元，其产值高于法律服务和保险产业，高于机动车与设备制造业，超过了汽车修理与服务业的产值总和。根据Plunkett市场研究公司的统计数据，美国2023年体育产业总值达到6 112亿美元，占全球体育产业总规模的35.95%。

1989年，日本体育产业总产值在其国内十大产业中位居第六，占国内生产总值的1.1%。体育产业被政府确定为21世纪的十大产业之一。20世纪90年代中期，虽然日本经济出现连续6年的低迷，国民经济平均递增0.43%，但体育产业同期每年增长3.25%，其增长速度在第三产业16个行业中排位第二。日本政府自2016年起将体育产业纳入国家增长战略。

英国体育产业同样带动了本国经济的发展。20世纪80年代末，英国体育产业年产值达到了68.5亿英镑，超过了汽车制造业和烟草业的产值，政府从体育产业中得到的税收就达24亿英镑，相当于体育投资的5倍。到了90年代末，体育产业每年创造的价值超过了100亿英镑。同时，体育产业的发展还为社会提供了大量的就业机会，如英国体育产业部门每年可向社会提供50万个就业岗位。到了2010年，英国体育产业提供的就业岗位超过了80万个，其产值已接近160亿英镑。根据毕马威的统计，2016年英国的体育产业产值达到373亿英镑，占其GDP的2.1%，为英国创造了120万个就业岗位。根据德勤发布的《2024年足球财务报告》，2022—2023赛季英超收入达到61亿英镑，在欧洲足球五大联赛独占鳌头。

韩国自获得1986年亚运会和1988年奥运会举办权后，政府采取一系列措施，如设立体育部，财政每年拨出充足的体育经费，并给予特殊的集资政策，大力兴建体育场馆设施等，促进了体育产业的发展。1988年汉城（首尔）奥运会的举办，给韩国带来了巨大的社会效益和经济效益，极大地振奋了民族精神，提高了其国际地位，开辟了新的外交、经济和文化交流领域，成为经济、社会进一步发展的一个新起点。此后，韩国政府对体育更加重视，许多体育政策在历届政府中延续下来，使体育部门有了更大的积极性发展体育产业。地方政府的热情也高涨起来，如积极争办各类体育比赛，并为体育产业提供政策保障。韩国通过《体育产业振兴法》《体育产业中长期发展规划》等产业政策引导国内体育产业实现快速发展。

在体育产业发达的北美、西欧和北欧国家，体育产业的年产值已进入各国十大支柱产业之列。根据 Plunkett 市场研究公司的统计数据，2023年，全球体育产业的总产值达到1.7万亿美元。美国、澳大利亚、加拿大、日本、英国、德国、法国和意大利等发达国家的体育产业，总产值占GDP的2%~4%。

体育产业之所以有强劲的发展势头，是由其独特的功能决定的，随着居民收入水平的提高，人们对体育需求日益呈现出多样化和个性化特征，大众对体育物资产品和服务产品的需求正普遍转化为对体育产品和服务的购买行为，这为体育产业快速发展提供了广阔的空间。

（二）我国体育产业的发展历程

1978年以前，我国并不存在市场经济意义上的体育产业，无论从体制机制还是观念上，体育的运行和管理与计划经济体制相适应，是一种高度集中的政府计划安排。体育在范畴上归属于国家的事业，体育组织和管理部门分别具有事业和行政的性质，体育活动基本上由国家财政拨款。改革开放以来，国家体育开始向社会体育转变，从注重体育的政治功能向政治功能与经济功能并重转变，体育事业发展面貌焕然一新，体育产业开始了真正的实践。改革开放以来，我国体育产业的发展历程可以划分为萌芽阶段、起步阶段、初步形成阶段、快速发展阶段和高质量发展阶段5个阶段。

1. 萌芽阶段（1978—1991年）

这一时期，随着计划经济体制的逐步改革和对社会主义市场经济体制的逐步探索，体育系统在"以体为主，多种经营"方针的指引下，涉及体育场馆租赁、体育旅游、体育广告、体育健身娱乐、体育技术咨询服务及培训等内容的体育经营活动日益增多，在体育经营管理方面迈开了商业化的步伐。同时，国家体育也开始向社会体育转变。体育系统吸引社会资金，以赞助和联办的形式资助体育赛事活动和高水平运动队，促成了相当一部分优秀运动队实现企业联办。1980年"万宝路广州网球精英大赛"的成功举办使主办方获利可观，这标志着我国体育竞赛表演业市场开始起步。1985年国家统计局发布的《关于建立第三产业的统计报告》提及将体育与教育、文化、广播电视事业，科学研究事业，卫生、社会福利事业等一同列入第三产业的第三层次。作为第三产业的新成员，不仅为社会提供了就业岗位，而且为国家产业结构调整助力,将是一个长期存在并可持续发展的朝阳产业。

2. 起步阶段(1992—2000年)

这一时期,一系列政策密集出台,一方面厘清了体育产业发展的基本思路,另一方面指引着单项协会实体化和俱乐部职业化改革。1992年党的十四大确定我国经济体制改革的目标是建立社会主义市场经济体制,理论与实践上的这一历史性突破为体育产业化提供了时代契机。1992年中共中央、国务院发布《关于加快发展第三产业的决定》后,国家体委召开的"中山会议"把体育经济工作作为深化体育改革的一项重要内容列入会议讨论;1993年初又组织起草了《关于培育体育市场加快体育产业化进程的意见》,提出体育事业要"面向市场,走向市场,以产业化为方向"的基本思路。1995年《体育产业发展纲要(1995—2010年)》实施,明确了体育"社会化、产业化"的发展方向。在大力发展第三产业方针的指导下,体育产业迅速崛起,引起了政府的高度关注。1998年,首家体育企业"中体产业"成功上市,此后信隆实业、青岛双星、北方五环等多家体育公司上市,使我国体育产业初步形成竞赛业、体育用品业、场馆业和传媒业等多行业齐头并进的发展趋势。2000年,国家体育总局制定《2001—2010年体育改革与发展纲要》,建议将体育产业培养成为新的经济增长点,逐步缩小体育产业与国外的发展差距,进一步提升我国体育产业的国际竞争力。

此外,中国足球推进协会实体化改革,以足球改革为突破口进行职业化尝试,将足球推向市场,拉开了中国体育职业化改革的大幕。1992年6月,中国足协召开了"红山口会议",确立了中国足球要走职业化道路的改革方向。1994年开始的中国足球甲A联赛成为我国体育产业化经营的重大标志性事件,被誉为中国体育产业的破冰之举。此后,篮球、排球、乒乓球、围棋等项目相继进行了市场化、职业化改革。

3. 初步形成阶段(2001—2013年)

2001年,我国获得2008年奥运会的举办权并成功加入世界贸易组织,这两件大事为我国的经济发展和改革注入了新的活力,也为我国体育产业的发展带来了重大发展机遇。在筹办2008年北京奥运会的过程中,体育产业规模不断扩大,体育消费持续活跃,体育市场体系不断健全,体育产业发展规划与管理改革不断深入。2004年，中国足球超级联赛的成立（简称中超联赛）进一步提升了我国职业足球竞赛水平和品牌影响力。国家体育总局于2005年和2007年两次通过全国体育产业工作会议，明确提出了全社会共同发展体育产业的基本思路，确立了"依托场馆、紧扣本体、全面发展、服务社会"的体育产业发展方针。从2009年起，每年的8月8日定为"全民健身日"。2010年国务院办公厅发布《关于加快发展体育产业的指导意见》，2011年国家体育总局发布《体育产业"十二五"规划》，旨在通过政策引领促进体育产业发展。2012年5月，国家体育总局出台的《关于鼓励和引导民间资本投资体育产业的实施意见》中，提出通过财政扶持、体育产权交易平台、金融支持、税收优惠等扶持政策鼓励社会力量参与到体育产业发展中来，并进一步规范市场秩序，打击不正当市场行为，营造良好的市场环境。

4. 快速发展阶段（2014—2018年）

2014年《关于加快发展体育产业促进体育消费的若干意见》正式发布，明确指出"到2025年体育产业总规模超过5万亿元，成为推动经济社会持续发展的重要力量"，并将全民健身上升为国家战略。随后一系列政策的出台为我国体育产业发展提供了广阔机遇。例如《国务院办公厅关于加快发展健身休闲产业的指导意见》《关于大力发展体育旅游的指导意见》《体育产业发展"十三五"规划》《"健康中国2030"规划纲要》《国务院办公厅关于加快发展体育竞赛表演产业的指导意见》等均对我国体育产业发展起到了重要引领作用。在国家政策的驱动下，各级政府部门积极落实并跟进，我国体育产业驶入发展快车道。这一阶段体育产业增加值年均增长率超25%，产业基础日益夯实，产业规模不断扩大。

5. 高质量发展阶段（2019年至今）

2019年，国务院办公厅印发的《体育强国建设纲要》明确提出，"到2035年，体育产业更大、更活、更优，成为国民经济支柱性产业"，不但确认了体育产业在国家战略中的定位，并且细化了发展体育产业的路径和抓手。同年9月发布的《国务院办公厅关于促进全民健身和体育消费推动体育产业高质量发展的意见》强调，"强化体育产业要素保障，激发市场活力和消费热情，推动体育产业成为国民经济支柱性产业"。之后，《中华人民共和国体育法》（2022年修订版）和《"十四五"体育发展规划》《国务院关于促进服务消费高质量发展的意见》等一系列法律法规的实施为我国体育产业的高质量发展保驾护航。2022年北京冬奥会的成功举办在实现"带动三亿人参与冰雪运动"目标的同时推动了我国冰雪运动产业高质量发展。《国务院办公厅关于以冰雪运动高质量发展激发冰雪经济活力的若干意见》提出以冰雪运动为引领，带动冰雪文化、冰雪装备、冰雪旅游全产业链发展，推动冰雪经济成为新增长点。到2030年，冰雪经济总规模达到1.5万亿元。

二、体育的产业化

（一）体育产业的内涵

关于体育产业的内涵，专家学者仁者见仁、智者见智。主要观点有以下三种：第一种观点认为，依据产业分类理论和《关于加快发展第三产业的决定》，体育产业就是提供各类体育服务的行业，是体育服务业的简称，并由此把体育产业分为健身娱乐业、竞赛表演业、咨询培训业、体育经纪业、体育旅游业等。第二种观点认为，体育产业是指体育事业中能进入市场，实行市场化经营的部分。这种观点认为，体育事业并不能在整体上被界定为体育产业，能够称为体育产业的只是体育事业中的一部分。那些不能进入市场，必须靠政府财政支持的项目只能叫事业。这一界定把体育产业看作一个动态的概念，伴随着体育市场发育的日益成熟、市场开发的不断深入和人们体育消费能力的逐渐增强，体育事业中实行市场化经营的部分会越来越大。第三种观点认为，体育产业是社会主义市场经济条件下运行的体育事业。这种观点的依据是计划经济体制向社会主义市场经济体制转轨中体育事业运作方式和产出成果的差异。按照这一逻辑，体育产业就是体育事业，发展体育产业就是要充分发挥市场在各类体育资源配置中的决定性作用，切实抓好体育事业各项业务成果的转化，形成符合社会主义市场经济要求的体育资源开发和体育成果转化的体系与机制。

上述观点各有各的视角，为进一步完善和发展体育产业的概念提供了有益思考。对这一概念的科学界定需要我们首先厘清以下几个方面的问题：

一是要立足市场经济条件下体育产业的整体发展。二是体育产业是属于第三产业还是属于混合产业。三是体育产业区别于其他产业的本质属性是什么。

体育产业必须具有体育的属性和产业的性质，它应是从事体育物质产品和体育精神文化服务产品的生产、流通和以体育文化为内涵的各种服务活动或部门的集合；其产品和服务的价值具体体现在社会效益和经济效益的一致性上，即为社会提供精神产品和服务的同时，也为国民经济发展创造物质财富；其目的在于不断满足人民群众日益增长的精神文化需求的同时，全面提升人的生活质量，促进全社会文明程度的整体提高。

在现代产业经济学中，产业是指介于微观经济细胞（家庭和企业）与宏观经济单位（国民经济）之间生产和经营同类产品的企业群。基于上述考虑，体育产业可以界定为：生产和经营体育物质产品或生产经营体育服务产品的企业群。在市场经济条件下，开展体育活动的方式有多种，如同文化业有经营性文化和公益性文化一样，体育也有经营性体育和公益性体育的区别。

（二）体育产业的分类

根据体育产业的实践和国际体育产业的发展趋势，为使体育产业化在整体推进的基础上突出重点，可将我国的体育产业分成三类。

1. 体育主体产业

体育主体产业指发挥和体现体育自身的经济功能和价值的生产和经营活动。体育主体产业有体育竞赛表演业、体育健身休闲业和体育教育与培训业等。

2. 体育相关产业

体育相关产业指与体育密切相关的经营活动，主要依附体育的主体产业而存在，没有体育的主体产业，这些产业就失去了依托。体育相关产业主要有体育彩票业、体育用品业、体育经纪业、体育新闻业、体育广告业、体育旅游业、体育金融业和体育建筑业等。

3. 体育外延产业

体育的外延产业指体育部门或单位利用自身条件，为弥补经费不足兴办的各类生产和经营活动，如餐饮、宾馆、航空票务代理等。它是由体育所衍生的体育经营业务的部门或企业，可以是体育本体产业、体育相关产业之外的非体育性质产业，涉及第一、第二、第三产业，但前提必须是直接或间接为体育事业服务的那部分产业。

体育产业化的发展，要依赖于以体育主体为中心的产业开发和发展，而体育主体产业中的体育竞赛表演业、体育健身休闲业、体育教育与培训业是带动体育产业发展的支柱产业。应充分利用和发挥体育特有的潜力和优势，大力开发以展现体育自我经济功能和价值的体育主体产业，使其通过宏观调控和市场机制的作用成为体育产业开发的龙头产业；应积极发展体育相关产业，特别重视发挥体育传媒、体育用品、体育资本对体育产业发展的推动作用，同时不能忽视开展其他有益于壮大体育经济的各类体育外延产业，逐步形成依靠社会、依托市场发展的体育产业体系。

此外，根据国家统计局发布的《体育产业统计分类（2019）》，体育产业包括11个大类：体育管理活动，体育竞赛表演活动，体育健身休闲活动，体育场地和设施管理，体育经纪与代理、广告与会展、表演与设计服务，体育教育与培训，体育传媒与信息服务，其他体育服务，体育用品及相关产品制造，体育用品及相关产品销售、出租与贸易代理，体育场地设施建设。具体而言，该分类采用线分类法和分层次编码方法，将体育产业划分为三层，分别用阿拉伯数字编码表示。第一层为大类，用2位数字编码表示，共有11个大类；第二层为中类，用3位数字编码表示，前两位为大类编码，共有37个中类；第三层为小类，用4位数字编码表示，前三位为中类编码，共有71个小类。《体育产业统计分类（2019）》是《国民经济行业分类》（GB/T 4754—2017）的派生分类，是对国民经济行业分类中符合体育产业特征的有关活动的再分类。

《体育产业统计分类（2019）》

（三）体育产业化的内涵

体育产业化是指把我国体育事业的基本运作方式向市场经济的要求转化的一种过程，是按照市场经济的规律，充分运用市场经济的原则、方法和手段来办体育，将长期在计划经济条件下办体育的观念、方式和做法转变到与社会主义市场经济要求相一致的轨道上来的过程。所谓体育产业化，是一种以市场为导向，将体育服务产品生产、流通、交换、消费的诸环节联结为一个完整的产业系统，实现一体化经营的过程。这种过程特别强调两点：一是强调体育产业发展的规模和水平；二是强调选择推动体育产业走向成熟和强盛的有效经济运行方式。

三、体育的市场化

（一）体育市场的内涵及分类

现代经济理论认为，一个真正市场的存在必须满足两个条件：一是存在对某种产品或者服务有需要或欲望的潜在消费者，二是这部分潜在的消费者要有购买能力。

有关体育市场的内涵，在学界存在几种不同的看法。有一种观点认为，体育市场是指体育产品的经营场所和体现交换关系的总和。这又有三层含义：一是狭义的体育市场，即直接买卖体育产品这种特殊消费品的场所，是体育消费者购买体育服务、观赏或者参与体育活动的场所，如体育馆、健身房。二是广义上的体育市场，即全社会所有体育产品交换活动及交换关系的总和。它主要研究体育产品的交换关系及交换活动的性质、结构和行为，如体育科研、学校体育、运动竞赛。三是现代市场营销学意义上的体育市场，指个人或者群体对体育产品既有购买力又有购买欲望的现实的和潜在的需求，即有能力并愿意购买某种商品的人群。

另外一种观点认为，体育市场是指在国家法律、法规和宏观调控的指导下，具有一定交易程序、交易规则的，经营主体以体育商品、体育服务为对象的交易机制或者体系。这种观点认为，体育市场的组成包括体育竞赛市场、体育培训市场、体育健身市场、体育用品市场、体育旅游市场、体育人才市场和体育彩票市场等。

（二）体育市场化的内涵

体育产业化离不开体育市场化，体育产业化进程与体育市场的完善程度息息相关。当观众花钱观赏某个体育项目，如观看一场中超足球比赛时，观众花钱购买到的是什么呢？得到的当然不是有形的东西，而是整个比赛给人带来的无形的喜怒哀乐，这是一种兴趣的追求、情绪的宣泄和心理需要的满足。消费者的这种心理与情感需要的满足程度越高，消费者花钱观看中超足球比赛的动机就越强，因而产生这种购买行为的可能性便越大。同样，当一个人花钱亲身参与到某一体育项目中进行体育锻炼时，他的这种购买行为让他得到了心理上的愉悦并产生了对身体健康的希望。可见，体育产品的核心是它能满足人们的某些需要。一旦人们为了满足其自身的某些体育消费需要而必须通过付费的方式去获得相应的体育产品时，一个重要的行为便必不可少，这就是交换。交换是市场的核心概念，没有交换便没有市场。当观赏竞技比赛或进行体育锻炼必须通过以货币为媒介的交换行为才得以实现时，传统意义上的体育项目便被赋予了当代体育产品的概念，体育生产者与消费者之间便出现了实现交换目的的中介与桥梁——体育市场。

那么，体育活动在现实中是否已经具有市场的特征呢？对于这一问题，只要简单地看看近些年来体育的发展过程便不难找到答案。在过去的计划经济体制下，各种体育设施、体育队伍、体育竞技比赛均在大一统的模式下管理运行。体育设施虽然极为不足，但人们使用体育设施不需要通过货币媒介来实现；竞技比赛虽然很少，但人们观赏比赛基本无须付费。在那个时候，体育消费无论是作为体育实践还是作为体育观赏都无须经过交换，体育当然也就没有市场的特征。伴随经济体制改革进程的不断推进，前述情况已发生巨大的变化。足球作为体育改革的突破口，"红山口会议"之后仅5年便发展成为年产值近7亿元的第一大体育项目。而在此之前，国家给中国足协每年的经费才不过500万元左右。足球还是那个足球，足协还是那个足协，为什么短短几年便产生了如此之大的变化？个中缘由，不是因为找到了"芝麻开门"的暗语，而是市场化产生出来的巨大魔力。今天，谁都知道去足球比赛现场观看必须付费，赞助商要在比赛现场获得做广告的权利和机会必须付费，媒体为了提高收视率而想转播足球比赛同样必须付费。付费使足球比赛这一体育项目变成了体育产品，这种产品只有通过以货币充当一般等价物的交换才能获得。由此，发端于足球并以交换为核心的体育市场开始形成。2014年《关于加快发展体育产业促进体育消费的若干意见》发布以来，我国掀起了争抢体育赛事版权大战。特别是在2015

中超有新冠名，版权回归正常价

年9月，体奥动力以80亿元获得了2016—2020年中超全球全媒体版权，而在2015赛季，中超全年的版权总收入也只有0.8亿元，仅仅一年，它的版权收入就暴涨了100倍之巨，甚至超越了当时西甲、英超、NBA在华版权价格的总和。

消费人口的多少决定了体育市场规模的大小。中国人口数量多，对体育产品具有消费欲望的潜在消费者占有相当大的比重，因为获得健康、活力是人类永恒的追求，观赏竞技体育、实现心理与情感的满足则日益成为当代许多人的生活方式。从这个意义上说，我国潜在的体育市场规模极大。体育产业的发展必须依赖于体育市场的健全与完善。体育产品只有投放市场才能有效到达消费者，而消费者只有在体育市场上才能获得品种多样的体育产品。体育生产者与体育消费者充分交换，体育产业才能得到长足的发展。

四、培育与发展体育市场的意义

（一）丰富和促进人们的体育消费

20世纪80年代以前，除了观看高水平的篮球和乒乓球等比赛外，人们很难再花钱进行体育消费，体育消费商品化程度很低。随着市场经济的发展、收入和余暇的增多，人们不但花钱观赏精彩的体育比赛和表演，而且花钱学习健身、健美的方法，付费参加健身、健美及娱乐性强的体育活动。体育消费商品化的程度有了很大的提高，体育市场向人们提供了丰富多彩的体育服务。体育消费随着体育市场的发展在消费层次上也出现了高、中、低不同档次。

（二）促进体育进一步社会化

体育市场的发展，促使人们越来越看好体育市场的前景，出现了企业、事业单位、集体、个人、外商投资兴办体育的大好局面。现代体育俱乐部纷纷建立、经营性体育场所迅速增加，这些都大大加快了体育社会化的进程。

（三）提高体育部门自我发展的能力

体育市场的发展，增强了体育部门的市场意识和经营意识，促进了体育部门管理体制和运行机制向市场经济体制的转换，提高了体育部门自我发展的能力。

（四）推动体育事业的发展和繁荣

一方面，体育部门能够通过体育市场需求的变化，了解人们消费的需要和意见，改善体育服务、体育经营的水平和质量；另一方面，市场竞争机制和价格机制迫使体育经营者改善经营条件，提供适合市场需求的适销对路的体育产品，更新经营观念，这在一定程度上加快了体育事业的发展和繁荣。

（五）促进体育交流，吸引体育投资

随着体育市场的发展，出现了一批体育经营机构，它们通过企业赞助、广告及门票收入等途径多方面筹集资金，邀请国外职业运动俱乐部及世界知名球队来我国进行商业性、营利性比赛。有的还聘请外籍球员和教练来华加盟、执教，这对扩大中外体育交流、促进体育市场进一步繁荣都有着积极的作用。

思考题

1. 营利性和非营利性体育组织的特点有哪些？其经济属性和经济价值有什么不同？
2. 试述经济发展对体育发展的影响以及体育对促进国民经济发展的积极作用。
3. 体育产业是如何分类的？请根据我国实际情况举例说明。
4. 试述体育市场的内涵及分类。
5. 试述培育与发展体育市场的意义。

第三章 体育商品

本章导学

本章以马克思主义政治经济学的劳动价值论和现代经济学理论为理论依据,深入论述体育商品的使用价值和价值以及体育商品的属性。从体育商品自身的特点出发,分析体育商品不同于一般物质商品的特征,从不同的角度介绍体育商品的分类及其相互关系,分析体育商品的本质属性和发展体育服务商品的途径。

学习目标

1. 掌握体育商品的基本概念、使用价值与价值构成,明确其在社会再生产体系中的地位。

2. 辨析体育商品与一般物质商品的差异,熟知其分类方式及类型间的关联。

3. 对体育商品进行理论阐释,能运用体育商品理论对体育市场中的商品加以甄别、分类与价值剖析。

4. 具备独立思考与批判能力,可以研判体育商品的供需关系与价值实现过程,以应对多变的体育市场环境。

5. 理解社会主义市场经济下体育产业发展规律,增强经济意识和责任担当。

第三章 体育商品

第一节 体育商品的使用价值和价值

一、体育商品的概念

在社会主义市场经济条件下，绝大多数体育产品以商品形式进入体育市场进行交换，体育产品生产者的劳动支出得到补偿，体育消费者获得精神生活的满足。

所谓体育商品，简单地说，就是体育生产经营者通过市场交换，向体育消费者提供的体育产品或服务。体育商品包括两个方面的形态，即实物形态和服务形态。

实物形态的体育商品，主要包括体育器材、运动服装、纪念品等有形商品。服务形态的体育商品，主要有体育娱乐服务、赛事转播、健身培训、科研服务、技术咨询服务和教育服务等。体育服务之所以可以作为商品，是因为它也有使用价值。对此，马克思说得很明确："服务这个词，一般地说，不过是指这种劳动所提供的特殊使用价值，就像其他一切商品也提供自己的特殊使用价值一样；但是，这种劳动的特殊使用价值在这里取得了'服务'这个特殊名称，是因为劳动不是作为物，而是作为活动提供服务的，可是，这一点并不使它例如同某种机器（如钟表）有什么区别。""对于提供这些服务的生产者来说，服务就是商品。"马克思的这一表述有三层意思：一是服务是一种劳动；二是服务作为商品也有使用价值；三是服务这种使用价值不是物，而是一种活动。随着科技的发展和数字化转型，体育商品的概念也在不断拓展，涵盖电子竞技、虚拟现实体验等新兴形式的体育产品。

马克思关于"服务"（包括体育服务）也是商品的理论有着深远的意义。随着生产力水平的不断提高，人们对体育生活的需求也将不断提高，由此必将促进包括体育在内的第三产业的迅速发展，以满足人们对服务的需求。

二、体育商品的使用价值和价值概念

马克思主义认为,凡是商品都具有使用价值和价值二因素。体育产品既然是商品,就具有商品的一般属性,即它同样是使用价值和价值的统一体。作为满足人们发展和享受需要的精神体育产品,是社会主义商品体系的重要组成部分。

(一)体育商品的使用价值

商品的使用价值是指这种商品能够满足人们在物质和精神方面的某种需求。体育商品的基本特点就是满足人们的健康、娱乐和社交需求。体育商品通过提供运动、观赏和体验,满足人们对身体素质提升、心理愉悦和社会交往的需要。人们通过购买这些体育商品和服务,陶冶情操,丰富精神生活,满足物质上、精神上的享受和发展的需要。人民群众的体育精神需要主要表现为求知、求美和求乐的欲望,即要求提高体育、智力水平,提高思想道德水平,实现审美消遣娱乐。体育商品的使用价值所满足的是人们精神生活的需要,它是欣赏价值、审美价值、认识价值、研究价值的总和。体育商品的使用价值,就在于它能向社会消费者提供精神生活方面所需要的体育性消费资料。体育性消费资料,可以分为独立存在的实物形态和以活劳动存在的非实物形态两种形式。换句话说,它既包括满足人们精神生活所需的物质体育产品,又包括满足人们体育娱乐享受和发展需要的体育服务。

体育服务具有非实物形态的使用价值。与实物产品的使用价值不同,体育服务的使用价值是一种以活动形式提供的、不能离开体育服务生产者而独立存在的、不具有实物形式的特殊使用价值。体育服务产品的使用价值具有不可触摸性,生产、交换和消费的同时性,不可贮存性,不可移动性,再生产的受制约性等种种特性。服务不是作为物而有用,而是作为活动而有用。服务作为活动,其生产过程和消费过程在时空上具有同时性和并存性。它在消费过程中存在,消费完毕,服务活动也就终止。服务过程是创造使用价值的劳动过程,也是社会劳动的消耗过程。在市场经济条件下,它在交换中以货币形式得到补偿,从而具有商品属性。

（二）体育商品的价值

体育商品不仅具有使用价值，还具有一定的价值。体育商品的价值是由体育劳动者的抽象劳动创造的。所谓体育商品价值，是指凝结在体育产品中的无差别一般人类劳动。无论是物质劳动还是精神劳动，都可以看作"人类劳动力在生理学意义上的耗费"。商品的价值是由生产该商品所耗费的社会必要劳动时间决定的。生产商品的劳动是具体劳动和抽象劳动的统一。具体劳动创造商品的使用价值，抽象劳动决定商品的价值；具体劳动表现为不同形态，无法进行比较，抽象劳动则是人类脑力、体力的耗费，对于任何商品都是一样的，可以进行比较。创造体育产品的劳动作为一般人类劳动的凝结，决定体育商品的价值。

体育商品价值同其他商品价值一样，也是由三部分构成的：第一，生产体育商品时所耗费的原材料价值、设施和设备的折旧；第二，体育商品劳动者和服务人员的必要劳动创造的价值；第三，体育商品劳动者和服务人员在必要劳动时间之外创造的价值。体育商品的全部价值在交换中以货币形式得到补偿和实现。至于体育服务，它的抽象劳动不是凝结在某一物的形式上，而是以服务活动形式表现出来的。虽然服务劳动完毕，服务消费也终止，这一点与物质商品不同，但形式上的差别并不能改变服务是抽象劳动消耗从而创造价值的本质。服务同样具有交换价值，它的价值等于维持服务的物质性商品价值和服务本身形成的价值。值得注意的是，体育商品的价值量大小是随着体育产品的水平和规格的高低而变化的，如体育产品中高水平的体育赛事，其价值也是由生产该产品的社会必要劳动时间来决定的。水平越高、竞争越激烈的体育赛事，其价值就越高；反之，则越低。

在现代经济学中，体育商品的价值不仅体现在生产所耗费的劳动量上，更体现在其市场供求关系、品牌价值和消费者认可度上。体育商品的价值受到市场因素的影响，如品牌知名度、粉丝忠诚度、赛事影响力等。高水平的体育赛事不仅因为其生产成本高，更因为其能够吸引大量观众、广告商和赞助商，从而带来巨大的商业收益。

第二节 体育商品的属性和特征

一、体育商品的两重属性

体育商品作为一种劳动产品，与其他商品一样具有一般商品的属性，即都是具体劳动与抽象劳动的统一、使用价值与价值的统一。但体育商品是一种精神产品，具有不同于一般商品的属性，即不仅具有商品属性，还具有意识形态属性。

（一）体育商品的意识形态属性

历史唯物主义告诉我们，体育也是一种社会意识形态，它是经济基础的反映，决定于并服务于经济基础。它要为自己的经济基础的形成、巩固和完善服务。例如，体育比赛、体育艺术与政治、道德、哲学等其他社会意识形态的不同之处，在于它们是通过具体、生动的体育活动来展现社会发展的精神水平，反映客观现实的，融思想性、艺术性、知识性、群众性于一体。体育商品的思想价值、智能价值、审美价值、愉悦价值对人们的影响是深远的，具有不可估量的社会效益，如中国女排精神、北京申办奥运等皆是如此。

（二）体育商品的商品属性

现阶段，我国体育产品有两种存在形式：一种不以商品的形式流通，无偿为人民服务；另一种以商品形式进行流通，通过体育市场提供有偿服务。凡是通过货币进行交换的体育产品，就具有交换价值，具有商品属性。

体育商品具有商品属性，其缘由在于：

第一，从生产者来说，由于社会分工和部门内部分工越来越细，许多人成为专业生产者，他们只有通过一定的方式与社会交换自己的劳动产品，才能换回自己需要的生活资料，否则无法生活。体育产品生产者，或比赛，或表演，或指导健身，其工作结束以后，都要获取报酬，这实际上就是把自己的产品拿到精神产品的市场上去出售，通过交换换回货币，再换取自己所必需的生活资料，本质上，他们是把自己的技术、技能或表演当作商品在交换。在商品经济条件下，社会分工和部门内部分工日益深化和细化是商品生产存在的一般前提或基础，这就使大部分体育产品有成为商品的必然性。

第二，从所有制来说，现阶段我国实行以公有制为主体、多种所有制经济共同发展的基本经济制度。这在体育领域里势必形成许多具有不同经济利益的体育生产经营实体。它们彼此之间、与广大体育产品消费者之间都要发展商品交换关系。各种所有制形式并存及物质利益的差别性，是市场经济产生和存在的根本前提，它决定了体育产品必须相互交换的商品性质。

第三，从生产性质来说，由于我国现阶段实行的是社会主义市场经济，因而大部分体育产品不是供自己消费，而是供社会消费。也就是说，大部分体育产品的生产性质不是自给性生产，而是商品性生产。现在，无论是运动员、运动队、体育团体、体育俱乐部，实质上都是特殊的企业，在生产精神产品。组织体育比赛、出版体育书刊、表演体育节目、办体育培训班，都需要考虑经济效益和市场需求。

第四，从交换方式来说，社会主义社会实行按劳分配和等价交换。劳动者的劳动成果要转化为消费资料，实现按劳分配，取决于等价交换的顺利进行。通过等价交换，体育产品生产者的劳动消耗可以得到合理的补偿。这就需要大部分体育产品进入流通领域，借助货币形式进行交换。写书，得稿费；买书，付钱；体育健身，掏钱；看足球，买票。这已是社会生活中普遍的事实。通过货币形式进行等价交换，绝大多数进入流通领域的体育产品转化为商品，这已是无可辩驳的事实。

可见，由于商品生产和市场经济的产生和存在的两大前提（社会分工和不同所有制）仍然存在，大部分体育产品又是用来交换的劳动产品，交换受价值法则的制约，所以体育产品具有商品属性，是体育商品。

二、体育商品的特征

体育商品不同于物质商品的特性，除了具有上述两重属性外，还有以下几点特征。

（一）体育商品消费的体验性和持久性

体育商品是一种特殊商品，它的消费不同于一般的物质商品。体验性和持久性是许多体育商品的一个重要特性。这种持久性表现在以下两点：

其一，一般物质商品的消费是人们的一种占有与直接的使用消耗，而体育商品的消费方式在很多情况下是参与和体验，它所消耗的不仅是体育的物质载体，更重要的是提供了一种独特的体验，其价值在于消费者的情感投入和体验感受。人们消费体育产品不像消费物质产品那样出自生存的必需，而是为了满足健康、娱乐、社交和自我实现的需求。体育产品可以通过现代媒体和数字技术不断延伸其影响力，人们可以根据自己的爱好自由地选择不同形式的体育内容进行消费。许多精神产品不会在消费中立即消失。一件精美的衣服，穿旧了、破了，或一顿可口的美餐品尝完了，其价值也就被消耗尽了；一场优秀的体育比赛或体育活动，则可以通过数字媒体的传播和回放，获得持续的生命力。我们既要看到体育商品的价值是在消费中实现的，也要看到它的体验和情感价值可以持续影响消费者。

其二，物质产品只能满足某个人或某些人的需要，而体育产品是人类精神活动的结果，其内容带有普遍性和共享性。尽管在形式上体育产品是个人或少数人劳动的成果，但实际上它凝结着无数前人和后人的劳动。体育产品生产者不仅要通过体育交流活动和他人广泛协作，还要广泛利用前人的成果，因而体育产品是社会发展的一般精神成果，它的使用价值具有持久的意义。某个体育精神产品，如一个健身科学原理、一本体育锻炼教科书或一部体育艺术作品，对人类精神发展所起的作用是多方面的。它不仅能满足某个人或某些人的体育消费需要，而且能满足人类长期的需求，对整个人类都有价值，属于全人类共同的精神财富，如奥林匹克精神。真正有价值的体育产品在任何时候都不会完全过时。

（二）体育商品生产的创新性和差异化

体育商品的生产需要高度的创造力和创新性。在当代市场经济中，体育商品只有不断创新，走差异化道路，才能保持竞争力和吸引力。其缘由在于，体育产品必须有创新的内容才能满足消费者不断变化的需求和偏好。所谓创新性，是指体育产品的内容、形式或交付方式是以前没有的，与众不同的。创新性的劳动成果，可以吸收和利用前人的成果，凝结前人和他人的劳动，但更多的是创造了前人和他人所没有创造的新东西。创新性劳动是精神体育生产最本质的特点，从某种意义上说，没有创新就没有体育产品的持续发展。每一项体育运动，每一次体育比赛，都需要独特的设计和组织，这要求体育产品生产者按市场需求和创新规律去从事体育产品的生产。比如，一个赛事组织者可以运用先进的科技手段提升观众的观赛体验，一个体育品牌可以通过创新的营销方式吸引消费者。

相对来说，物质生产劳动的重复性则是普遍的、经常的、大量的。这是由于，物质产品要想满足更多人的需要，就得大规模重复生产。物质产品都有一定的规格，只有完全地、精确地"照抄"，才不会出现废品和次品。当然，物质产品生产也需要创造性劳动，如产品的更新换代，但在更多时间里，则是进行重复性劳动。一个物质产品定型后，投入大批量生产，反复进行的是同样的劳动，相同的产品可以几十万、几百万次地重复。

应当指出，体育产品的复制品并不能完全替代原创的体育体验。数字化的传播虽然可以扩大体育产品的影响力，但现场体验和参与感仍然是独特的。因此，体育产品的创新不仅体现在内容上，也体现在体验方式和交付渠道上。

（三）体育商品的多样性和复杂性

首先，体育商品的多样性表现在体育商品是个结构复杂、层次丰富的集合。体育商品由多种资源、设施与服务构成，不仅包括物质产品部分，还包括服务和体验部分；既有物质成分，又有精神成分。涉及体育商品生产和供给的部门众多，包括体育比赛、训练、健身娱乐、数字内容、媒体传播、旅游、教育、科学研究以及其他供给体育产品与体育服务的部门。此外，还涉及不少与体育部门相关的其他部门和行业。体育商品的多样性与广泛性，是与体育商品消费的多样化及其社会功能密切相连的。在现实社会中，人们在经济生活、道德风尚、体育层次、精神情感等方面差别很大，对体育生活的需求必然会呈现出多样化的特点，客观上要求体育生产经营部门提供结构复杂、层次繁多的体育产品和服务。随着现代科技的发展和体育消费领域的拓宽，社会体育生活日益丰富，消费热点经常转移，新的体育消费需求不断涌现。当代群众体育意识发展，体育需求呈现多样化、多角度、多层次趋向，其兴趣指向日趋活跃、复杂，体育需求选择性日趋增强。与此相适应，体育商品的种类、内容、形式，也就必然是多种多样、庞杂繁多、互不一致的。体育商品的生产与交换，实质上就是为了满足体育消费的复杂需要。因此，与体育消费多样性相适应，体育商品包含的内容必然是相当复杂和广泛的。

其次，体育商品的复杂性表现在体育商品是复杂的生产劳动的成果。体育产品大体分为知识型和体验型两类。知识型的体育产品，包括理论型的体育产品、技术技能型的体育产品等。体验型的体育产品，包括赛事、活动、训练等。无论是物质产品还是服务产品，都是人类劳动的成果，其生产过程都是劳动力的使用或消费。但体育产品生产有其特殊性，表现在从事体育生产的劳动一般不是简单劳动，而是复杂劳动，甚至在许多场合下表现为一种投入量极大、首创性极高的复杂劳动。体育生产劳动主要不是改变对象的物质形式，而是提供独特的体验和价值。一些运动员的精彩表演，是"场上三分钟，场下十年功"的训练结果，其劳动的复杂和艰苦程度是一般劳动难以比拟的。因此，作为体育生产成果的体育商品，无论是体育科学研究的精神产品，还是体育表演的精神产品，都是复杂劳动创造的成果。

（四）体育商品对人们精神世界的影响性

物质商品满足人们的物质生活需要和生产需要，而体育商品由于其特殊的内涵，具有促进健康、教育、审美、娱乐、社交等功能，寓教于乐，潜移默化，对人们的精神世界有重要影响。体育活动能够提高人们的身体素质；体育教育能以科学知识指导体育锻炼；体育运动以深刻的哲理感染人们，使人们在思想深处受到启迪和影响，培养团队精神、竞争意识和公平理念等。

第三节　体育商品的分类及其相互关系

一、体育商品的分类

体育商品门类繁多，从不同角度可以分为若干不同类别。

（一）以体育商品的存在形式区分

按这一标准，可以把体育商品分为有形体育商品和无形体育商品。

有形体育商品包括体育器材、运动服装、体育纪念品、体育设施等实物产品。体育器材和装备是体育生产和消费的重要组成部分。体育设施主要指各种体育场馆和设备，如体育馆、健身房、体育场、俱乐部等。这些设施是体育活动的物质基础，也是一个城市甚至是一个国家体育发展的标志。体育纪念品、运动服装等也是有形体育商品的重要部分。

无形体育商品包括体育服务、赛事转播、数字内容、体育培训、健身指导等。这些商品以服务和体验的形式存在，不具有实物形态。随着科技的发展，数字媒体和互联网在体育领域的应用越来越广泛，体育赛事的直播、体育游戏、虚拟现实体验等成为无形体育商品的重要组成部分。

（二）以体育消费形式区分

按这一标准，可以把体育商品分为观赏型、参与型、收藏型和发展型。

观赏型体育商品包括比赛、体育表演、体育电影、电视转播、网络直播等。体育消费者对这类体育商品的消费形式是观赏其艺术价值和艺术水平。

参与型体育商品主要是体育娱乐活动，如健身、跑步、体育游戏、电子竞技等。体育消费者对这类体育商品进行消费时，是以自身参与实现消费的，如在健身房锻炼、参加线上运动课程等。

收藏型体育商品包括体育纪念品、运动员签名物品、限量版装备、体育NFT（非同质化代币）等。体育消费者对这类体育商品的消费形式是一方面欣赏其价值，另一方面作为收藏品保存。

发展型体育商品有体育书刊、体育学习用品、体育教育课程、体育培训班、体育科学研究资料等。体育消费者对这类体育商品进行消费，主要是为了提高自身的体育素质，增长才干，更好地为社会作贡献。

（三）以劳动表现形式区分

按这种标准，可以把体育商品分为以物化劳动表现的体育商品和以活劳动表现的体育商品。

以物化劳动表现的体育商品是独立存在的实物形态，如一切艺术的和科学的产品，以及体育器材、运动装备、体育纪念品、体育出版物等，它们是人类过去和现在的物化劳动成果。

以活劳动表现的体育商品，主要是为体育消费者提供各种体育服务活动，如比赛、训练、健身指导、体育表演、线上教学等。它们的特点是非实物形态，服务过程即体育消费过程，服务完毕，这部分劳动即被消费完了。

（四）以体育服务特点区分

按这一标准，可以把体育商品分为观赏型、健身型、娱乐型和培训型。

观赏型的体育商品主要指在竞赛场上，教练员、运动员、裁判员以及赛事组织者通过劳动向观众提供的有观赏价值的体育服务、各种高水平的运动竞赛和体育表演，以满足体育消费者的观赏需要。

健身型的体育商品主要指健身房、健美中心、线上健身平台等向消费者提供的体育服务，包括技术指导和陪练等，以满足体育消费者强身健体的需要。

娱乐型的体育商品主要指提供娱乐性强的体育服务，如电子竞技、体育游戏、体育旅游等，以满足体育消费者休闲娱乐的需要。

培训型的体育商品主要指各类体育培训机构，如体育学校、俱乐部、线上培训平台等，提供教学、辅导、训练服务，帮助消费者掌握体育运动的知识、技术和技能。

二、体育服务商品的独特属性

体育服务商品既不同于实物形式的消费品，与其他文化商品也有不同之处，具有以下特点。

（一）商品的无形性

一般消费品都具有实物形态，体育服务商品是一种非实物形态商品，是作为一种活动提供服务的。教练员、运动员、体育场馆工作人员等向消费者提供的是一种服务活动。

（二）商品的不可分离性

体育服务商品的生产和消费是同时进行的，体育服务生产过程结束，商品即被消费完毕，无法像实物商品那样储存或运输。

（三）生产和消费的同步性

体育服务商品的生产消费是在同一时间、同一地点进行的。具有观赏价值的体育比赛、体育表演，既是体育工作者生产体育服务商品的过程，同时也是观众观赏体育比赛、体育表演的过程，实际上也就是观众对体育竞赛服务的消费过程。体育服务的生产过程完成了，体育服务商品的消费过程也随之结束。因此，消费者的参与是体育服务商品生产过程的必要条件。如果体育服务商品的消费者不在现场，那么体育服务的劳动过程就成为毫无意义的行为。例如，如果没有观众在场，那么，体育比赛、体育表演就成运动员、教练员的自我娱乐和自我欣赏，就不能构成体育服务生产和消费过程。

（四）商品所有权不发生转移

实物商品和书刊、绘画等文化商品在市场买卖过程中发生所有权的转移，从卖者转到买者手中。而在体育市场的买卖活动中，体育服务商品的所有权并没有发生变化。消费者购买门票、订阅服务或参与健身娱乐活动，买到的并不是体育服务商品的所有权，买到的只是对体育服务商品的消费权。观众到体育场馆观看体育比赛，消费者到体育健身娱乐场所参与体育活动，享受有关的服务，都是这种消费权的体现。

（五）体育服务商品的生产者、经营者和消费者具有协同性

生产者、经营者、消费者是市场活动的主体和当事人。市场客体即商品或服务等交换对象的流动都是市场当事人意志的体现。同样，体育市场上的生产者、经营者和消费者都是体育市场活动的主体，直接决定着体育市场的统一性。体育服务市场具有不同于一般商品市场的特点：一是生产者直接与消费者互动。在一般商品市场上，生产者是不直接出现的，呈现给消费者的只是其产品或服务。而在体育市场上，生产者（如参与比赛的教练员、运动员）不仅在赛场上直接面对观众，还可通过社交媒体、直播平台等与粉丝互动。体育健身娱乐行业的工作人员也在活动场所或线上平台，为消费者提供服务。二是消费者积极参与体育活动，直接影响体育体验。在体育服务市场上，经营者、生产者、消费者三者缺一不可，相互影响，形成了体育市场的协同性。以足球比赛为例，一场高水平的足球比赛，不但要有优秀的球队和裁判，高水平的组织者、经营者，良好的赛场设施和赛场管理，而且要有观众的良好配合。运动员的临场发挥和士气，教练员的临阵指挥，裁判员执法的公正和恰当，观众的热情与激情、修养与行为等，都直接影响比赛的过程和氛围。如果有两支十分优秀的足球队参与比赛，但缺乏经营者的宣传和有效的营销措施，赛场观众稀少，或者观众对足球缺乏理解，缺乏热情和激情，观众席上没有球迷呐喊助威，气氛沉闷，抑或球迷起哄闹事，扰乱赛场秩序，都不可能呈现一场精彩的足球比赛。因此，经营者、生产者、消费者的协同一致是体育服务产品生产，尤其是竞赛产品成功的关键。

除此以外，体育健身娱乐市场的商品还有如下特点：① 消费者的高度参与性。在体育健身娱乐市场上，消费者积极参与体育活动过程，主动参与体育锻炼及娱乐活动，达到健身、健美和娱乐休闲的目的。他们不仅在实体场所进行运动，还通过线上平台、移动应用程序等方式参与，如使用健身App、参加线上课程等。② 形式的多样性。体育运动项目丰富多彩，许多项目具有很强的健身性和娱乐性，能满足不同人群的需要。随着科技的发展，虚拟现实（VR）、增强现实（AR）等新技术被应用于体育领域，电子竞技、互动健身等新兴项目不断涌现，进一步丰富了体育健身娱乐市

场。③ 消费层次的多样性。不同体育项目因其设备、投资等不同，表现出差异性，如无论在国内或国外，打高尔夫球都属于高消费；而跑步、健步走等项目则门槛较低。即使是同一体育项目，在不同的服务水平和环境下，其消费层次也有很大差异。例如，高端健身俱乐部的会员费可能远高于普通健身房；线上健身课程的费用也因内容和服务质量而不同。

三、体育商品的本质属性

体育商品是一种文化产品，具有不同于一般商品的属性，即不仅具有商品属性，还具有文化和社会属性。这些可以说是体育商品的一般特点，但是从本质来说这些特点都是文化产品所共有的，那么体育商品的本质属性是什么？这应从体育的本质功能上去思考这个问题。基于这点，体育商品的本质属性可归纳为以下几点。

（一）体育商品的健身性

体育的一个重要目标是教会人们合理有效地利用、保护和促进身体健康。人体的发展遵循着"用进废退"的生物规律，合理而科学的身体锻炼是保证身体发挥其极限效能的有效途径。体育的特有效能是增进健康、增强体质，它是体育区别于其他任何事物效能的本质特征，因此在考虑体育商品的本质特征时，这一特点应该成为主要依据之一。人们在体育商品的消费过程中始终离不开健身娱乐的需求，通过对其消费，消费者可得到体质上的增强和心理上的满足。这一点是其他文化产品所不具备的，因此它应该是体育商品的本质属性。

（二）体育商品的竞争性

任何体育商品在人们消费的过程中，都会带来竞争、拼搏的体验。人们在健身房进行锻炼，是一种意志品质的磨炼；在体育比赛时，无论通过观看比赛或直接参与比赛都是一种竞争意识的培养。这一属性也是其他文化产品所不具备的，它是体育商品的本质属性。人们通过体育商品的消费而获得的这种竞争意识在日常生活中具有重要意义，在国际体育赛场上，特别是在万众瞩目的奥林匹克盛会中，中国运动员展现出追求卓越、超越自我、尊重规则、尊重对手的风范，正是这种公平竞争精神的生动体现。他们在取得胜利时保持谦逊，在面对挑战时坚韧不拔，在赛场内外与各国运动员切磋技艺、建立友谊，体育倡导的正是这种公开、公平、公正的竞争精神。因此，体育商品的竞争性或者说竞技性，是其本质属性之一。

（三）体育商品的规则性

遵守规则是现代文明社会的重要标志之一。一个文明的社会必须是有良好规则的社会，一个文明的社会也必须以遵守规则的公民为基础。体育的任何项目都是在一定的约束下开展的，离开了规则体育运动就无法开展。一个人跑得再快，抢跑了等于零；跳得再远、再高，踩线了、碰杆了也等于零；球打得再好，犯规了也要被罚下。这就是体育的规则。换句话说，规则是一个合格公民应具备的素质，一个人的能力再强、水平再高、本事再大，如果不遵守社会规则、不遵守法纪，就要受到责罚。所以，体育的这种规则性对于培养遵纪守法的合格公民是非常重要的，也是不可替代的。所以说，这也是体育商品的本质属性之一。

（四）体育商品的参与性

奥林匹克运动倡导重在参与的精神。体育商品的这种参与性也是现代公民必须具备的良好素养之一，体育为这种素养的形成提供了良好的平台。在我国广泛开展的全民健身活动中，社区体育组织蓬勃发展，群众积极参与广场舞、健步走、马拉松等丰富多样的体育活动。这种深入城乡基层、惠及亿万民众的踊跃参与热情，正是体育精神中参与性价值的生动体现。人们通过日常体育锻炼，不仅能够强健体魄，也潜移默化地培养起积极融入集体生活、服务社区事务的热情与责任感。所以说，体育商品的参与性也是一般商品所不具有的，是体育商品的本质属性之一。

四、不同类型体育商品之间的相互关系

体育商品的构成所涉及的行业面广、内容丰富，各种体育商品的形态、性质、功能是不一样的：既有物质形态又有劳动形态；既有满足人们消闲享受需求的商品，又有满足人们智力发展需要的商品等。但作为文化体育

商品，在满足人们体育消费需求上却是相同的。在满足同一需求上，各种体育商品之间存在一定的相互关系，认真研究各种体育商品构成之间的相互关系，对发展体育商品供给、满足体育商品需求十分必要。

（一）体育商品之间的互补关系

体育商品之间的互补关系，是指相对体育商品需求而言，体育商品各部分之间存在相互依存的关系。也就是说，在体育商品构成中，某一部分的存在和发展必须以其他部分的存在和发展为前提，并会影响和引起其他构成部分的存在和发展。它们之间是互相补充和互相促进的。例如，健身娱乐业的发展促进健身器材生产的扩大，健身器材生产的扩大又刺激健身娱乐业的发展。群众性体育娱乐活动的迅速发展，促进体育设施、体育专业物资供应的增长。某种体育热潮的兴起，会刺激对某种体育商品的需求，从而也促使对与之相关的其他体育商品的需求增长。对与读书求知热、体育娱乐热相联系的各类体育商品的需求都会相应地按比例增长，体育商品消费也必然会"升温"。

体育商品的互补关系，反映了不同体育商品之间的内在联系，这种联系实质上都是由体育需求引起的。了解这种关系，对企业确定自身的发展战略是必要的，它不仅有利于商品供需之间的平稳，而且关系到企业自身的劳动成果和经济利益。

（二）体育商品之间的互代关系

体育商品之间的互代关系，指相对体育商品需求而言各体育商品之间的相互替代或代用关系。也就是说，如果体育商品是一个大系统，其中每一构成部分分别满足体育消费的不同需求，因而它们之间是相互补充的。另外，每一个构成部分又是一个小系统，在小系统内的各组成成分都是满足体育消费某个共同方面的需求，因而它们之间又是相互排斥的。例如，球赛的电视转播、网络直播、现场观赛等都服务于体育消费者欣赏球赛的需求。在一定时期内它们的需求者数量大体是一定的，但观看电视或网络直播的人数增多，往往意味着现场观赛人数的减少。同样，体育商品其他各成分间也存在这种替代关系。

第三节 体育商品的分类及其相互关系

体育商品中的替代关系，反映了同类性质体育商品与企业之间的竞争性，它是由市场经济条件下体育商品价值与使用价值的矛盾以及体育商品需求与供给的矛盾决定的。了解这种关系，对发展体育商品生产经营是有意义的。体育商品的生产企业应根据需求结构与要求，有计划地调整每一构成部分内部各组成成分的发展，以适应供求之间不同层次结构上的合理性。由于提供同种商品或服务的同一性质的企业，它们的产品可以互相代用，这实质上是一种竞争关系。因此，要在竞争中谋求发展，就必须不断地在产品或服务质量特色上下功夫，以质量求生存、求发展。

（三）体育商品之间互补与互代关系的转化

体育商品各部分之间的互补关系与每一部分内在成分之间的互代关系并不是绝对的，在一定条件下，两者之间可以实现互相转化。互补关系可以变为互代关系，同样，互代关系也可以转化为互补关系。在这里，转化的条件是提供体育商品的各有关部门与企业要从实际出发，采取切实方便体育消费者的政策、行动和措施。实际上，不少体育商品经营者自觉运用这种互补与互代关系的转化，通过提供多种服务，取得了经营上的成功。

五、发展体育服务商品的途径

（一）体育场馆开展多种经营，实行市场化运营

利用现有的体育场馆、设施、器材，组织开展以体育为主的多种经营活动，向社会提供体育服务商品。例如，组织各种运动竞赛、体育表演；主办各种体育培训班、训练班、辅导班，提供各种形式的体育咨询、辅导、培训等服务；提供各种场地服务，如网球、乒乓球、羽毛球、足球、篮球等场地租用。

（二）利用社会力量办体育

利用社会上的各种资源，特别是各种民营资本，兴办各种以健身、休闲、娱乐为主的体育经营场所，向社会提供体育服务商品，如健身房、网球场、乒乓球房、保龄球馆等。

（三）建立各种体育俱乐部

体育俱乐部一般是独立核算、自负盈亏的体育经营实体。体育俱乐部通过向体育消费者（即俱乐部会员）提供各种体育服务商品来维持俱乐部的生存与发展。世界上的体育俱乐部成千上万，从事的运动项目也各不相同。但体育俱乐部大体上可以分为业余体育俱乐部、职业体育俱乐部和商业体育俱乐部三种类型。

1. **业余体育俱乐部**

业余体育俱乐部是指以体育为共同爱好的人自愿组成的自治体育团体，属社团组织系统。其主要任务是组织自由参加的会员利用业余时间开展体育活动，一般以群众体育活动为主。

2. **职业体育俱乐部**

职业体育俱乐部是指拥有由职业运动员组成的、有资格参加全国职业队联赛的职业运动队的体育俱乐部。职业体育俱乐部按性质又可分为非营利性和营利性两种类型。非营利性职业体育俱乐部大多是从业余体育俱乐部中分化出来的，而且实行"一部两制"，即除了拥有一个完全按市场机制运行的职业运动队，其余主体部分和业余体育俱乐部大同小异。这类职业体育俱乐部按市场机制经营，职业运动队的主要目的不是营利，而是创收，提高竞技水平和扩大影响力，以解决运动员的生计、训练和比赛等问题。营利性职业体育俱乐部则是完全按市场机制经营、以竞赛为手段、以营利为目的的体育商业组织。

3. **商业体育俱乐部**

商业体育俱乐部是20世纪90年代基于"花钱买健康"的消费观念而兴起的以营利为目的的体育服务产业，包括健身俱乐部、健美俱乐部、保龄球俱乐部、网球俱乐部、高尔夫球俱乐部等。

不管哪种类型的体育俱乐部，均通过提供体育服务商品来满足社会的体育消费需要。

（四）大力发展职业体育

职业体育是商品经济高度发展的产物，也是发展体育服务商品生产的

成都市第31届世界大学生夏季运动会

重要途径。竞技体育职业化，是与庞大的体育市场消费需求、完善的经营管理以及商业化运作密不可分的。

思考题

1. 试述你对体育商品使用价值和价值的理解。
2. 怎样理解体育商品具有商品的属性以及体育商品的其他特征？
3. 体育商品是怎样分类的？
4. 试述不同类型体育商品之间的关系，并举例说明。
5. 简述体育服务商品的独特属性。
6. 试述体育商品的本质属性，并说明其独特之处。
7. 试述数字化和科技进步如何影响现代体育商品的特征和发展途径，可举例说明。

第四章
体育资源、体育资产、体育资金

本章导学

本章介绍了体育资源的内涵及特性，引入体育资源开发与配置的内容，分析了我国体育资源开发利用的现状与问题；以经济学中有关资产的理论为基础，详细地评析了体育有形资产、体育无形资产和我国体育资产经营管理现状与问题，并初步构建了我国体育资产评估的框架；通过体育资金的作用、特点及配置论述了体育资金的相关问题。

学习目标

1. 理解体育资源的内涵、特性与分类，掌握资源开发与配置的基本原理，明确我国体育资源利用现状与问题。

2. 了解一般资产概念、体育资产定义与特征，熟悉体育有形与无形资产的分类、经营管理及评估框架。

3. 掌握体育资金的来源、作用、特点与预算配置方法，认识体育资金对体育事业和国民经济发展的意义，了解中外资金筹措与使用的差异与趋势。

4. 能够运用经济学理论与方法分析体育资源开发案例并提出改进建议；具备识别、规划体育资产类型与价值构成的能力，初步掌握体育资产评估与优化配置的方法。

5. 学习体育资金预算与配置的实践技能，提高对投融资与财务决策的分析判断能力，学会利用市场与政策导向促进体育产业可持续发展。

6. 树立科学的体育发展观，理解体育资源对社会、文化与国民健康的价值，强化产业社会责任意识；坚持公平、法治与规范的市场理念，在资产与资金运用中秉承诚信与责任，践行社会主义核心价值观。

第一节 体育资源

"资源"一词无论是在经济学、社会学等学界还是在人们的日常生活中，其运用都非常广泛。资源是人类社会存在与发展的基础和前提。人们从事各种活动，完成各项工作，都离不开资源的先期投入和利用。资源的拥有量及开发和利用情况如何，往往制约着一个国家的经济发展水平，在特定的时期或地域甚至起着决定性的作用。体育资源的开发和创新是体育产业发展的基础。有什么样的体育资源，是开发体育项目市场的前提。在我国体育产业高速发展的今天，研究体育经济的资源问题对体育产业、体育市场的发展有着极为重要的现实意义。

一、体育资源的内涵及特性

（一）体育资源的概念

资源有着众多的定义。一般来说，资源是一个动态的概念，它的含义是随着人们对其认识和利用的程度而不断发展的。《现代汉语词典》中对资源的解释是："生产资料或生活资料的来源，包括自然资源和社会资源。"联合国环境规划署对资源所下的定义是："所谓资源，特别是自然资源，是指在一定的时间、地点条件下能够产生经济价值，以提高人类当前和将来福利的自然环境因素和条件。"人们最初把对人类有用和有价值的未经加工改造而用于生产或直接用于消费的自然物称为资源，如土地、石油等。这个概念是狭义的解释，是对社会财富最终来源的解释。在讨论人与自然、社会经济与资源的关系时，往往会运用资源的这种解释。而从全面、广义角度来理解资源,则可把其外延推广到社会经济因素和劳动力因素,即:任何能够创造价值、满足人类需求的要素都是资源。这样,资源就不仅来自天然,而且包括经过加工改造的物质,甚至生产所需的技术、信息和劳动力都属于资源。

从经济学的角度来看,资源应该是广义的。它包括投入到生产过程中的各种要素。具体地讲,经济学意义的资源应该具备以下基本条件:① 必须对人类有用,即具有使用价值。② 必须是现实的和潜在的生产要素,或早或晚都能进入生产过程。不能作为生产要素进入生产过程的东西,不能算是经济资源。

根据以上分析,可以给体育资源下一个定义:体育资源是指能够用于体育产业生产、创造体育价值、满足人们体育需求的各类要素和条件的总和。

资源包含两个范畴:一是自然界赋予的自然资源;二是人类社会所创造的各种人文社会资源。

体育自然资源和体育人文社会资源是相互联系、相互依赖的,这二者缺一不可。体育自然资源是指自然界存在的、可作为体育产品生产的物质要素及必需的环境条件的资源。如高山地形适合滑雪或登山;海洋与风浪条件适合冲浪、帆船等。体育人文社会资源是指人类通过社会活动创造、改造或开发利用并为人类服务的各种资源,如雅典的古代奥运会遗址、山东潍坊的风筝节、湖南湖北等地开展的龙舟竞渡等活动都是体育人文社会资源。专门建造的体育设施、现代体育赛事品牌、体育明星影响力、体育文化遗产等也属于体育人文社会资源。自然界中存在的各种体育资源,如果没有人类劳动对它的开发就不可能成为可被人们利用的体育产品。同样,人类劳动失去了自然物质对象,也难以生产出各种体育产品。

(二)体育资源的基本特性

1. 有限性和无限性

体育资源的有限性即经济学意义上的资源的稀缺性,也就是说,这个有限是相对而言的,相对的是人们对体育需求的无限以至延伸到对体育生产要素需求的无限。无论是包含在自然资源还是人文社会资源中的体育资源,它们在特定的时间、空间条件下,具有一定的质量、数量和分布状况,都是有限的。同时，体育资源就其开发和利用的潜力来说是无限的。随着社会的不断发展，可供开发和利用的体育资源也将不断地发展，并且人类的智慧和创造性会不断创造出新的体育资源。因此，从这一意义上说，体育资源又是无限的。例如，随着科技的进步，电子竞技、虚拟体育等新型体育资源不断涌现，拓展了体育资源的边界。

2. 多用途性

体育资源同其他资源一样，具有多种用途、多项功能。例如，许多体育场既可以用作田径场，也可以用作足球场；许多体育馆既可以用作篮球赛事场地，也可以用作排球赛事场地及乒乓球、羽毛球赛事场地。不仅如此，体育资源往往不只为体育产业部门所独享，还可以用在众多的其他产业部门。例如，同样一块未开发的土地，既可以修建体育场馆，又可用以经营房地产。体育资源的有限性和多用途性决定了体育产业部门与其他产业部门之间及体育产业部门内部的竞争。体育资源还可以与文化、旅游等产业相结合，形成体育旅游、体育文化节等综合性产业，进一步发挥体育资源的多用途性。

3. 地域差异性

由于国家、时代、地域的不同，也由于社会经济、科学技术发达程度的差异，人们的体育观念有着巨大的差别，从而使得体育资源在不同的地域也表现出很大的差异性。同时，不同地区的自然条件和文化背景，使得体育资源具有独特性，如沙漠地区的沙漠越野、雪域高原的高山滑雪、江南水乡的龙舟竞赛等，都是地域特色鲜明的体育资源。

4. 更新和发展的快速性

随着社会、经济和科技的不断进步及人们体育需求的不断增加，可供发掘、开发的体育资源日益丰富，原有的体育资源不断得到充实和补充，新的体育资源不断产生，体育资源本身表现出较快的更新和发展趋势。与一般的经济资源相比较，体育资源的这种更新和发展，在范围上要大得多，在速度上要快得多。特别是在信息技术和互联网的推动下，电子竞技、线上赛事、智能体育设备等新兴体育资源发展迅速，极大地丰富了体育资源的内容。

（三）体育资源的分类

对体育资源进行分类，有多种不同的分类标准。

1. 从体育资源的形成属性上划分

从体育资源的形成属性上划分，体育资源可分为自然资源和人文社会资源。几乎每一种室外体育运动项目都有对自然资源的特定要求。例如，水上运动需要一定面积及特定设施的水面；冲浪运动对海岸及浪流这种自然资源提出了很高的要求；水上漂流对河流有着较强的选择性；滑雪、攀登、航空等体育运动的开展对自然环境和条件的依赖性很强。体育人文社会资源又可分为体育文化资源、体育人力资源、体育科技资源、体育物资资源和体育信息资源等。体育文化资源包括体育传统、各种体育项目等，是无形的资源；体育人力资源是指参与体育产品生产的各种劳动力，主要包括体育运动员、体育教师、体育教练、社会体育指导员等；体育科技资源包括用于体育生产的各种科学技术，如体育科学理论、训练技术等；体育物资资源是指那些经过人类加工生产作为体育生产资料的产品，如体育健身娱乐和竞赛表演等所需的各种设备、器械、场馆等基础设施；体育信息资源包括体育科技信息、体育市场信息、体育生产信息和体育资源信息等。随着大数据、人工智能等技术的发展，体育数据资源也成为重要的体育科技资源，应用于运动分析、赛事预测、个性化训练等领域。

2. 从体育资源的再生性能上划分

从体育资源的再生性能上划分，体育资源可分为可再生体育资源与不可再生体育资源。体育的可再生资源主要集中在体育人文社会资源中，体育人力资源、体育科技资源、体育信息资源以及体育物资资源都是可再生的，除此之外，还包括用于体育生产的生物资源，如赛马项目中的赛马。体育的不可再生资源主要是指体育生产中所需的自然环境和场所，这些资源一般是可循环利用的。然而，生态环境的变化或过度开发，可能导致资源的不可逆转损失。因此，体育资源的可持续利用显得尤为重要。

3. 从体育资源的可利用状况上划分

从体育资源的可利用状况上划分，体育资源可划分为现实的体育资源和潜在的体育资源。现实的体育资源是指可以作为生产要素直接进入体育生产过程的资源,而潜在的体育资源是指已为人类所认知,但仍未得到开发利用的体育资源。体育资源开发的一项重要内容就是把资源从潜在状态转化为现实状态,成为现实的资源配置要素。例如,一些具有独特自然风光的地区,通过开发特色体育旅游项目,将潜在的体育资源转化为现实的经济收益。

4. 从体育资源的性质上划分

体育资源按其性质的不同可以分为两大类:有形体育资源和无形体育资源。

有形体育资源即物质体育资源,是指自然界可供人们用于开展体育活动的各种物质和条件,是作为体育产品的物质载体和体育生产的物质手段,如运动场馆场地、体育运动开展的地理环境和条件、教练员、运动员、裁判员、体育教师、社会体育指导员等。此外,体育设备、器材、智能穿戴设备等也属于有形体育资源。

无形体育资源即非物质体育资源,这类体育资源存在于人类社会生活之中,是在人类社会发展的历史过程中形成和产生的。它通过人们的体育劳动发掘出来,借助于一定的物质体育手段,成为向人们提供体育产品的主要内容,如人们的体育认知与体育观念、体育体魄、体育技能、运动技术和技巧等。从经济的角度来考察,无形体育资源还包括体育品牌、体育标志、体育名誉和某些与体育有关的专利权等。人类社会生活的发展,不断丰富着非物质体育资源,人们对非物质体育资源的开发和利用,创造出日益丰富的体育产品,这又进一步推动了人类社会生活的发展和人的素质的全面提高,从而使得非物质体育资源的开发和利用不断地向深度和广度发展。在数字经济时代,体育赛事版权、体育数字内容、体育数据等也成为重要的无形体育资源,具有巨大的商业价值。

二、体育资源的开发与配置

(一)体育资源开发的意义

体育资源开发是指为了充分利用体育资源,提高体育资源利用率,并使体育生产顺利进行,而对各类现实的和潜在的体育资源尽可能地挖掘和利用所采取的一系列技术、经济措施与活动，以达到向市场提供体育产品，满足人们的体育需求的目的。

资源开发对经济发展的影响和作用是非常重要的。资源是社会经济生活的物质基础。没有资源开发，便不存在继而发生的经济发展。同样，体育资源的开发对体育产业的健康快速发展和体育市场的繁荣也发挥着关键性的作用。体育资源的开发是体育产业发展的初始阶段和基础形式，体育产业的发展首先从体育资源的开发起步，是在体育资源开发的基础上形成的。

体育资源的开发奠定了体育产业发展的物质基础。体育产业的发展离不开体育资源的支持，体育资源的开发既构成体育产业发展的组成部分，又为体育产业的发展提供物质基础。体育资源的开发过程本身就构成了体育产业发展的原动力，推动着体育产业的发展。

（二）体育资源开发的内容与方法

体育资源的开发主要有以下三项内容：① 进一步开发未得到充分利用的已开发资源；② 开发有待开发的资源；③ 发掘新的资源。体育资源开发的基本指导思想，是使潜在的体育资源得到充分的发掘，使现实的体育资源得到充分的利用。

相对于不同的开发内容和对象，体育资源的开发可分为外延开发和内涵开发两种方式。外延开发是指采用各种有效的手段和途径，以增加体育资源的种类与数量为主要方式来实现对体育资源的开发和利用，这是针对待开发和待开创体育资源所采取的开发方式。例如，通过引进新的体育项目、开发新型体育赛事、建设新的体育场馆等方式，扩大体育资源的种类和数量。内涵开发是指对现有的体育资源进行新的发掘，或者重新组织与调配，以提高体育资源的利用深度和利用效率，这是针对已开发但未充分利用的体育资源所采取的开发方式。例如，通过改进管理模式、提升服务质量、引入科技手段，对现有的体育场馆和赛事进行升级和优化。

（三）体育资源的配置

对体育资源的配置源于体育资源的稀缺性，其基本原则是根据体育需求与供给的状况选择能最大限度地发挥其效益的途径。体育资源的配置方式主要有三种：计划配置方式、市场配置方式、计划配置与市场配置相结合方式。计划配置方式是指依靠国家行政计划对体育资源进行配置；市场配置是指体育资源的流向和配置完全由市场来支配，这是一种以市场机制作为基本手段和力量的资源配置方式；计划配置与市场配置相结合的方式，是以市场机制作为体育资源配置的基本手段，同时采取适度的政府计划干预的配置方式，使体育资源的配置能发挥最好的社会效益和经济效益。

在社会主义市场经济条件下，我国体育事业应从自身发展的需要出发，走社会化、产业化、市场化道路，所以，体育资源的调配应以市场机制为主导，同时，还需要适度的政府宏观调控。政府的干预不是针对微观领域，而是宏观上的指导，并且具有重要的社会意义。对于带有社会公益性质的体育行业来说，更要处理好其经济效益与社会效益的关系，尤其要重视社会效益，强调政府的公共服务意识。所以，不管是现在还是在今后体育产业的发展中，都应当采用以市场配置为主、以计划调节为辅的资源配置方式。这样，体育资源既能根据市场的实际需求选择其合理的流向，又能借助必要的政府干预解决市场信号对资源配置的滞后性和非确定性、对经济活动的低透明度、对经济活动的负外部性，以及由于体育资源在市场上的频繁流动而造成社会财富的浪费和分配上严重的两极分化等问题，最大限度地发挥体育资源的效益。

三、我国体育资源的开发利用思路

为促进体育资源的合理开发，推动体育产业的发展，培育和丰富体育市场，我国体育资源开发应做好以下几个方面的工作。

（一）深化改革，转变政府职能

加快政府管理机构的管理职能从微观管理向宏观调控转变，政府该管什么就管什么，不应当管的尽量推向市场，让市场机制在体育资源配置中充分发挥作用，同时加快相关法律法规的制定和完善，给体育产业经营者更多的自主权。

（二）整合资源，加强产业融合

利用国家发展体育事业的相关政策，加强与相关产业的合作，整合各种资源，推动、促进对体育资源的开发利用，实现各种体育资源的共享。例如，推进体育与旅游、文化、科技等产业的深度融合，开发综合性体育产品和服务。

（三）坚持市场化导向，激发社会活力

坚持走市场化的道路，充分发挥市场机制的资源配置作用，吸引更多的社会力量投入到对体育资源的开发利用当中。

（四）培养专业人才，提升管理水平

培养、引进高素质的管理者和专业人才，尤其是市场经营管理人才和项目管理人才，借助科学理论的指导和先进的管理模式，使体育资源得到充分的开发和利用。同时，注重人才的国际化培养，引进先进的国际经验。

（五）坚持可持续发展，合理利用资源

注重对体育资源的合理利用，走可持续发展道路，尤其是对不可再生的体育自然资源更应如此。推进绿色体育产业发展，倡导环保理念，确保体育资源长期可持续利用。

第二节　体育资产

一、体育资产的定义

体育资产指由体育组织、企业、个人或政府所拥有或控制的，能够带来经济利益的，与体育相关的经济资源的总和。准确把握这个定义要注意三点：首先，体育资产本质上是一种经济资源，但并非所有的经济资源都是体育资产，只有与体育产业相关的，用于体育生产、服务和经营活动的

资源，才能称为体育资产。其次，体育资产能够带来经济利益，具有使用价值和增值潜力，能够通过经营和运作，为所有者带来经济利益。最后，体育资产包括有形资产和无形资产。有形资产如体育场馆、设备、器材等；无形资产如体育赛事版权、品牌、商标、专利、体育数据等。

随着体育产业的不断发展，体育资产的范围也在扩大。数字化和互联网的应用，使得体育资产包括了更多的数字内容和知识产权，如电子竞技、体育传媒版权、体育 App 等。

二、体育资产经营的定义

体育资产经营是指通过对体育资产的管理、运营和配置，实现体育资产保值、增值的过程。体育资产的基本属性是潜在的经济利益，闲置不用或管理不善都会导致资产的贬值甚至流失。因此，体育资产经营的目标在于提高体育资产的使用效率，实现资产的保值、增值。在体育资产经营过程中，需要做到以下几点：① 清查和评估体育资产。准确掌握体育资产的数量、质量和价值，为资产管理和决策提供依据。② 制定合理的经营策略。根据市场需求和发展趋势，对体育资产进行合理配置和运营，如开发新项目、拓展新市场、提升服务质量等。③ 加强资产管理和风险控制。通过完善的管理制度和措施，提高资产的使用效率，防范经营风险。④ 实现资产的合理流动。通过市场机制，使体育资产在不同地区、不同所有者之间合理流动，优化资源配置，提升整体效益。

在数字经济时代，体育资产经营还需要关注数字化转型和创新。利用互联网、大数据、人工智能等技术，可以开发新的体育产品和服务，提升用户体验，开拓新的盈利模式。在进行体育资产经营的过程中，体育资产评估是一个重要环节。通过科学合理的评估，可以准确反映体育资产的价值，为资产经营、交易和管理提供依据。体育资产评估需要考虑多种因素，如资产现状、市场行情、未来收益、风险因素等。

三、体育资产的分类

（一）按投资主体分类

1. 国有体育资产

国有体育资产是由政府投资建设并拥有的体育场馆、设施和相关资产。例如北京的国家体育场"鸟巢"、国家游泳中心"水立方"、国家体育馆、国家速滑馆"冰丝带"等。这些场馆主要用于大型国际赛事，如 2008 年北京奥运会、2022 年北京冬奥会等。

2. 法人单位所有的体育资产

这部分体育资产的产权情况比较复杂，包括企业、学校和其他法人单位所拥有的体育资产。由于多种投资主体的介入，体育资产的权属日益多元化主要可分为：① 高校体育场馆。许多高校拥有大型体育馆、田径场等，如清华大学的综合体育馆、北京大学的五四体育场等。② 企业投资的体育设施。一些企业出资建设的体育场馆，如阿里体育及腾讯投资的电竞场馆等。③ 个人所有体育资产。私有投资形式的体育资产，归出资者个人所有，如私人健身房及私人体育俱乐部等。

（二）按体育资产的用途分类

1. 群众体育资产（多为国有体育资产）

用于全民健身、群众性体育活动的资产，多为政府或社区投资建设的公共体育设施。如社区健身广场、公共篮球场、全民健身路径等。

2. 竞技体育资产

用于专业运动员训练和比赛的资产，包括专业训练基地、比赛场馆等。例如，国家体育总局训练局、中国足球协会的专业训练基地等。

3. 体育教学训练资产

用于体育教学和训练的资产，主要存在于学校和体育培训机构中。如学校的体育场馆、体育器材，青少年体育俱乐部的训练设施等。

4. 市场经营性体育资产

由企业或个人投资，面向市场运营的体育资产。如健身俱乐部、体育培训机构、体育赛事运营公司等。

（三）按体育资产表现形态分类

1. 体育有形资产

体育有形资产是指在体育经营活动中表现为物质形态的经济资源，如体育场馆设施、体育器材等。

2. 体育无形资产

体育无形资产是相对于体育有形资产而言的，是指没有实物形态的体育资产或者经济资源。体育无形资产一般以权利、知识、技术、技能等形态存在。

四、体育有形资产

（一）体育有形资产的分类与特点

1. 体育有形资产的分类

体育有形资产是体育资产的主体。作为物质形态的资产，体育有形资产的内容十分丰富。

按照投资目的分类，可以将体育有形资产分为公益型和营利型两种。前者的代表是国家投资兴建的各种公共体育设施（包括学校体育设施）及附属设施，某些企业、个人捐资建设的慈善项目，如希望小学、社会福利院、养老院等的附属体育设施也属于这一类；后者包括各种企业或个人投资兴建的体育设施，如高尔夫球场、网球馆、游泳馆、台球房、棋牌室等。

按照资产的用途分类，可以将体育有形资产分为娱乐型和竞赛型。娱乐型体育有形资产主要用于群众性、普及性的大众体育活动，以体育活动作为健身和娱乐的方式，许多公共场所的门球场、乒乓球台、健身房等体育设施均属这一类有形资产。竞赛型体育有形资产严格来说应该称为训练竞赛型体育有形资产。由于现代体育竞赛训练科学化程度不断提高，体育训练对体育设施的要求与体育竞赛已经基本趋同，只有满足体育竞赛要求的体育设施才能用于体育训练，因此两者的内容是一致的。当然，竞赛型体育有形资产也可用作一般性体育活动，但鉴于其较高的品质标准，其首要用途还是满足体育训练与竞赛的需要。

按照外在形态分类，可以将体育有形资产分为体育建筑和体育器材。前者包括各种体育场馆、训练基地、运动中心等，从资产价值而言它是体育有形资产的主体，后者是指各种运动设备、训练器械、比赛用具等，如篮球、篮球架以及电子记分牌等。

按照资产流动性分类，可以将体育有形资产分为体育流动资产和体育固定资产。在保证资产价值不受损失、资产经营正常秩序不受影响的前提下，能够迅速转换成现金（简称变现）的资产是流动资产，不能迅速变现的资产是固定资产。体育流动资产包括现金、银行存款、有价证券等，主要来源于政府拨付的体育事业费、社会各界为体育发展提供的捐赠以及体育资产经营的积累。体育固定资产包括体育用地、体育场馆、体育器材等。

2. **体育有形资产的特点**

无论将体育有形资产作什么样的区分，其基本特点都是不会改变的。体育有形资产具有以下特点：

（1）价值递减性。由于体育有形资产是物质资产，在使用过程中必然会有消耗，也就是资产价值折旧。而体育无形资产则会随时间而增值。以奥运会电视转播费为例，2008年北京奥运会的全球电视转播权收入约为17.4亿美元；2012年伦敦奥运会的转播权收入约为25.7亿美元；2016年里约奥运会的转播权收入约为28.6亿美元；2021年东京奥运会（因疫情延期）的转播权收入约为30亿美元；2024年巴黎奥运会转播权收入约为33亿美元。再如一些知名的体育品牌，如耐克（Nike）、阿迪达斯（Adidas）、李宁、安踏等，随着品牌知名度的提升和时间的推移，品牌价值会越来越高。反观体育有形资产，大到体育馆，小到一只羽毛球，使用一定的时间后就必须修理或是更新，其价值是递减的。

（2）功能专一性。这是相对于许多资产利用的多样性而言的。体育有形资产的专门功能既是由体育资产的专业特点决定的，又是由国家发展体育事业的基本政策决定的。例如，日本政府就立法促进体育设施的充分利用，并采取强有力的财政措施提供经济支持；我国政府也规定不允许侵占体育设施。因此，对体育有形资产的经营管理相对而言带有较强的行政色彩，局限性比较大。

（3）市场定价性。随着社会经济的发展、人们体育观念的更新和体育市场的逐步繁荣，人们的健身需求越来越大，对健身场所的需求也越来越大，由此，出现了越来越多的营利性健身场所。随着土地价格的增长和房价的上涨，营利型体育有形资产的价格也会越来越高，但是营利型体育有形资产所面临的市场是一个不断扩展、前景巨大的市场。相对而言，在这个市场上供给将长期满足不了需求，经营体育有形资产的回报率因而将达到较高的水准。

（4）品质标准提升迅速。资产品质标准的提升包括两个方面：规模的扩大和技术含量的增加。各种大型体育赛事的成功举办就十分清楚地表明了体育有形资产规模的急剧扩张。以 2022 年北京冬奥会为例：新建场馆 7 个，包括国家速滑馆"冰丝带"、首钢滑雪大跳台等；改建场馆 5 个，包括国家游泳中心"水立方"改造为"冰立方"等。体育有形资产技术含量也越来越高，尤其表现在辅助设施自动化、智能化，训练设施广泛采用高科技成果等方面。资产品质标准的迅速提升意味着体育有形资产更新换代加速，经营体育有形资产的时效性越来越重要，任何一个影响资产利用效率的疏漏都意味着比以往更严重的浪费。

我国体育有形资产的经营管理

（5）规模效应显著。对资产配置而言，这一特点意味着体育有形资产应当合理地在人群中分布，城市建设规划应当以此作为一项基本原则。从我国大众体育发展的实际需求看，在社区建设一大批中小型体育设施可以充分发挥体育有形资产投入的效益，也有利于全民健身事业的发展。对资产利用而言，体育有形资产的经营应当努力排除障碍，拓展资产利用的时间与空间，争取资产收益最大化。

（二）体育有形资产经营管理的政策规划

1. 明确体育有形资产经营的政策性目标，增强体育自我发展的能力

体育有形资产的经营归根结底是一种经济行为，要受到市场规律的制约。就个体而言，体育资产经营者的基本目标是经济目标，即合理合法的资产收益。然而就整体而言，政府应当认识到体育资产经营的宏观价值，

将其视作体育事业发展中的产业化经营内容，制定相应的政策法规，完善制度，在政策上、法规上加以引导和调控，从而实现体育产业化发展的目标，保证体育资产经营不出现大的偏差。

2. 坚持将体育有形资产的经营纳入法治化科学管理轨道

法治化的科学管理是保障体育有形资产健康运营的基础，其核心在于建立明确、一致的法律规范体系和高效的监管机制。当前管理中存在标准不一、规范模糊等问题，导致操作漏洞和效率低下。例如，税收政策适用，就需依据资产公益性程度等要素清晰界定，确保规则统一且可预期。因此，必须加快体育资产管理的专项立法进程，明确各主体权责边界，构建覆盖登记、评估、交易、使用、监管全环节的法律法规框架。同时，需强化执法监督与问责机制，杜绝规则与执行脱节，确保法治化管理的刚性约束力，将体育资产经营全面纳入规范、透明、可控的法治轨道。

3. 采取措施促进体育有形资产的合理配置

要注意从规划、扶持等宏观措施上促进体育有形资产在薄弱地带的合理配置。首先是国家有限的投入应当有意识地向薄弱地带倾斜；其次是以各种优惠政策鼓励跨地区、跨行业的资产优化组合，以资本、技术、管理因素的流动促进薄弱地带体育资产的开发和经营管理。体育发展具备极大的辐射作用，这些薄弱地带往往也是经济发展的落后地区，通过建立体育资产良性发展的体育系统来促进薄弱地带的经济发展，也符合国家总体发展战略。

严格防止体育有形资产的流失在实践上操作难度很大，尤其是作为国有资产的体育有形资产。众所周知，国有产权的要害问题是权利与责任之间实质上的不对称，普遍表现为享有权利，但缺乏承担义务的强制约束。理论上由各级体育行政管理部门代理国有体育产权，然而多重代理关系使得风险承担主体不明确，无法有效地约束产权运营过程中的各种机会主义行为。因此，明晰体育产权关系势在必行，这是体育体制改革、资产管理改革的基本前提条件。只有以法律或契约对产权所有者与经营者作出准确区分，使各行为主体的责、权、利关系统一起来，体育资产的健康运营才能实现。

五、体育无形资产

(一)体育无形资产的概念

体育无形资产是以权利形态存在的体育资产。理解体育无形资产这一概念需要把握以下基本点:

第一,体育无形资产是体育活动中的种种知识产权因素,其本质是体育声誉和品牌价值,包括体育赛事、体育组织和体育运动员的声誉等。现代体育以奥林匹克运动为代表,以"更快、更高、更强——更团结"的体育精神和日益普及的国际化发展成为广泛、深刻影响人类的社会文化现象。这种崇高的声誉和巨大的影响力成为企业树立形象、宣传产品的最佳文化载体,诸如为重大比赛、重要锦标赛冠名、冠杯,在企业产品上展示特定的体育标志等,都是为了培养有竞争力的企业及产品形象,扩大企业知名度,扩大产品市场占有率。

第二,体育无形资产的经营内容主要是出让使用权。一般企业的无形资产有专利技术、商标权和顾客名单等。企业的无形资产当然也可以对外投资、转让,但服务于内部运营也是很重要的利用方式,甚至是主要的方式。体育无形资产经营获利的特别之处就在于它必须同企业的经营行为联系起来,共同运作方能实现。例如,体育赛事的冠名权、赞助权等,需要企业与体育组织合作,才能发挥最大的效益。

第三,体育无形资产的潜在收益是在市场交换中实现的,需要经过多次交易。具体来说,首先是使用权的交易,即企业获得体育无形资产的使用权;其次是企业利用该使用权开展营销活动,最终通过消费者购买其产品或服务来实现收益。例如,企业购买奥运会赞助权,随后通过在产品中融入奥运元素,吸引消费者购买。前一次交易引人注目,后一次交易则具有实际意义。对后一次交易收益的预期,决定了前一次交易中体育无形资产的价值。因此,体育无形资产的巨大收益实际上来自广大消费者对体育的热爱,而非某一家企业或个人。

第四,体育无形资产并不等同于所有的体育无形要素,关键在于此种要素的使用权能否带来收益。国际上有许多单项体育组织,但并非所有组织的名称或标志都广为人知。像国际足联（FIFA）、奥林匹克运动会、NBA的标志、活动等为人熟知，具有高商业价值。而某些不知名的体育组织，其无形资产价值相对较低。因此，体育无形资产的经营需要进行细致的市场调查和市场预测，作出准确判断方能制定可行的方案。

（二）体育无形资产的分类

1. 按是否具有确定的法律保护形态分类

体育无形资产可分为有确定法律保护形态的体育无形资产和无确定法律保护形态的体育无形资产。前者如《中华人民共和国体育法》第五十二条规定，"在中国境内举办的体育赛事，其名称、徽记、旗帜及吉祥物等标志按照国家有关规定予以保护"；后者如体育专有技术、训练方法、体育营养配方等。

2. 按照体育无形资产自身性质及内容分类

体育无形资产可以分为技术型体育无形资产和非技术型体育无形资产。体育专利技术、专有技术及体育促销策略与方法属于技术型体育无形资产；体育竞赛表演活动的举办权、冠名权、电视转播权、体育组织和团队的名称与标志的特许使用权等属于非技术型体育无形资产。

3. 按是否具有一定的期限分类

体育无形资产可分为有限期的体育无形资产和无限期的体育无形资产两种。前者如体育场馆、设施的租赁权，大型比赛的冠名、冠杯权以及名称、会徽和吉祥物等标志的特许使用权等；后者如体育组织、团队的名称，标志的专有权及体育名人的广告权等。

我国体育无形资产的经营状况

（三）体育无形资产经营管理的政策规划

1. 加强宣传和研究，树立科学、正确的体育无形资产经营观念

对体育无形资产经营的认识应贯彻新发展理念，实事求是，积极创新。对体育无形资产经营的有关问题，应在高质量发展要求下认真研究，积极实践，使之成为体育事业发展的有效推动力。例如体育赛事的有偿转播制度。随着媒体行业的发展，体育赛事的转播权价值不断提升。实施有偿转播，有利于促进媒体公平竞争，提高转播质量，增加体育组织和赛事的收

入,实现多方共赢。

2. 加强立法,建立健康的体育无形资产经营体制

伴随我国经济社会的快速发展,社会法治建设不断完善。对于体育无形资产经营,应通过制定和完善法律法规,如《中华人民共和国体育法》《中华人民共和国著作权法》《中华人民共和国商标法》等,明确体育无形资产的权属、保护范围、侵权责任等,为体育无形资产的经营和保护提供法律保障。

3. 构筑合理的政策框架,为体育无形资产经营创造宽松有序的空间

发展体育事业是国家的重要任务,也是社会公共事业发展的必然要求,符合日益增长的全民健身发展的需要。体育的发展必须要走产业化、市场化、社会化的道路,然而相关政策还很不完备。对体育无形资产经营来说,其要素是体育系统内的,但具体操作基本是在系统外进行的,因此牵涉面广,问题也更复杂,如社区公共体育设施的建设、维护与管理等就是这样一个问题。构筑一个成熟的政策系统框架,意味着对体育无形资产经营所涉及的各行为主体及其相互关系都要从责、权、利上予以区分和确认。与立法不同,政策框架设定的是体育无形资产经营的外部环境,有关立法设定的是体育无形资产经营的行为规范。总体来说,这些政策包括授权政策、支持政策、保障政策和分配政策。第一类包括对行为主体的授权,如授权企业以生产成本开支为体育活动提供赞助;第二类包括对行为主体的激励,如对中国奥委会的经营活动免税或减税;第三类包括为行为主体提供中介服务,如评估体育无形资产的价值;第四类包括行为主体对经营收益的分割方法,如电视转播权收入的归属。有了明确的政策,各行为主体才能做到心中有底,行为规范;有了宽松的政策,各行为主体才能充分发挥自身活力,在有序的互动中实现体育无形资产经营的快速、优质发展,成为推动体育产业化发展的积极因素。

六、体育资产评估

体育资产评估是指在市场经济条件下,专业评估机构或人员按照特定目的,遵循法律法规和行业标准,运用科学的方法和程序,对被评估的体育资产的价值进行客观、公正的评定和估算的过程。

（一）体育资产评估的要素

体育资产评估有6个要素：评估的主体、客体、目的、标准、程序和方法。

1. 体育资产评估的主体

体育资产评估的主体也就是进行评估的机构或组织。体育资产评估与其他资产评估一样，政策性强，涉及工程技术、材料学、力学、会计学、市场学、物价学、数学、大众传播学等多门学科。因此，评估的主体必须具备：① 专业资质。评估机构应具备国家认可的资产评估资质，评估师应持有资产评估师执业资格证书。② 专业能力。评估人员应具备广博的知识和丰富的实践经验，熟悉体育产业的特点和市场状况。③ 职业道德。评估主体应坚持独立、客观、公正的原则，遵守职业道德规范。

在我国，资产评估机构包括专业的资产评估公司、会计师事务所、房地产评估公司等。随着体育产业的发展，出现了专门从事体育资产评估的专业机构。

2. 体育资产评估的客体

体育资产评估的客体就是被评估的体育资产。与其他资产相比，体育资产属于社会总资产中的专项资产。体育有形资产是体育投资的物化，是劳动产品，具有使用价值和价值，其价格是其价值的货币表现；体育无形资产有使用价值而没有价值，其使用价值体现为对体育无形资产的使用权，其价格反映的是有偿使用体育无形资产的代价。因此，对体育资产的评估既有与其他资产形态相似的一面，又有其自身的特点。

3. 体育资产评估的目的

一般而言，资产评估的职能是为特定资产业务提供公平的价格尺度，因而特定资产业务评估构成资产评估的特定目的。在市场经济条件下，开展体育资产评估具有特定的目标指向，主要满足下列体育资产经营的需求：① 投资合作，为体育资产的合资、合作开发或经营提供价值依据。② 资产重组，在体育资产的优化重组、并购、分立等过程中，确定资产价值。③ 租赁经营，为体育资产的承包或租赁经营确定合理的租金或使用费。④ 资产交易，在体育资产的买卖、转让过程中，确定交易价格。⑤ 融资担保,体育资产作为抵押物进行融资、贷款或担保时,需要评估其价值。⑥ 财务报告编制,为体育组织或企业的财务报告编制等提供资产价值依据。⑦ 其他目的,如资产损害赔偿、保险理赔、税务申报等。

4. 体育资产评估的标准

准确评估体育资产,必须坚持统一的评估标准,主要包括四个方面的内容:① 法律法规和行业标准,遵循国家相关法律法规、资产评估准则,以及体育行业的规范和标准。② 市场数据和信息,利用市场上可比资产的交易数据、市场行情、供求状况等信息作为评估参考。③ 资产实际状况,充分了解被评估体育资产的实际情况,包括资产的物理状况、技术性能、使用年限、收益能力等。④ 评估目的,根据不同的评估目的,选择适当的评估方法和参数。

5. 体育资产评估的程序

按照规范的程序进行体育资产评估,是确保评估结果公正、可靠的重要保障。一般而言,体育资产评估的程序包括以下步骤:① 接受委托。评估机构接受委托方的评估申请,明确评估目的、评估范围和评估基准日等事项。② 签订委托合同。双方签订资产评估委托合同,明确双方的权利和义务。③ 资料收集与尽职调查。评估人员收集与被评估资产相关的资料,进行实地调查,了解资产的实际状况和市场环境。④ 评定估算。根据评估目的和资产特性,选择适当的评估方法,进行评定和估算。⑤ 撰写评估报告。编制资产评估报告,说明评估的依据、方法、过程和结论。⑥ 内部审核与复核。评估机构内部对评估报告进行审核和质量控制,确保评估结果的准确性和合理性。⑦ 提交评估报告。向委托方提交正式的资产评估报告。⑧ 后续服务。根据需要,评估机构可提供相关的咨询和解释服务。

6. 体育资产评估的方法

体育资产评估的方法是评估体育资产特定价格的技术规程和方式,主要有以下三种:① 市场法,通过收集市场上可比资产的交易价格,调整差异,估算被评估资产的价值。适用于市场活跃、具有可比案例的体育资产。② 收益法,根据被评估资产未来预期收益,采用适当的折现率,将其折算为现值,确定资产价值。适用于能够持续产生收益的体育资产,如体育赛事版权、体育场馆运营权等。③ 成本法,以被评估资产的重置成本或重购成本为基础，减去累计折旧或贬值，确定资产价值。适用于缺乏市场参考且收益难以预测的体育资产，如特殊的体育设施设备。

（二）体育资产评估的种类

1. 单项或部分体育资产的评估

此类评估指对单个或部分体育资产进行评估，如单个体育场馆、某项体育赛事版权、某项专利技术等。在体育资产的买卖、转让、抵押等交易中，经常需要对单项资产进行评估。常用评估方法包括市场法、成本法和收益法。

2. 体育资产整体评估

此类评估指对一个体育组织、体育企业或项目的全部资产进行综合评估，包括有形资产和无形资产。主要用于体育企业的并购、重组、上市、股权转让等经济活动。需要强调的是，整体评估不仅是对各单项资产价值的简单相加，还需考虑资产的整体协同效应和组合价值。

（三）体育资产评估的原则

1. 公平性原则

公平、公正是评估机构及其工作人员应当遵守的一项最基本的道德规范。评估人员的思想作风、工作态度应当公正无私，评估结论应当公正、合理。

2. 科学性原则

科学性含义包括两个方面：一是指导体育资产评估的规范体系应当是科学的；二是体育资产评估工作的具体操作应当是科学的，主要表现为符合规范、运行高效。

3. 客观性原则

体育资产评估结论是否准确有赖于资料是否客观、数字是否准确，这就要求委托人与评估人双方在准备、收集、整理资料时能够实事求是，评估人在得出最终结论后要能经得起监督检验。

4. 独立性原则

资产评估机构及其工作人员有权依据国家制定的法规、政策和可靠的数据、资料，对被评估的体育资产价格作出完全独立的评定。独立性是客观性的基础，资产评估机构独立工作的权利受法律保护。

5. **系统性原则**

系统具有集合性、相关性、目的性、整体性、动态性和适应性等特征。体育资产受体育事业的公益性质影响，与其他资产及社会的联系十分密切，评估体育资产时应当树立系统观念，善于运用系统分析方法。

6. **适用性原则**

评估方法和假设应与评估目的、资产特性和市场环境相适应，确保评估结果符合实际情况和需求。

7. **合规性原则**

评估工作应遵守国家法律法规、行业规范和评估准则，确保评估行为的合规性。

七、中国体育品牌无形资产商业价值分析

中国拥有众多具有商业价值的体育品牌，包括著名的运动队、运动员、赛事、场馆、体育用品品牌和体育媒体等。例如，中国女排、中国乒乓球队、中国男子篮球职业联赛（CBA）、全运会、北京马拉松赛、中国网球公开赛，以及场馆如国家体育场（鸟巢）、国家游泳中心（水立方）等，都是国内外知名的体育品牌。此外，CCTV-5、体坛周报、新浪体育、腾讯体育等也是广为人知的体育信息和服务品牌。还有众多的机构、组织和企业，与上述品牌共同构成了中国体育品牌阵营的中坚力量。根据体育产业的分类，可以把中国体育产业中最具商业价值和发展潜力的品牌划分为：体育核心产品品牌（如运动员、俱乐部、赛事和场馆等）、体育制造商贸品牌（如运动鞋服生产商、分销商）、体育信息服务品牌（如体育媒体、体育市场调研等）三大部类。由于市场化程度的差异和营销理念的不同，三大部类品牌的比率为：体育核心产品品牌占25%，体育制造商贸品牌占50%，体育信息服务品牌占25%。

体育制造商贸品牌是中国体育产业中发展速度最快的部类，而体育核心产品品牌是发展速度最慢的部类，体育信息服务品牌介于上述二者之间，这与国际体育市场完全不同。格勒博意利（GYBrand）发布的2025年全球

运动品牌价值10强排行榜中，耐克蝉联"全球最具价值运动品牌"，阿迪达斯位居次席，露露乐蒙（lululemon）排名第三。中国的体育制造商贸品牌也表现不俗，安踏升至第四，李宁排名第十。前10名中，美国占据4席，德国和中国各占2席，加拿大和日本各占1席。

（一）体育核心产品品牌

1. 赛事

（1）中国男子篮球职业联赛（CBA）。CBA是中国职业体育中职业化程度最高、制度最完善的联赛之一。自1995年中国篮球职业化以来，CBA积极与国际接轨，借鉴美国NBA的成功经验，在赛制、球队管理、市场运营等方面进行了多次改革，引入市场化运作模式，制定培养篮球人才的长期规划，使中国篮球联赛步入职业化正轨。

目前，CBA已成为亚洲最具影响力的篮球职业联赛之一，吸引了大量的球迷和赞助商。联赛中的球员水平不断提升，不仅为中国国家队输送大量优秀人才，也引进海外优秀球员加盟，增强了联赛的竞争力和观赏性。

CBA品牌商业价值分析：

CBA之所以具备巨大的商业价值，主要源于其在社会上的广泛影响力和良好的公众形象。近年来，CBA的商业开发收入稳步增长，赞助商数量和质量不断提升。根据相关数据，2020—2021赛季，CBA的商业收入超过20亿元，联赛品牌价值不断攀升。

CBA积极参与公益事业，设立多项公益项目，在全国各地援建多所希望小学，提升联赛的社会责任感和公众认可度。这些举措不仅增强了联赛的品牌形象，也为其商业价值上涨奠定坚实基础。

（2）中国足球协会超级联赛（简称中超联赛）。中超联赛是中国最高水平的职业足球联赛，成立于2004年。中超联赛汇集全国顶尖的足球俱乐部和球员，是中国足球发展的重要平台。

中超联赛品牌商业价值分析：

一是商业价值巨大。中超联赛的商业价值体现在媒体版权、赞助、门票和衍生品等方面。2016年，中超联赛的媒体版权以5年80亿元的价格出售，创下国内体育赛事版权交易的纪录。二是市场关注度高。足球作为全球最受欢迎的体育项目之一，中超联赛吸引了大量球迷关注。联赛的上座率和收视率稳步提升。三是品牌推广力度加强。中超联赛积极开展品牌推广活动，提升联赛形象，吸引更多赞助商和合作伙伴。四是挑战与机遇并存。虽然中超联赛经历了一些负面影响，但随着足协的不断改革和政策调整，联赛正朝着更加健康、可持续的方向发展。

（3）中华人民共和国全国运动会（全运会）。全运会是国内水平最高、规模最大的综合性运动会。一般每4年举办一次，奥运会结束后1年举行。第一届全运会于1959年举办，除武术外，全运会与奥运会比赛项目基本相同。各省市视全运会的成绩为体育及综合实力的重要指标，竞争十分激烈。

1983年，第五届全运会开始接受赞助广告，出现了市场运营模式的萌芽。1987年，第六届全运会发行了首张体育彩票，诞生了首个吉祥物，尝试特许商品开发。2001年，第九届全运会组委会首次尝试了电视转播权的准市场营销。2009年，第十一届全运会获得7亿元的赞助，组委会与60多家知名企业签订了赞助合作协议，通过赞助商招募、赛事冠名、特许商品经营等进行全方位开发。随着全运会的市场化运营水平不断提高，赞助收入和商业开发成果也显著增长。

全运会品牌商业价值分析：

全运会谋生方式发生了巨大变革，实现了从计划经济管理向市场化运营的转变，市场价值日益彰显。而且，对北京奥运会后体育赛事市场化运营的新标准，全运会也进行了借鉴和补充。以2021年第十四届全运会为例，组委会与多家知名企业签订了赞助合作协议，赞助企业高达107家，包括赞助、特许、捐赠以及市区市场开发在内，市场开发总收入达到15.5亿元。全运会的品牌价值不仅体现在经济效益上，更在于其对全民健身的推动和对体育产业发展的促进。

（4）中国网球公开赛（简称中网）。中网是亚洲地区最高级别的网球赛事之一，是国际网球协会批准自2004年每年一届在中国连续举办的大型国际网球比赛。在成功地举办了2005年中网后，主办方力图通过多年的努力把中网办成继法网、美网、澳网、温网之后兼具浓厚中国文化底蕴和现代化节奏的世界第五大网球公开赛。作为职业网球联合会（ATP）和女子网球联合会（WTA）的重要赛事，中网自诞生之日起，吸引了德约科维奇、纳达尔、莎拉波娃、小威廉姆斯、辛吉斯、李娜、辛纳等全世界最顶尖的选手先后前来参赛。

中网品牌商业价值分析：

中网的品牌价值主要体现在其国际化水平和广泛的媒体覆盖上。2024年赛事期间，超过100家国内外媒体进行报道，全球数亿观众通过电视和网络观看赛事。门票总收入超8 000万元，创下中网门票销售历史新高，较2023年上涨60%。赛期综合消费超2 500万元，较2023年增长近40%。中网为赞助商提供了一个全球化的营销平台，吸引众多知名品牌赞助，如宝马、华为、耐克等。中网的成功举办，不仅提升了中国在国际网坛的地位，也促进了国内网球运动的普及和发展。

2. 场馆

（1）国家体育场（鸟巢）。鸟巢是2008年北京奥运会和2022年北京冬奥会的主体育场。其形态如同孕育生命的"巢"，也更像一个摇篮，寄托着人类对未来的希望，2009年入选21世纪前10年全球十大建筑。鸟巢位于北京奥林匹克公园中心区南部，工程为特级体育建筑，主体结构设计使用年限为100年，工程总占地面积21公顷，建筑面积258 000平方米。场内观众座席为91 000个，其中临时座席约11 000个。奥运会、残奥会开闭幕式、田径比赛及足球比赛决赛在这里举行。奥运会后，这里成为具有地标性的体育建筑和奥运遗产。作为历史上两次见证中国举办奥运会的体育建筑，鸟巢品牌影响力深入人心。

根据奥运周期定律，奥运会后主体育场的人气逐年小幅下挫，当人们对奥运会的记忆淡化后，品牌价值也不可避免地面临打折的尴尬局面。如何成功运作，在公益性与商业利益之间保持平衡是鸟巢面临的首要问题。鸟巢并不缺乏商业经营的潜力，目前，鸟巢的商业品牌运营以旅游观光、商业租赁、广告、赞助平台开发几个方面为主。

国家体育场（鸟巢）品牌商业价值分析：

鸟巢这一承载亿万国人梦想的殿堂，其独特的建筑造型、积淀的奥运文化都为之积累了厚重的无形资产，现在，鸟巢作为北京奥运的记忆符号以及北京的新地标，其品牌影响力巨大，成为多家企业竞相合作的对象之一。如果鸟巢的运营能在公益性与商业利益之间保持平衡，在保证了它的高端性之后,与鸟巢合作便是树立企业高端品牌的一种象征,这对企业来说有着很大的吸引力。

(2)国家游泳中心(水立方)。水立方是2008年北京奥运会的标志性场馆之一。经过改造,水立方在2022年北京冬奥会期间成功转换为"冰立方",承担冰壶比赛任务,实现"水冰双驱"的运营模式。与鸟巢打造的高端品牌路线相比,水立方则更具有"亲民"色彩,品牌价值也紧随鸟巢之后。

水立方位于北京奥林匹克公园内,它与一墙之隔的鸟巢一起被称为北京奥运会两大标志性建筑物。奥运会后,除了承担游泳、跳水、花样游泳等比赛任务,水立方还具有众多附加功能,如戏水乐园、健身俱乐部等,且其门票价位中等,普通老百姓也消费得起。水立方所营造的浪漫氛围和亲民气质为其品牌价值打下了基础。

国家游泳中心(水立方)品牌商业价值分析:

水立方在商业价值开发方面选择了和鸟巢截然不同的路线,与鸟巢的高端路线不同,水立方借用其独特的创意理念,创新运营模式,实现从水上运动场馆到冰上运动场馆的转换,拓展运营范围。同时强化亲民化经营,设立水上乐园、健身中心等设施,面向大众开放,票价亲民,对游客有很大吸引力。水立方品牌形象独特,以其独特的建筑设计和奥运遗产,成为北京的新地标,具有高辨识度和吸引力。

(3)五棵松体育馆。五棵松体育馆位于北京西部,是2008年北京奥运会篮球比赛场馆。奥运会后,场馆进行了商业化改造,目前已成为北京顶级的文化娱乐和体育赛事举办地。

五棵松体育馆具备多种使用功能,如可以承办篮球、羽毛球、乒乓球、手球等大型比赛和各种大型文艺演出,并可接纳知名企事业单位和个人冠名。奥运会后,五棵松体育馆完全由业主北京五棵松文化体育中心有限公司自主运营。五棵松体育馆具有以下优势:优越的地理位置,便捷的交通方式;稳定的商业消费群体;面向大众的文化体育休闲中心;长安街延长线上的第五大商圈;建在市区内的投资最大的奥运场馆;借奥运之势,具有强大的宣传背景;区域内及周边良好的人文、科技、文化优势。这些优势为五棵松体育馆的商业运作提供了极为有利的条件。五棵松体育馆的商业品牌价值也将最大限度地发挥出来。

五棵松体育馆品牌商业价值分析：

五棵松体育馆是长安街商业中心开发区的焦点建筑，其商业价值不仅在于在奥运会期间举办了多场世界级赛事，高档的商业表演活动也已成为五棵松体育馆的主要运营活动之一。

3. 机构、协会

（1）国家体育总局。国家体育总局作为中国体育事业的官方最高管理机构，在该领域具有无可比拟的权威性及话语权。国家体育总局前身是1952年11月成立的国家体育运动委员会，1998年3月24日改组为国家体育总局，是国务院主管体育工作的直属机构。

国家体育总局品牌商业价值分析：

作为官方机构，国家体育总局的商业价值与普通体育赛事或明星运动员个体不尽相同，针对品牌传播等商业活动的合作也并非常规性模式。其权威性和在体育领域内的超级话语权是普通体育品牌无法比拟的，这也使得其商业价值的优势非常明显。国家体育总局与品牌商业合作，一般不适宜采用常规代言方式，而采用如全民健身项目或活动合作、官方授权，或品牌进入政府采购序列等方式达到品牌受到"官方认可"的评价效果。

（2）中国足球协会（简称中国足协）。中国足协是中国足球运动的核心管理机构，是亚洲足球联合会及国际足球联合会的重要成员，于1955年成立，总部位于北京，由国家体育总局主管。

近几年，中国足协在足球改革方面持续发力。在联赛管理上，不断优化联赛赛制，包括对中超、中甲、中乙联赛的升降级规则和外援政策等进行调整，旨在提高联赛的竞技水平和观赏性，同时增强国内球员的锻炼机会。在青训体系建设上，加大对青训基地和青训教练培养的投入，与教育部门加强合作，推动校园足球发展，完善足球人才选拔机制，努力拓宽足球人才储备。

在国家队建设方面，更加注重科学训练方法的引入，聘请国际高水平教练团队，根据国际足球发展趋势制定战术体系。同时，在国家队比赛安排上，积极寻求高质量热身赛对手，通过与强队过招发现问题并改进。在足球文化建设上，通过多种渠道宣传足球正能量，开展足球公益活动，试图改变社会对足球的认知，吸引更多青少年参与足球运动，营造良好的足球发展氛围。不过，尽管做出了诸多努力，中国足球成绩的提升仍面临巨大压力，足协仍需在多方面持续改革创新。

中国足协品牌商业价值分析：

尽管中国足球发展面临诸多挑战，但中国足协依然具有巨大的商业价值潜力，表现在：① 庞大的市场基础，中国拥有大量的足球爱好者和潜在球迷，市场空间广阔。② 职业联赛影响力，中超联赛的商业价值和影响力持续提升，吸引了众多赞助商和投资者。③ 政策支持，国家大力支持足球事业的发展，为中国足协的改革和发展提供了政策保障。当前，中国足协通过与企业合作、赛事运营、人才培养等方式，推动中国足球的进步，商业价值有望持续提升。

（3）中国篮球协会（简称中国篮协）。中国篮协市场化运作合理，职业化运营和机构运作透明，群众口碑很好。

中国篮协是具有独立法人资格的全国性群众体育组织，是由各省、自治区、直辖市篮球协会及各行业篮球协会和解放军相应的运动组织为团体会员组成的全国性、非营利性联合组织，是中华全国体育总会的团体会员，是中国奥林匹克委员会（简称中国奥委会）承认的奥运项目组织，是代表中国参加国际篮球联合会和亚洲篮球联合会的唯一合法组织。

中国篮协品牌商业价值分析：

中国篮协是在中国关注度较高的运动项目机构中思想超前、行动透明的机构。在1998年成立的北京中篮体育开发中心，是经由国家体育总局批准的篮球运动管理中心所属的全资公司，致力于中国篮球的市场化、职业化、产业化工作。中国篮协一直在国内赛事推广和与NBA等顶级联赛的合作上表现出积极的态度。凭借联赛、明星效应和良好、正确的运行方向，篮球运动在国内的影响已直逼足球，其中，中国篮协的作用不可忽视。

4. 教练、运动员

以下以几位代表性的运动员为例进行分析：

（1）郑钦文。中国女子网球的新生代代表，被誉为"中国网球新希望"。郑钦文自幼展现出非凡的网球天赋，14岁时便获得多项青少年赛事冠军，2019年转入职业赛场，迅速崭露头角。在2024年巴黎奥运会上，郑钦文创造了历史，夺得女子单打金牌，成为首位获得奥运网球单打金牌的中国球员。同年，她首次参加WTA年终总决赛，一路杀进决赛并获得亚军。她以强劲的正手、出色的发球和顽强的比赛作风赢得了国内外媒体的广泛关注。2024年末，郑钦文的世界排名已上升至世界第5，被认为是未来女子网坛的有力竞争者。

郑钦文商业价值分析：

作为中国网球新星，郑钦文的崛起引起了众多赞助商的关注。她的年轻活力、国际化形象以及在赛场上的突出表现，使其具备了极高的商业开发潜力。郑钦文已与耐克、威尔胜等知名品牌签约代言。随着她在国际赛事中取得更多佳绩，其商业价值有望进一步提升，成为品牌推广和年轻消费者市场的重要力量。

（2）马龙。曾任中国男子乒乓球队队长，被誉为"六边形战士"，是首位集奥运会、世锦赛、世界杯、亚运会、亚锦赛、亚洲杯、巡回赛总决赛、全运会单打冠军于一身的超级全满贯男子选手。在2021年东京奥运会上，马龙夺得乒乓球男单、男团两枚金牌。在2024年巴黎奥运会上，马龙率领中国乒乓球队夺得男子团体冠军，个人也获得男子单打银牌，继续展现其卓越的竞技状态。马龙以稳健的球风、顽强的意志和谦逊的态度，赢得了全球乒乓球爱好者的尊敬和喜爱。

马龙商业价值分析：

作为乒乓球界的传奇人物，马龙拥有极高的知名度和美誉度。他的正面形象和卓越成就，使其成为众多品牌青睐的代言人。马龙曾与安踏、劳力士、红双喜等知名品牌合作，商业价值显著。他的职业精神和个人魅力，对品牌形象的提升有着积极作用，具有持续的商业开发潜力。

（3）张雨霏。中国女子游泳队主力队员，擅长蝶泳和自由泳项目。她以稳定的发挥和出色的成绩，成为中国游泳的新一代领军人物。在2021年东京奥运会上，张雨霏大放异彩，勇夺女子100米蝶泳亚军、女子200米蝶泳冠军，创造了新的奥运会纪录，并夺得女子4×200米自由泳接力冠军，张雨霏也因此被誉为"蝶后"。在2024年巴黎奥运会上，张雨霏续写传奇，共参加6项比赛，取得1银5铜，书写中国游泳新纪录。

张雨霏商业价值分析：

张雨霏在奥运会上的辉煌成绩，使其迅速成为媒体和公众关注的焦点。她的阳光形象、坚韧品格和积极向上的精神深受大众喜爱。当前，张雨霏的商业价值逐步显现，已与多家知名品牌达成合作，包括体育用品、食品饮料等领域。她的成功故事和正能量形象，为品牌传播提供良好的契合点，具有广阔的商业前景。

（二）体育制造商贸品牌

1. 运动鞋服生产商

（1）李宁。近些年，李宁公司凭借"国潮"战略成功焕发品牌活力。2024年李宁公司全年营业收入达286.76亿元，市值超过400亿港元。李宁在国内运营超过7 500家门店，并通过与国际顶级设计师合作以及品牌跨界营销，成功俘获年轻一代消费者，进一步巩固其"国货之光"的地位。

李宁商业价值分析：

2010年，在创立20周年之际，李宁公司在北京发布了其品牌重塑战略。除了发布李宁品牌新标志、新口号，李宁公司对目标人群、组织架构等方面也作了相应调整。李宁的"国潮"产品系列凭借独特的设计语言，将中国传统文化与现代时尚相结合，成为品牌增长的重要驱动力。李宁通过大量赞助，如支持参加巴黎奥运会的中国代表队，使其全球影响力大幅提升。李宁品牌的商业价值已成功从"本土领跑者"向"国际时尚品牌"迈进。

（2）安踏。2024年安踏集团营业收入达708.26亿元，同比增长13.6%，连续三年稳居中国市场全行业首位。若计入其控股的亚玛芬集团（Amer Sports）业绩，双轮驱动下总营收首次突破千亿元大关，达1 085.78亿元，成为继耐克、阿迪达斯之后全球第三家年营收超千亿元的体育用品集团。通过收购国际品牌如斐乐、迪桑特和始祖鸟，安踏在高端运动市场占据重要地位。安踏集团还推出了Anta Performance系列，着力提升其专业运动装备市场份额。

安踏商业价值分析：

安踏（中国）有限公司现为香港安大国际投资有限公司全额控股的有

限责任公司，销售业绩居于全国前列，运动鞋市场综合占有率更是连续多年在全国同类产品中荣列第一。安踏的全球化布局和本土创新策略成为其业绩稳步增长的核心动力。其自主研发的"氢跑"科技跑鞋和"超碳板"篮球鞋引领市场潮流，广受专业运动员和消费者的好评。安踏凭借大规模赛事赞助，如巴黎奥运会和杭州亚运会，持续提升品牌知名度和市场影响力。

（3）特步。特步在2024年营业收入达135.77亿元，同比增长6.5%拥有超过8 000家门店，是中国专业跑步市场的领先品牌之一。特步凭借"专业＋时尚"的品牌战略，成功推出特步竞速系列跑鞋，在跑步市场占据重要份额。同时，特步还积极布局海外市场，与多家国际赛事达成合作。

特步商业价值分析：

特步通过聚焦专业跑步装备研发，以其稳定性与舒适性赢得跑步爱好者青睐。同时，特步深耕校园运动市场，联合多所高校举办赛事活动，扩大品牌在年轻群体中的影响力。

2. 专业用品制造商

（1）红双喜。红双喜是世界乒乓球运动顶级赛事器材供应商，先后多次成为世界乒乓球锦标赛指定器材，并参与制定了国际技术标准。目前，世界上70%以上的国际比赛用三星乒乓球产自红双喜公司。2007年，李宁公司以3.05亿元获得红双喜公司57.5%的股权，成为红双喜的第一大股东。2023年红双喜推出智能乒乓球拍，结合AI技术实现实时数据反馈，广泛应用于专业训练与赛事。

红双喜商业价值分析：

虽然作为乒乓球领域的绝对王者，但这一市场规模却较为有限。在中国乒乓球器材市场的规模只有20亿元左右，与该运动的普及程度远不相称。乒乓球的价格由几毛钱到几元钱，乒乓球台从几百元到几十万元不等，市场层次差距大，竞争激烈。但是红双喜正在多管齐下地突破这种销售瓶颈，在重要市场区域都设置分公司进行直接销售，以加大对市场终端的控制力。此外，红双喜也开始在其他体育用品领域进行多元化尝试。未来几年，如果红双喜能在强化乒乓球项目优势的基础上，进行适当多元化扩张，将会迎来又一个发展黄金时期。

（2）星牌。星牌是北京星伟体育用品有限公司于1987年创立的台球品牌。经过30多年的发展，星伟公司已成为中国最大的集专业台球器械生产、研发、销售于一体的综合性企业。近年来，其旗下"星牌"品牌先后成为世界斯诺克中国公开赛、英国联盟杯赛、上海大师赛、欧亚大师赛、中国斯诺克巡回赛等各大赛事指定的官方比赛用台。世界冠军丁俊晖、潘晓婷也都先后与"星牌"签约，"星牌"已打造成为球桌、厂家、球手三位一体的一流品牌。

星牌商业价值分析：

星牌用20年的时间成为行业的领导品牌，用35年完成由民族品牌向世界品牌的转变。从2008年开始，星伟公司开始从生产型制造向服务型制造转型。在业务构架上，除了台球桌及配件生产和销售主营业务外，星伟公司还增加了对台球厅的全程复合服务业务，新定位是做"世界顶尖的台球运动产品和服务整体解决方案的提供商"。星伟公司要做的是重构产业链，将品牌从一个行业品牌变成一个产业品牌。

3. 体育用品经销商

（1）胜道（YYSPORTS）。胜道创立于2008年，由世界上最大的制鞋集团中国台湾宝成集团旗下的香港裕元工业集团投资设立，用于整合中国各地从事运动营销渠道资源的连锁零售品牌。截至2023年，胜道在中国的直营和加盟零售店总量超过4 000家。零售品牌组合包括在中国领先的国内外运动服品牌，如耐克、阿迪达斯、李宁、卡帕、锐步、匡威、彪马等。

胜道商业价值分析：

作为制造商直接打造的零售品牌，胜道有太多其他运动零售品牌不具备的资源，其发展明显优于竞争对手。宝成集团家底厚实，在短短一两年内拿出10多亿元迅速收编多家很有经验、市场成熟的运动品牌代理商以及他们手上掌握的终端。此外，宝成集团还通过整合中国内地的零售事业，成立宝胜国际公司，并且利用胜道这个角色的转换成功上市。

（2）滔搏运动。滔搏运动是中国最大的运动用品零售商之一，2024年实现营业收入289.33亿元。截至2024年2月末，滔搏在中国内地运营的直营门店数量为6 144家，是耐克、阿迪达斯等国际品牌在中国的最大经销商。此外，滔搏还引入了自主品牌，并探索元宇宙虚拟购物体验，提升消费者黏性。

滔搏运动商业价值分析：

上市后，滔搏运动开始建立自己的渠道品牌——滔搏运动城，起初以零售渠道为主，转而进行渠道建设，降低自身风险。此后，通过与众多一线品牌合作，滔搏运动在渠道招商方面具有独特的吸引力。滔搏凭借数字化转型和多元化品牌布局，成功占据市场领导地位。其创新零售模式、线上线下联动的会员体系，为其构筑了稳定的市场优势。

（3）运动100。运动100成立于1997年，是中国最早成立的多品牌大型体育用品零售商之一。至2024年，其零售网络覆盖全国20多个主要城市，拥有超过100家门店，提供超过数万种商品，包括耐克、阿迪达斯、锐步、李宁、安踏等运动品牌。

运动100商业价值分析：

运动100以其创新的"一站式购物"模式打破传统单品牌零售格局。在激烈的市场竞争中，运动100凭借精确的品牌定位和广泛的产品线赢得消费者青睐。未来，运动100计划深入拓展高端运动品牌市场，并借助电商平台实现业务数字化，为用户提供更便利的消费体验，从而提高市场竞争力和品牌价值。

（三）体育信息服务品牌

1. 电视媒体

（1）中央电视台体育频道（CCTV-5）。CCTV-5是中国最具影响力的体育媒体平台，拥有奥运会、世界杯、亚运会等世界顶级赛事独家国内转播权。CCTV-5通过全媒体运营模式，覆盖电视、互联网和移动端，其赛事直播规模每年超过1 500场，是中国体育迷的首选观看平台。

CCTV-5商业价值分析：

CCTV-5的资源优势和品牌影响力使其成为广告投放的最佳平台。2024年CCTV-5黄金时段广告招标总额达41.2亿元，同比增长17.7%。此外，CCTV-5积极开发短视频和社交媒体内容，通过与抖音等平台合作，实现对年轻用户的深度触达，其全方位营销能力持续提升其商业价值。

（2）北京电视台体育频道。北京电视台体育频道拥有先进的技术设备和设施，依托北京电视台的强大支撑，形成了以"天天体育"等体育新闻现场追踪栏目为代表的系列品牌。

北京电视台体育频道商业价值分析：

虽然地域覆盖一定程度上限制了北京电视台体育频道的全国影响力，但其地缘优势明显，在北京冬奥会期间，其内容生产和直播能力大幅提升。2023年北京电视台体育频道广告收入同比增长18%，特别是在区域赛事和体育公益活动的宣传中，展现出较强的商业合作潜力。

2. 平面媒体

（1）《体坛周报》。《体坛周报》创刊于1988年，目前已成为全国发行量最大的体育类报纸，被中国新闻研究中心评为体育类报刊中影响力、公信力最强的媒体。《体坛周报》拥有华人圈最大的专业体育编辑队伍，记者团队、专业人才遍布全球五大洲。近年来，通过推出数字版《体坛+》，《体坛周报》实现了从传统平面媒体向新媒体的转型，并在移动端形成了稳定用户群。

《体坛周报》商业价值分析：

随着纸媒影响力下降，《体坛周报》转向数字化发展，广告收入从纸媒为主转向线上平台。2024年《体坛周报》通过"深度分析+垂直领域拓展"策略，推动数字订阅用户突破62万，同比增长24%，在体育内容的深度分析领域保持领先。

（2）《健与美》。创建于1980年的《健与美》杂志是中国健身和健康生活方式领域的知名刊物。2023年，该杂志推出"健与美Pro"订阅服务，提供个性化健身方案、健康营养资讯及在线互动课程，赢得年轻一代消费者的青睐。

《健与美》商业价值分析：

《健与美》是一本定位在大众消费者的手册类杂志。在运动风盛行的今天，健身早已成为人们的日常话题。通过结合线上课程和社交平台推广，《健与美》扩展了传统健身类杂志的边界。2024年《健与美》依托"杂志+线上课程+社交平台"的全渠道布局，广告收入同比增长28%，成为健身行业的重要营销平台。

3. 网络媒体

（1）新浪体育频道。新浪体育频道是中国最重要的体育资讯平台之一，每月活跃用户超过1亿。2023年，新浪体育与国际赛事组织达成合作，成为巴黎奥运会、中国足球超级联赛等赛事的数字媒体合作伙伴，同时推出电竞和潮流运动内容板块，吸收年轻用户。

新浪体育频的商业价值分析：

新浪全站资源丰富，用户基数庞大，内容来源广泛，质量较高。新浪体育在重大活动（世界杯、亚运会）以及常规赛事（足球、篮球）中均有很高的地位。新浪体育通过大数据分析和内容个性化推荐，增强用户黏性和广告价值。2024年巴黎奥运会期间，新浪体育通过"赛事直播+热点话题运营"策略，带动移动端广告收入同比增长35%，成为体育赛事品牌推广的重要阵地。

（2）腾讯体育频道。腾讯体育通过其生态平台布局成为中国数字体育领域的领军者。2024年巴黎奥运会期间，腾讯体育通过"点播版权+自制内容"策略，带动移动端广告收入同比增长32%。

腾讯体育频道商业价值分析：

依托腾讯生态体系（微信、QQ、视频号等），腾讯体育为广告商提供全链路解决方案。2024年腾讯体育直播赛事超6 200场，腾讯体育App日活跃用户突破4 200万（同比增长20%），并通过互动直播和会员订阅，展现多元化收入来源。

（3）咪咕体育。咪咕体育是中国移动旗下的体育内容平台，通过咪咕视频、云游戏等数字产品，为用户提供丰富的体育赛事直播、点播和互动体验。2024年咪咕体育赛事版权覆盖超30个项目，全年直播超9 000场，同比增长12.5%，涵盖足球、篮球、排球等主流项目，以及街舞、滑板、电竞等新兴运动。

咪咕体育商业价值分析：

巴黎奥运会期间广告收入同比增长38%，市场份额突破20%，安踏、伊利等品牌单项目投放超2 500万元。咪咕体育通过整合优质赛事版权和创新数字化服务，提升了用户黏性和平台活跃度，为广告主和品牌合作伙伴提供了高价值的营销平台。此外，咪咕体育积极探索"5G+全体育"战略，

4. 展会

中国国际体育用品博览会（体博会）是亚太地区规模最大的体育用品展会之一，2024年体博会吸引1 653家企业参展（同比增长37.8%），覆盖运动装备、智能科技、体育赛事运营等全产业链，参展品牌及产品品类均创历史新高。现场观众超10万人次，其中来自64个国家和地区的海外观众达3 000余人，较2023年增长25%。

体博会商业价值分析：

体博会通过设立国际买家专区和举办智能体育科技论坛，吸引全球顶级品牌和国内优质企业参展。其商业价值体现在帮助中国品牌拓展国际市场，并促进体育产业链上下游的协同发展。

第三节 体育资金

一、体育资金的定义

资金是国民经济中物质的货币表现，它是根据国民经济发展计划进行分配、调节和使用的。按其分配形式，可分为通过财政收支分配的财政资金和通过银行信贷分配的信贷资金。按其用途，可分为用于基本建设的资金和用于生产经营活动的资金及其他用途的资金。

体育资金是指专门用于发展体育事业的人力和物力的货币表现。体育资金按其使用性质可以分为体育事业投资（包括体育业务费、办公费、维修费、工资、福利费及其他费用）和体育基本建设投资（包括体育运动场馆建设费、体育科研设施购置费、各种体育服务设施建设和更新费等）。体育资金按使用去向可分为群众体育投资（群众体育活动经费）、竞技体育投资（各级体育运动队的训练费、培训费）和体育教育科研投资（各项体育教育科研经费）。

二、体育资金的特点

（一）政策性

世界各国和地区由于社会制度和经济管理制度不同，体育资金来源结构也不一样。尽管各国体育资金来源渠道各异，但是体育资金的政策性特点还是显而易见的，即体育资金的来源、分配和使用都按国家政策性指导意见进行操作。

新中国成立以来，在党和国家的领导下，我国体育投资纳入了国民经济和社会发展计划。近年来，随着《"十四五"体育发展规划》的实施，国家进一步加强对体育事业的政策支持，国家体育经费下拨、职能部门专项拨款、社会资本投入等都在国家政策的指导下稳步推进。

（二）多样性

首先是体育资金来源的多样性，即目前世界各国体育资金来源大体可分为拨款型、筹款型、结合型三种，这与世界各国不同的体育管理体制有直接的关系。我国的体育管理体制正从中央集权型向多元化方向发展，体育资金来源也从单一的拨款型向结合型转变，既有国家财政拨款，也有社会资本和市场化运作的资金投入。美国等国家的体育管理体制属于分散型，体育资金来源属于筹款型；英国等国家是结合型的体育管理体制，体育资金来源属于结合型。当然，这也不是绝对的，主要以体育资金来源的主体来确定。不同来源形式各有其优缺点。其中，筹款型和结合型占的比例较大，完全拨款型较少。其次是体育资金使用多样性，如竞技体育经费、群众体育经费、体育科研经费、军事体育经费等。

（三）效益性

在任何国家，体育资金都将产生社会效益和经济效益。在我国，体育资金投入体育市场以后，既能通过竞技体育为国争光，又可促进国民经济的发展。此外，随着全民健身理念的普及，体育投入还可以提高全民健康水平，降低医疗卫生支出，提升社会整体幸福感。

（四）增长性

随着经济的迅速发展，各国体育资金都在增长。经济发达国家和地区比欠发达国家和地区的增长幅度更大。我国体育事业经过70多年的奋斗，已初具规模，国家拨款、社会集资、企业赞助逐年上升。随着《体育强国建设纲要》的实施，我国体育产业总规模和增加值持续增长。国家对体育的经费投入也在不断增加，社会资本参与体育事业的热情高涨。

（五）不足性

随着科技、经济的快速发展，体育事业在不断向前推进，体育人口不断增加，竞技体育、群众体育和体育科研等经费开支越来越大。但从当前情况看，体育资金不足的状况仍然制约着体育事业的快速发展。一是体育基础设施建设资金缺乏。我国许多学校，尤其是地方经济发展水平不高的中小学，体育基础设施建设不符合《学校体育工作条例》的要求，没有像样的体育设施，其根本原因就是缺少资金投入。二是体育科研经费紧缺。当前，体育科研经费问题已成为影响我国体育科技进一步发展的重要因素之一。三是全民健身虽然得到了各级政府的重视，但是群众体育活动经费投入远远不够，各级政府还没有对这些基本公共服务加以重视，在经费投入上缺位。

三、体育资金的作用

（一）体育资金是确保体育事业不断向前发展的物质基础

一个国家或地区体育投资的数量决定体育事业的发展规模和奋斗目标以及运动技术水平的高低，影响体育科研的前进步伐、群众性体育运动的普及与提高和国民体育素质的全面提高。一般来说，投资的多少与体育发展规模、运动技术水平、科研成果、国民体育素质有正相关的关系。

（二）体育投资是促进国民经济发展的必要手段

体育投资可以促进国民经济相关部门和行业的发展。体育基础设施投资和体育生产经营资金可以繁荣体育消费市场，带动体育用品制造、体育服务业、体育旅游等产业的发展。举办大型国内、国际和世界性运动会的投资，可以促进饮食业、邮电通信业、宾馆服务业、交通运输业、文化创意产业、媒体传播业的相应发展。更重要的是，体育投资是一种人力资本的投入，可以提高劳动力的健康水平，提高工作效率，促进生产力的发展，推动经济的高质量增长。

（三）体育资金有利于群众体育、竞技体育、体育教育和体育科研等事业的协调发展

群众体育能够为竞技体育和高等体育院校输送体育人才。竞技体育的发展不仅可以带动群众体育的发展，更重要的是可以激发广大人民群众关心体育和参与体育的热情。体育教育和体育科研既可以推进竞技体育和群众体育的发展，也可以促进国民身体素质的提高。因此，把体育资金分配给各项体育事业，可以促使它们协调发展，推动整个体育事业的兴旺发达。

四、体育资金的统筹途径

（一）国外体育资金的筹措途径

1. 俄罗斯和部分东欧国家

这些国家的体育资金筹措途径主要包括国家财政拨款和社会资本投入。随着市场经济体制的建立，这些国家的体育资金来源逐渐多元化，除了政府拨款，企业赞助、彩票收入和社会捐赠也成为重要的资金来源。该转变有利于激发体育组织的活力，但也面临资金不足和分配不均的问题。

2. 美国、日本、意大利等国家

这些国家体育资金的筹措途径主要包括社会集资和政府资助，属于筹款型与结合型相结合的模式。这些国家设有民间体育组织，如体育协会、体育俱乐部、体育联合会和奥委会等，负责各项体育活动的组织与管理。政府在重大赛事和特殊情况下给予必要的资金支持。例如，2021年东京奥运会，日本政府投入了大量资金，实际支出超过最初预算。此外，企业赞

助、门票收入和其他社会资金也成为重要的资金来源。

3. 部分西欧国家

这些国家的体育资金筹措途径主要包括政府拨款、社会集资和市场化运作，属于结合型。政府提供部分拨款，保证基本开支；体育组织通过赞助、会费、赛事收入、彩票发行等方式自行筹集资金；在必要时，政府也会给予额外的资金支持。德国、奥地利、瑞士等国家的体育资金，政府拨款占总数的 1/3，其余经费均通过发行彩票、缴纳会费、发动捐助、组织竞赛等方式自行筹集。

（二）我国体育资金的筹措途径

从新中国成立 70 多年来的历史看，我国体育资金筹措途径已经从完全由国家财政拨款的拨款型向以国家拨款为主、社会集资为辅的结合型方向转化。目前，我国体育事业资金配置呈现二元化特征，即一部分靠国家财政拨款，另一部分靠企业投资、靠市场来募集资本。具体筹措途径如下：

（1）国家财政预算体育拨款。这是主要途径，确保体育事业发展的基本开支。

（2）国家各系统、各部门的专项拨款。这笔资金主要用于群众性体育活动的开展。

（3）各地方政府机动财力的资助。如在大型体育基础设施建设、举办大型运动会时给予补助。

（4）社会集资。社会集资的方式有：第一，政府支持体育部门制定筹资政策，发行体育基金奖券、体育彩票。第二，企业自愿利用产品宣传广告费来赞助体育事业。第三，各界人士个人捐赠款。第四，体育部门扩大体育劳务，创造收入。第五，积极引进外资。第六，建立体育基金会集资。

五、体育资金预算

预算是指经法定程序批准的政府、机关、团体和事业单位在一定时期（年、季、月等）的收支预计，如国家预算、中央预算、地方预算等。预算按其使用时间的长短可分为长期预算和短期预算。长期预算主要指一年以上的预算，是一种规划性质的预算。短期预算是指全面的预算，即总预算，是关于企业在一定时期内（一般不超过一年或一个经营周期）的经营、财务等方面的总体预算。现金预算是全面预算体系的一个部分。体育资金预算是现金预算的一部分，因此，我们可以根据现金预算模式分析体育资金预算模式。

六、体育资金配置

体育资金配置是指体育资金的合理分配与使用，是体育部门内部为各项体育事业协调和稳定发展而进行的合理、科学的经费分配。体育资金配置不合理、不科学，会造成资金浪费或资金不足，影响体育事业的协调发展，影响广大体育工作者的工作积极性，也会带来不利于体育事业发展的社会影响。

（一）体育资金的配置原则

1. 统筹兼顾，综合平衡

体育资金的配置关系到各级体育部门、各体育事业单位和体育工作者个人的经济关系。处理好上下级部门经济关系、平级部门经济关系、集体与个人经济关系，是保证各项体育工作协调发展和各类体育工作者认真完成任务的重要条件。因此，在资金分配上要坚持统筹兼顾、综合平衡的原则。例如，在进行竞技体育资金配置时，既要考虑金牌多的项目，也要考虑金牌少的项目，既要考虑居于世界先进水平的项目，也要考虑暂居落后的项目。不能搞一刀切，也不能只顾一点。这样，既可以调动各方面的积极性、主动性和创造性，又可以推动体育事业快速健康发展。

2. 抓重点、抓特色、保投入

一个国家在寻找体育事业的主攻方向时，应有重点项目和特色项目，这样才会有新的突破、新的发展。重点项目和特色项目要出水平、出成果，必须保证投入，否则就只是一句空话。现阶段，我国体育资金投入有限，不可能所有的体育项目都能保证资金投入。因此，要坚持抓重点、抓特色、保投入的原则。即在体育资金配置时，保证重点项目、特色项目的经费投入。从国家来看，应保证奥运会、亚运会参赛项目及体操、乒乓球等特色项目的经费投入。各省级体育部门也应有重点项目和特色项目，并保证投入。总之，在体育资金配置上不能搞平均主义。

3. 量力而行

现阶段，我国体育资金的来源主要靠国家财政预算拨款，并以社会集资作为补充。因此，体育资金配置应该量力而行，做到收支平衡。

4. 勤俭节约

勤俭节约、艰苦奋斗是我们的光荣传统，也是一切经济工作必须坚持的原则。尽管我国经济持续发展，但资源仍需合理利用，避免浪费。因此，在资金配置上要坚持勤俭节约的原则，提高资金使用效益。

（二）体育资金的配置范围

1. 群众体育资金分配

包括学校体育、工厂体育、农村体育、部队体育、机关体育和居民体育等经费的分配。其分配目的是丰富群众体育生活，增强国民体育素质，提高劳动者劳动能力，促进生产力发展。群众体育的发展关系到我国国民体质健康水平的提高，是社会主义精神文明建设的重要内容。怎么使用好、分配好这部分经费是非常重要的问题。

2. 竞技体育经费分配

其目的是培养优秀运动代表队和优秀运动员，提高竞技运动水平，实现世界级赛事成绩突破，彰显国家体育竞争力，服务体育强国建设目标。这部分经费分配关系到国家形象及综合国力，要重点保证。

3. 体育教育和体育科研经费分配

体育教育与体育科研是体育事业发展的关键。不论是群众体育的发展，还是竞技体育水平的提高，都离不开体育教育与体育科研的发展。目前，国家加大了对体育教育和科研的投入，但与实际需求相比，仍有提升空间。尤其是体育科研经费的投入，需要进一步增加，以支持体育科技创新和高水平人才培养。

（三）加强体育资金管理，努力提高体育资金使用效率

体育资金配置不仅要科学、合理，而且要加强管理，努力提高资金的使用效率。管好体育资金、提高其使用效率可从以下几方面入手。

1. 加强体育资金分配的科学性和合理性

目前，我国体育资金分配比例正在逐步优化，但仍存在一些问题。例如，体育科研经费仍需增加，学校体育和群众体育的经费投入需要进一步加强。尽管竞技体育资金投入比例较大，但政府用于公共体育设施和基础建设的资金也在逐年增加，以满足人民群众日益增长的体育需求。需要继续加强资金分配的科学性和合理性，确保各项体育事业协调发展。

2. 实行体育经费责任制

现在政府部门体育资金计划性很强，用于各项体育事业的资金投入逐年增加，但资金投入的效益考核没有明确的管理办法，所以，对政府体育经费投入一定要加大考核力度，实行目标管理。

3. 加强体育场馆的管理，提高体育场馆利用率

我国用于场馆建设的资金投入是体育资金中比较大的一笔，各个省市在承办大型赛事的过程中都要花巨资建设一批现代化体育场馆，而场馆赛后利用又成为一个棘手的问题。所以，在进行场馆建设规划时要认真考察其赛后利用问题，考虑场馆的投入与产出问题。在实际管理中，要充分提高场馆的使用率，本着公共投入全民受益的原则，既满足竞技体育的需要，也要更好地为全民健身服务。

4. 健全与完善体育资金管理制度，防止体育资金外流和挪作他用

完善与健全体育资金管理制度可以防止公共体育设施和服务资金挪作他用以及低效运转。目前，在体育资金的管理上，体育彩票公益金的管理制度较为完善，许多方面值得借鉴。

5. 实行体育经费包干制

为了提高体育资金的使用效益，在体育项目投资过程中要充分考虑市场因素，考虑相应的激励机制，加强财务管理，推广体育经费包干制度。

思考题

1. 体育资源的基本特性有哪些?

2. 体育资源可以怎样分类?不同分类所包含的内容有哪些?

3. 简述体育有形资产的特点,结合体育产业的特殊性,讨论其与其他行业有形资产的区别。

4. 我国体育有形资产经营过程中有哪些不足?解决的方法有哪些?

5. 怎样理解体育无形资产?

6. 简述体育资产评估的构成要素。

7. 请比较我国与其他国家在体育资金筹措途径上的异同,分析各自的优势和不足。

第五章 体育市场经营的成本与收益分析

本章导学

本章通过借鉴经济学理论中成本核算及收益分析等相关理论,结合体育市场自身特点,首先对体育市场经济效益的概念与分类、体育市场成本的概念与分类进行了论述。其次,从提高体育市场经济效益的角度介绍了体育市场经济效益的基础指标、体育市场经济效益分析方法,实现体育市场经济效益的现实意义以及提高体育市场经济效益的途径等。

学习目标

1. 掌握体育市场经济效益的核心概念及其分类维度。
2. 理解体育市场成本的构成要素与分类标准。
3. 掌握微观经济效益分析方法与宏观效益评估指标。
4. 理解提高体育市场经济效益对产业发展、资源配置及社会福祉的多重现实意义。
5. 了解宏观调控与市场机制优化在提升体育市场经济效益中的协同作用与实践策略。

第一节 体育市场经济效益的概念与分类

一、体育市场经济效益的概念

要厘清体育市场经济效益的概念首先要明确经济效益的含义。经济效益是经济学界经常使用的一个词，即以尽量少的劳动消耗，生产出更多的符合社会需求的产品。

如果体育市场是体育产品所有实际和潜在购买者的集合，而通过体育市场运作所产生的经济成果与消耗和所占用的劳动之比就是体育市场的经济效益。只要是在体育市场中所获得的经济收益，无论是长期还是短期，直接还是间接，是否可以计量，都可以称为体育市场经济效益，如2024年巴黎奥运会不仅在赛事门票、赛事衍生品等与赛事直接相关的产品方面获得了巨额收益，也在赛事举办期间为当地带来了丰厚的旅游收入。不仅如此，还进一步提高了国民的运动热情，为未来体育产业的经济效益提升打下良好基础。当然，一个赛事的直接经济收益，可以利用赛事举办所带来的实际收入，与运动员和教练员等各类体育服务人员薪酬、场地设备租赁和采购费用以及赛事宣传营销花费等成本，进行直观的经济效益计算。

巴黎的奥运经济账

体育市场良好的经济效益是市场主体和消费者共同追求的目标，也是衡量体育市场是否健康运作的指标，更是体育市场持续发展、不断扩大自身规模的基础。

二、体育市场经济效益的分类

体育市场经济效益的内容十分丰富，从不同的视角可以分为以下三类。

（一）从经营周期的角度，可分为长期经济效益与短期经济效益

短期经济效益是指体育产业经营者获得的效益，一般是指在体育经济活动开展前、开展期间和结束后较短周期内可获得的效果与收益，它具有可计量程度高、经营者满足程度高等特点。长期经济效益则是指体育产业

经营者在体育经济活动结束后较长周期内依然能够获得持续性效益，它具有可计量度较低、易被经营者忽视等特点。在体育市场运作过程中，短期经济效益和长期经济效益均不可忽视。如果体育产业经营者过分看重短期经济效益，则可能会以创造自身经营垄断地位来获取暴利，不注重市场培育和回报，不提升产品服务水平和自身的经营管理水平，最后将会影响自身的可持续发展，难以获得长期、稳定的经济效益增长。例如，某些足球俱乐部为了短期收益，过度实施"金元足球"，但当实施了"限薪新政"后，"金元足球"难以持续。部分俱乐部通过短期巨额资金投入，引进国内外顶级球员来提升球队的实力和战绩，忽视了球队青训系统和基础设施建设等方面的长期效益获得因素，最终深陷欠薪欠债丑闻。体育产业经营者应该兼顾体育市场的长期经济效益与短期经济效益，处理好二者之间的关系。

（二）从影响方式的角度，可分为直接经济效益与间接经济效益

体育市场的直接经济效益是指为从事体育经济活动直接花费的成本与收入及利润之间的数量对比关系。例如，在体育赛事中，直接经济效益可以利用赛事举办的各类实际花销与赛事电视转播权的销售收入、赞助商的物品赞助和现金赞助、门票收入、赛事纪念品的销售收入等来进行计算。除此之外，由于体育产业与其他产业的关联度较高，一些体育活动或比赛在带来体育消费的同时也带动了当地其他产业经济与消费的增长。因此，体育市场间接经济效益就是指从事体育经济活动对其他相关行业部门乃至整个国民经济所形成的经济效益。间接经济效益包括比赛场馆建设、基础设施建设为建筑业带来的经济增长，产业结构调整为国民经济带来的增长，以及环境治理所带来的生态环境改善等。

（三）从计算范围的角度，可分为微观经济效益与宏观经济效益

体育市场的微观经济效益是指单个经营单位，如体育俱乐部、体育用品制造商、体育场馆在从事体育经营活动时，对劳动的占用和耗费与劳动

所得的数量对比关系。体育市场的宏观经济效益是指在一个地区或一个国家范围内，在发展体育经济过程中所有投入与产出的数量对比关系。无论是体育市场的微观经济效益还是宏观经济效益，收入大于支出，经济效益为正；收入小于支出，经济效益为负。体育市场的微观经济效益是宏观经济效益的基础，宏观经济效益由无数体育经营单位的微观经济效益聚集而成，两者互相影响、互相制约、互相促进。如果单个体育经营单位的微观经济效益提高缺乏动力，整个宏观经济效益的增长也就无从谈起。同理，如果整个体育市场的宏观经济效益较低，单个体育经营单位的微观经济效益发展空间将会很小。

第二节　体育市场经营的成本核算

一、体育市场成本的概念与分类

体育市场成本是指体育产业经营者在生产、经营体育产品时所占用与耗费的各种生产要素的费用，包括为消费者提供有形产品与无形服务所花费的全部支出。体育市场成本主要有以下四种分类方式。

（一）固定成本与变动成本

体育市场的固定成本也称不变成本，是指体育产业经营者为从事体育经济活动在一定周期和业务量范围内所投入的难以进行随意调整的生产要素费用。这种成本在特定周期内固定不变，不随体育产品的产量变动而变动。即使产量为零时，也仍然存在固定成本，主要包括场馆租赁费用、体育器材设施的购买与维护费用等。相对于不变成本，变动成本则是指体育产业经营者在体育经济活动中必须支付的可进行调整的生产要素费用。这种成本是可变的，会随着体育产品的产量变动而变动，主要包括体育服务人员的薪酬、赛事活动的宣传营销费用等。变动成本也称可变成本，其变动规律是：最初在产量开始增加时，由于固定生产要素与可变生产要素的效率尚未充分发挥，可变成本的增加率大于产量的增加率。随着产量增加和各个生产要素使用效率的提高，可变成本的增加率小于产量的增加率。最后，由于边际收益递减规律，可变成本的增加率又将会大于产量的增加率。

（二）直接成本与间接成本

体育市场的直接成本是指体育产业经营者在从事体育经济活动时，能够直接确认与某一成本计算对象相关且便于计入的费用。与之相对应的，间接成本则是指不能或不便于直接计入某一成本计算对象的生产费用。例如，一场以营利为目的的NBA球队表演赛所涉及的直接成本包括NBA球队球星的出场费、赛事场馆的租赁费等，间接成本则包括赛事行政、安保人员薪酬、场馆运作的基础设施费用等。在体育经济活动中，直接成本在很大程度上取决于市场，因此经营者对直接成本的控制能力较弱，而对间接成本的支出则拥有更多的主动权，如削减赛事安保人员、减少赛事宣传营销费用等，均是控制间接成本的常见方式。

（三）显性成本与隐性成本

体育市场的显性成本是指体育产业经营者在体育产品生产要素市场上购买或租用生产所需的各种生产要素的实际开支，例如体育企业办公场所租金、品牌宣传开支、体育用品客户调研费用等。这些费用是"有形的"成本，会作为成本项目记录在会计账目上，具有能在产品价值中得到反映且可直接计算的特点。而那些常常被隐藏、遭忽略、难以进入会计记录的资源成本则属于隐性成本，是由于企业或员工的某种行为而有意或无意造成的具有一定隐蔽性的将来成本和转移成本。从体育产业经营者的角度来说，显性成本和隐性成本都是影响体育经济效益的重要因素，切勿为减少可见的显性成本而承受巨大的隐性成本。

（四）机会成本

体育市场中的机会成本并不是生产经营活动中实际发生的成本，但在经营决策中有着非常重要的应用价值。机会成本是指体育产业经营者用于投资某项体育产品或服务而放弃将该笔投资用作其他用途时所得到的最大价值。机会成本不同于实际成本，它不是作出某项选择时实际支付的费用或损失,而是一种观念上的成本或损失。体育产业经营者的选择会给别人带来机会成本,别人的选择也会给体育产业经营者带来机会成本。体育经济活动中一个直观的机会成本案例,是体育经纪公司在有限的孵化资金下对运动员签约的选择与培育。当体育经纪公司选择花重金签约成熟的明星运动员时,则意味着它可能放弃了以同样的资金签约多位小有名气且有潜在发展价值的青年运动员在未来可能带来的更大收益。在该种情况下,该体育经纪公司的机会成本可能较大,且从成本风险评估的角度看,将"鸡蛋放入同一个篮子里"会导致体育产业经营者承受风险成本。因此,体育产业经营者要充分考虑市场竞争与合作、人才培养与管理、品牌宣传与推广和消费者的消费习惯等多方面因素,评估自身的机会成本,以便于作出更加有效的经营决策。

二、体育市场成本分析

(一)体育市场成本的构成因素

体育市场成本由营业成本、营业费用、管理费用和财务费用构成。营业成本与各种费用的划分既要依据国家会计制度的规定,又要结合自身的经营实际情况,遵循权责发生制原则。营业成本指为生产经营产品或提供服务直接或间接消耗的原材料、辅助材料、燃料动力及生产工人或服务人员的工资等。营业费用和管理费用包括的费用项目有时是相同的,区别在于管理费用是指企业行政管理部门为组织和管理经营活动而发生的各项费用,即使不生产产品或向消费者提供服务,管理费用也依然发生。而营业费用只有在经营的业务发生时才会产生。这些费用项目主要包括:① 各种折旧费,包括建筑物的折旧费,设施、设备、器械、电器的折旧费。② 各种设施、设备、器械的维修保养费。③ 其他费用,如邮电通信费、差旅费、服装费、水电费等。④ 各种促销宣传费用。

体育市场的各种管理费用主要包括工会经费、职工培训教育费、劳动保险费、就业保险费、咨询费、审计费、办公用品费、绿化费和坏账损失费等。财务费用主要指各种财务手续费、存贷款利息等。

（二）体育市场成本分析与管理

在竞争日益激烈的体育市场中，经营者想方设法控制成本以保证利润。成本分析和成本管理是体育市场经营管理的组成部分。成本管理手段的现代化是提高现代化体育企业管理水平的重要条件。现代化成本管理是指从成本预测、成本决策、成本目标、成本核算、成本控制、成本监督、成本考核到成本分析的整个过程。

1. 完善体育市场成本管理内容

（1）完善供应过程中的成本管理。在供应过程中，要加强物资采购成本管理、物资保养成本管理、物资筹集成本管理，做好供应成本核算和控制。在供应成本的管理中，还要注意选择供应商时的决策科学性，尽量在成本控制的基础上减少生产要素供应风险。

（2）完善生产过程中的成本管理。体育产品不同于其他物质型普通商品，其表现形态具有一定的复杂性和特殊性，如高水平体育竞赛或表演为消费者提供的是一场视觉盛宴和一种精神享受。因此在体育产品生产过程中，其成本管理重点应当围绕如何以较为适宜的成本投入提高体育产品的精神属性和服务质量，使得消费者的感知处于兴奋与愉悦状态。由于体育服务商品还存在非耐久性，在生产前要对产品的受众人群做细致的调研与预测，一旦体育服务产品开始生产，其成本就会产生。因此，体育经济活动中生产过程的成本管理需要注意前置性。此外，前置成本管理还有助于研究体育产品的规模性经济问题，确定体育产品最佳生产规模。做好投产前的成本管理，对提高整个生产过程中成本管理水平、降低成本有着重要意义。

（3）完善销售过程中的成本管理。要加强销售成本管理和售后服务成本管理，研究销售批量、销售区域、营销手段等，以最小的劳动消耗销售更多的产品。在成本管理中，应把产、供、销的成本管理有机结合起来，使其相互作用、相互影响，形成产、供、销全过程的成本管理体系。

2. 完善体育产品生产单位成本管理方法

（1）完善事前成本管理方法。借鉴西方现代经济管理中的事前成本管理方法，通过成本预测对整个体育经济活动进行总成本和分支成本计算，并提前预判风险，估算可能产生的隐性成本，为体育经济活动的进行提供成本浮动预案，并结合当前我国体育市场的实际情况，做好后续体育产品的成本管理。

（2）完善事中成本管理方法。制定体育经济活动进行中的成本管理方法需要将重点放在成本监督和控制方面。在此阶段，各个环节的成本会按照事先制订好的计划进行开支，事中成本管理一是要监督成本花费情况，以保证每一项费用都落到实处；二是要在不可预测的情况发生时，对各项成本的增加或减少作出相应判断和应用，将总成本控制在合理范围内。在成本管理中，还要注意将财务成本核算方法与管理成本核算方法相结合。

（3）完善事后成本管理方法。在成本考核中，不应以单纯的成本高低作为衡量体育产品生产经营单位成本管理水平的指标，而应加强对成本效益的考核。在成本分析中，应完善和加强供应过程成本分析、销售市场成本分析、责任成本分析，把成本事后分析方法与成本预测和成本决算联系起来。

第三节 体育市场经济效益分析

一、评价体育市场经济效益的基础指标

提高经济效益，就是以尽可能少的资金消耗，提供更多、更好的符合社会需求的体育服务。良好的经济效益有利于体育市场的繁荣发展，能够不断满足人们日益增长的物质和文化需求。按照研究范围不同，可以把体育市场经济效益分为微观经济效益与宏观经济效益（前文已述及）。

评价体育市场经济效益不能只从单独某一方面出发，还要从微观和宏观两个方面来对体育经济活动的综合效益进行评估。如体育赛事的综合效益包括竞赛本身效益、社会效益、政治效益和经济效益。其中，经济效益与其他层面的效益息息相关，互相影响，在获得良好的经济效益下也要保证其他层面的效益得到充分发展。中国传统体制条件下的体育赛事往往追求竞赛本身的效益以及社会效益和政治效益，从而忽略了经济效益。例如，

在我国传统的"举国体制"下，人们普遍认为体育活动应该由政府买单，无论是举办大型全国运动会还是培养参加奥运会的国家代表队，甚至是举办下至区县的小型体育竞赛，都应当由政府拨款。但目前，随着中国体育管理体制改革的不断深入，中国体育赛事已经开始注重追求综合效益，即竞赛本身效益、社会效益和经济效益，其中竞赛本身的质量和效益是关键，只有高质量、高水平的赛事，才能达到锻炼队伍、多出人才的目的；只有高水平的赛事才能提高观赏性，才会有良好的社会效益和经济效益。否则，社会效益和经济效益就无从谈起。

（一）体育市场经营收入

体育市场经营收入是指经营单位在销售体育产品或提供体育服务过程中所实现的收入，包括基本业务收入和其他业务收入。企业收入的高低，不仅反映了该企业的经营规模，也反映出该企业的经营水平，较高的企业收入是取得较好经济效益的基础。由于企业规模和就业人数不同，把各经营者的收入水平进行直接比较没有实际意义。在实践中，评价一个俱乐部或体育公司的经营管理水平，可以用人均经营收入指标来衡量。

$$体育市场经营收入 = 单位产品或服务价格 \times 产品或服务数量$$

$$体育市场人均经营收入 = \frac{年经营总收入}{年职工平均人数}$$

（二）体育市场经营成本

体育市场经营成本是指体育经营单位为开展正常经营活动所支出的费用总和。其计算公式是：

$$体育市场经营成本 = 营业成本 + 管理费用 + 财务费用$$

或

$$体育市场经营成本 = 固定成本 + 变动成本$$

为了使经营单位的收入与成本相比较，也可以用人均经营成本指标。

$$体育市场人均经营成本 = \frac{年经营总成本}{年平均人数}$$

（三）体育市场经营利润

体育市场经营利润是指体育市场的全部收入减去全部成本，并缴纳税金后的余额，包括营业利润、投资净收益、营业外净收入。其计算公式是：

体育市场经营利润 = 营业利润 + 投资净收益 + 营业外净收入

或

体育市场经营利润 = 营业总收入 − 营业成本 − 营业税金及附加费用

二、体育市场经济效益分析方法

提高体育市场经济效益，是体育领域经济活动的核心问题。研究体育经济学的最终目的，就是通过揭示体育经济运动的客观规律及其特点，寻求提高体育经济效益的途径和方法，以推动体育产业和事业的较快发展。

（一）体育市场微观经济效益分析方法

1. 利润率分析法

利润表示企业通过自己的经营活动所带来的效益。由于利润额是绝对数，不同规模企业间无法进行直接比较，难以说明企业经营贡献的大小，因此，要通过利润率指标来分析。利润率反映一定时期内体育市场利润与经营收入、经营成本以及资金占用等指标间的相互关系。它们的计算公式分别为：

（1）$资金利润率 = \dfrac{利润额}{固定资金额 + 流动资金额} \times 100\%$

（2）$成本利润率 = \dfrac{利润额}{体育市场经营成本额} \times 100\%$

（3）$销售利润率 = \dfrac{利润额}{销售额} \times 100\%$

资金利润率反映体育产业经营单位的利润与资金占用关系，说明企业劳动占用的经济效益状况。

成本利润率反映体育产业经营单位的利润与成本的关系，反映劳动耗费与所得的经济效益状况。

销售利润率反映体育产业经营单位在一定时期内利润与销售额之间的关系，说明经营者经营规模的效益水平。

2. 盈亏平衡分析法

盈亏平衡分析又称保本点分析，指利润为零时成本和收入之间的关系。通常，收入＝成本＋利润。如果利润为零，则：收入＝成本＝固定成本＋变动成本，而收入＝销售量×价格，变动成本＝单位变动成本×销售量，这样由销售量×价格＝固定成本＋单位变动成本×销售量可以推导出盈亏平衡点的计算公式为：

$$盈亏平衡点（销售量）=\frac{固定成本}{每计量单位的贡献差数}$$

式中，固定成本指器械设备、管理人员工资、广告费用等固定性支出；每计量单位的贡献差数指每销售单位的价格减去每单位变动成本（如小时工资、销售佣金等）后剩余的金额，这一部分金额被用于抵消固定成本的费用。

图 5-1 可以更直观地表示出盈亏平衡点分析。

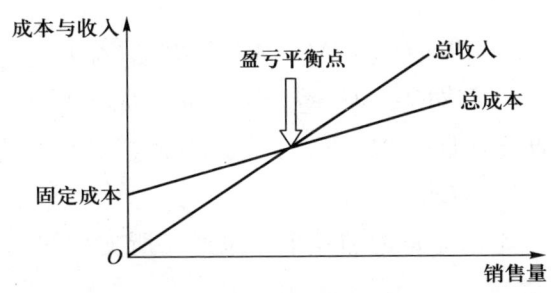

图 5-1 盈亏平衡点分析

盈亏平衡点分析法是一种很广泛的分析方法。这种方法的基本要求是：在保证企业不亏损且利润为零的前提下，计算出产品在既定价格水平下其销售量应该是多少。或者说，在一定的价格条件下，销售多少产品才能使企业的收入等于成本，即企业既不盈利也不亏损。

事实上，体育产业经营单位在生产（销售量）未达到一定数量时会亏损，达到一定数量后开始盈利，但不是产销量越大盈利就越多。当销售量达到一定数量后，由于管理或促销费用的增加，有可能使成本大幅度上升，表现为亏损,所以必须考虑最佳利润。

3. 最佳利润分析法(最大利润分析法)

体育产业经营单位的经营目标是获得最大利润。要实现这一目标,必须对企业的收入、成本与利润关系进行分析。前面已提到,利润等于收入减成本。用公式表示为:

$$F = R - C$$

利润(F)、收入(R)、成本(C)都是产量Q的函数。要求利润F最大化,只需满足利润曲线的斜率为零的条件,则上述公式便转化为求导问题。即:

$$dF/dQ = dR/dQ - dC/dQ$$

当$dF/dQ = 0$时,利润最大化,因为dF/dQ即为利润曲线斜率。

因为:

$$dF/dQ = dR/dQ - dC/dQ = 0$$

所以:

$$dR/dQ = dC/dQ$$

而

$$dR/dQ = \Delta R/\Delta Q = MR(边际收益)$$

$$dC/dQ = \Delta C/\Delta Q = MC(边际成本)$$

MR为边际收益,即每增加一个单位的产量(销售量)所得到的总收入的增加量,$MR = TR_2 - TR_1$。

MC为边际成本,即每增加一个单位产量所支付的总成本的增加量,$MC = TC_2 - TC_1$。

当销售量达到某一数量Q时,其边际收益大于边际成本,即$MR>MC$,此时有利润。但总利润在增加产量时仍有增加空间,所以不是最大利润。继续增加产量到一定量后,其边际收入则可能小于边际成本,即$MR<MC$,表明销售这一单位产品时所得到的收入不足以弥补所耗费的成本,从而出现亏损,企业总利润下降。因此,只有在$MR = MC$时,才能使总利润最大化。

4. 边际收益分析法(边际贡献分析法)

如果一家健身俱乐部出售的月健身卡成本价是350元,淡季时一些顾客愿以 300 元购得此项服务，俱乐部是否应该促成这项交易？此时就要用边际贡献分析法来分析这一问题。

边际贡献是指每增加一个单位销售量所得到的销售收入扣除单位变动成本后的余额。当销售收入大于变动成本时，边际贡献为正数，说明此项销售有边际贡献，可以部分或全部补偿固定成本；当补偿固定成本后还有余额时，则为企业利润。如果俱乐部的月固定成本平均为每卡 250 元，月变动成本为每卡 100 元，俱乐部应该以 350 元以上价格销售月卡。当销售收入等于变动成本时，边际贡献为零，说明俱乐部销售该卡只能补偿变动成本，而无法补偿固定成本。当销售收入小于变动成本时，边际贡献为负值，说明俱乐部销售该卡连变动成本都无法补偿。因此，第二种情况下不宜接受 300 元购卡，第一种情况下可酌情决定。一般来说，只要俱乐部售卡有边际贡献，俱乐部就可以暂时维持经营活动，以便在经营活动中不断地寻求降低成本的方法，或等待市场条件的改善和市场机遇的出现，使企业度过经营淡季。

边际贡献可以用绝对数表示，也可以用相对数表示。用相对数表示的边际贡献即边际贡献率。边际贡献率是指某种产品的单位贡献额占单位销售收入的百分比，用公式表示则为：

$$边际贡献率 = \frac{单位产品销售收入 - 单位产品变动成本}{单位产品销售收入}$$

（二）体育市场宏观经济效益分析方法

在一般情况下，衡量体育市场宏观经济效益的主要指标有以下几个。

1. 体育市场投资效果指标

体育市场投资效果是指在一定时期内，投资于体育项目所带来的盈利额与投资总额之比。它反映的是单位体育投资所获得的盈利，又称投资利润率。用公式表示为：

$$投资利润率 = \frac{投资带来的盈利额}{投资总额} \times 100\%$$

这一比率反映了企业筹资、投资等各项活动的效率，反映了所有者投入资金的获利能力。应用这一指标的关键是科学、准确地计算盈利时间，使公式中的分子分母项目相匹配且有意义。

2. 总资产周转率

总资产周转率是反映体育经营单位总资产在一定时期的主营业务收入与总资产的比率。它是反映资产周转状况、衡量运用效率的指标。在资产方面，应当分析体育经营单位流动资产与非流动资产的结构是否合理，单位资产的流动性体现了经营单位的偿债能力，而且关系到经营单位的获利能力。其计算公式为：

$$总资产周转率 = \frac{销售收入}{资产总额}$$

从公式可以看到，提高销售收入有利于提高总资产周转率，这样自然也会有利于资产报酬率的提高。

3. 投资回收期

投资回收期是指投资总额全部回收的年限，是投资利润率的倒数。其公式表示为：

$$投资回收期 = \frac{投资总额}{投资年利润额}$$

投资回收期的长短表明不同的投资项目投入资金的经营成果状况。为了降低风险，一般应选择投资回收期短的项目。

4. 体育市场就业机会指标

就业机会指体育经济增长量与就业人数增长量的比率。其公式为：

$$就业机会 = \frac{一定时期体育经济增加量}{同期直接、间接体育市场就业人数增加量}$$

三、提高体育市场经济效益的现实意义

经济效益是围绕着提高体育经营主体的经营利润而展开的。从总体来看，提高经济效益有两种方式：一是扩大销售量或提高销售价格；二是在保证产品质量的情况下不断优化生产成本。这两个方面就是我们通常所说的开源节流、增收节支。提高体育市场经济效益，其意义表现在以下几方面。

第三节 体育市场经济效益分析

（一）有利于促进国民经济发展

实现国民经济持续、快速、健康发展，关键是实现经济增长方式从粗放型向集约型转变。粗放型增长方式是指主要依靠增加生产要素的投入，实质是以数量的增长为核心；集约型经济增长方式是指在生产规模不变的基础上，采用新技术、新工艺，改进机器设备，加大科技含量来增加产量，实质就是以提高经济增长质量和经济效益为中心。

经济增长方式从粗放型向集约型转变的必要性在于：可以节省资金和降低资源的消耗，提高资金和资源的利用率，从而缓解经济发展资源不足、资金严重短缺的矛盾，并有利于防止生态环境恶化；可以减少固定资产投资，从根本上抑制需求过旺和成本攀升，有助于减少财政赤字，消除通货膨胀；可以提高消费品的质量和档次，增加消费品品种；可以有更多的资金用于体育行业，增强行业活力；可以促进科技进步，提高生产效率，优化产品结构，提高产品质量，降低生产成本，有利于增强参与国际竞争的能力。

提高体育市场经济效益可以解决资源相对不足、资金严重短缺矛盾，最典型事例是第23届夏季奥林匹克运动会的运作。1976年，第21届蒙特利尔奥运会亏损9.97亿美元；1980年，第22届莫斯科奥运会共耗资90亿美元。这项象征着和平与共享的世界盛宴在当时成为一项难以完成的任务。1984年美国洛杉矶承办第23届奥运会时，如何解决巨大的财政包袱成为横亘于洛杉矶政府面前的一堵巨墙。这时，种种机缘将这届奥运会组委会主席的职位交给了一位名叫尤伯罗斯的商人。经过细致而周密的财务预算，尤伯罗斯提出了一个4.5亿~5亿美元的经费预算。这个预算费用只有莫斯科奥运会费用的5%。但在筹备期间，首创了奥运会商业运作的"私营模式"，例如首次以观赛座位好坏来对门票进行定价，结果洛杉矶奥运会仅门票收入就高达1.23亿美元，远超此前历届奥运会。同时，还以招标方式出售奥运会电视转播权并且采用独家转播的方式。最终美国广播公司以2.25亿美元买下了此次奥运会在美国的独家转播权，还提供7 500万美元的技术设备，而欧洲广播联盟以1.98亿美元买下了此次奥运会在欧洲的独家转播权。最令人惊喜的是，尤伯罗斯推出了著名的奥运会TOP计划，把赞助商提升为发起人,把发起人的数目限定为 30 家,且规定在每一个行业里只选一家企业;公开宣布三条集资渠道,即征集赞助商、出让电视转播权、高价销售门票。结果,1984 年洛杉矶奥运会不仅没有亏损,还盈利 2 亿多美元,不仅为政府节约了巨额成本,而且获得了前所未有的体育市场经济效益。

(二)有利于体育产业的快速发展

利润是指生产总值超过生产成本的差额。利润不同于经济效益,经济效益是生产总值与生产成本的比例。只有利润增长幅度大于成本幅度时,经济效益才会提高。这就意味着如果利润增长幅度过低就谈不上经济效益。经济效益好的企业,利润增长率一定高。营利是目的,提高经济效益是出发点,两者相辅相成、不可分割。劳动生产率提高意味着活劳动消耗的减少、人力资源的节约,是提高企业经济效益的一个必不可少的条件。此外,提高企业经济效益,还必须减少物化劳动的消耗,生产出适应市场需要的产品。可见,劳动生产率与经济效益有密切的关系。目前,无论是体育用品制造业、体育服务业还是体育场馆设施建筑业都在朝着提高自身新质生产力的方向发展,为的就是不断提高自身的劳动生产率,从而提高经济效益。例如,数字技术就是提高体育市场经济效益,帮助体育产业高质量发展的重要新质生产力。在体育健身服务业中,具备一定数字技能的教练,能够利用物联网、人工智能等技术分析运动数据,帮助会员用户制订更科学、个性化的训练计划。在体育用品制造业中,一体化智能工厂的投入,能够使得产品生产周期大幅缩短,效率大幅提升。

以数字新质生产力推动体育产业高质量发展的内在机理、阻滞因素与推进策略

盈利空间大小指引着资本的流向,盈利水平决定了体育市场再投资的规模。近年来,体育消费已在我国大中城市和部分富裕农村悄然兴起。"花钱买健康""请人吃饭不如请人出汗"的理念开辟出体育市场巨大的投资空间,体育用品博览会的盛况也让人体会到这一领域强劲的增长势头。在改革开放后的几十年中,从提高体育市场经济效益出发,我国从开辟国内外体育竞赛表演产业、引进外资进行体育场馆建设、发行体育彩票入手,向经营主体转化。以出售体育竞赛电视转播权、产品专利权、广告制作权与大众体育有偿服务为特征,使体育产业开始由有形资产的利用向无形资产

的开发转化，接着是按照现代企业制度模式，以股份制方式开发经营体育产业为特征，使外部输血性赞助开始向增强自身造血功能的经营转化。在我国的体育产业发展进程中，经济效益已经成为企业和行业追求的重要目标，当经济效益大幅提升时，体育产业的发展也将会大步向前。

（三）有利于合理配置经济资源

经济资源配置过程中存在着相互对立的经济资源供应主体和经济资源需求主体，二者之间必然要发生一系列的交换关系。从总体来看，经济资源的交换关系主要有两个方面，即经济资源的交换价值关系和供求关系。体育产业如同其他产业一样，产品的供应、生产、交换、消费环节涉及信息资源、人才资源、政策资源、环境资源和经济资源。经济资源的交换与供求关系是很复杂的，它必然需要一个有效的方式与手段加以理顺，而借助市场规则及其作用恰好可以实现这一目标。当体育市场经济效益提高时，优质的经济资源通常会流向经济效益较好的项目和单位，进而得到更加优化、合理的配置，不仅可以减少政府过度干预下的资源配置不充分，也在一定程度上避免了资源浪费与闲置。

在我国体育市场的现代经济生活中，政府控制着一定量的经济资源。在这种条件下，要做到经济资源合理配置的依据依然是体育市场经济效益。第一，政府控制的经济资源配置过程必须支持市场化，即政府按照基本的市场规则配置经济资源。例如，政府控制土地资源的配置，必须采取公开拍卖的方式；政府控制的体育项目的建设，必须采取公开招标的方式等。总之，政府应当在顺应市场规则的情况下，提升自身资源规划和配置的能力，保证体育市场经济资源的良好流动性和科学性。第二，政府控制的经济资源配置过程必须支持公开化，即政府必须完全公开经济资源的配置过程。完全公开是因为我们所要营造的体育市场是一个公平、公正的健康运作市场，当政府所掌握的经济资源分配出现非透明情况时，必定会引起市场主体的质疑，从而影响市场的正常运作。第三，政府控制的经济资源配置过程必须支持社会化，即体育服务要面向社会、深入社会，鼓励全社会共同协力办体育，不断增加体育人口，提高社会体育水平，从而带动整体体育业的发展。

（四）有利于提高国民素质和居民生活水平

体育市场经济效益的提高，有利于国民经济的发展。从物质层面来说，体育市场经济效益的提高，意味着体育产业、事业的健康发展，也就意味着能够帮助体育及体育相关从业人员提升薪资水平和福利待遇，帮助其在物质上提高层级；从精神层面来说，体育产业的迅速发展能够帮助改善体育氛围，也能帮助人们更加轻松地参与到体育活动中来，从而提升其内在精神需求。因此，体育市场经济效益能够从经济和精神层面帮助人们提高生活水平。除此之外，人们更多参与体育活动，不仅有助于培养人们互爱互助、团结一致、遵守社会规则等优良品质，还能够改善人们的精神状态。如现代经济生活中的各种压力会使得部分人产生焦虑和抑郁，而体育活动能够在一定程度上帮助他们消解负面情绪。国民素质的提高在体育活动参与中得以体现，即体育市场的开辟会带来体育消费的增加，体育消费的增加又会带给人们更多的健康、欢娱和享受，让人们体味生活的丰富多彩，提高对体育文化的认知和参与，客观上起到提高国民素质和生活质量的重要作用。

四、提高体育市场经济效益的途径

（一）加强宏观调控，实现体育市场的综合平衡和投资

中国处于社会主义初级阶段这一国情，决定了各地的经济文化发展水平具有较大的差异性和不平衡性。不只是人均国民收入决定着人们的体育消费水平，历史文化的积淀和传承也影响着人们的体育消费。是否投资体育，投资什么项目，投资什么地域都需要翔实而周密地调查，然后进行决策。决策是对几个可选方案的可行性、可靠性、可信性和投资利润率的选择，这一过程必须遵循实事求是原则、具体问题具体分析原则、优选性原则。体育市场是市场经济体系中的一个子系统，从系统角度看，体育的发展受制于经济市场的发育程度。这就要求我们在提高体育市场经济效益时，首先应依据当地的生产力发展水平和人均收入进行考虑。其次，确定体育投资在运动竞赛市场、大众体育市场、体育教育培训市场、体育科研市场

等的合理布局，科学把握体育产业投资的结构性问题。最后，体育市场投资还要结合体育经济政策和科技发展水平，将远期目标与近期目标相结合，合理地进行体育市场投资。

要提高体育产业宏观效益，国家必须加强宏观调控，实现市场综合平衡，运用经济的、法律的、行政的手段，规范经营者行为，保证市场开展有序竞争。实现体育市场供求总量的基本平衡，是提高体育宏观经济效益的根本途径之一。

（二）进一步完善有利于体育市场良性运行的市场机制

能否加快建立面向市场、适应需求、利益协调、制度完善、依法调控的体育市场运行机制，决定着体育市场的发展速度和经济效益。首先需要处理好两对关系：一是政府干预与市场运行的关系；二是经济效益与社会效益的关系。由于市场经济存在信息的不对称性、盲目性和调节的滞后性等市场失灵现象，所以政府的适度引导与干预是必需的。但是如果政府过度介入，用行政手段干预市场经济，就会阻碍市场机制发挥作用。体育产业的重要目的是获利，注重经济效益。而政府应当将重心更多地放置于体育事业之中，体育事业的主要任务是满足社会精神文明需求，更注重社会效益，具有公益、福利的性质。

运行机制是指体育产业各经营主体生存、发展的运转方式及其整体特征。从理论上讲，影响体育机制运行的因素主要有：① 现行的政治体制和经济体制。② 经济发展水平、人均收入和实际消费水平。③ 社会保障制度的完善程度。④ 人口的总量、结构和城市化水平。⑤ 体育运动发展水平。⑥ 政府对体育的需求。⑦ 大众对体育的需求。⑧ 文化传统，尤其是在体育意识、体育价值观和运动行为方面的习惯和传统。

当前，我国社会办体育大致是按以下三种方式运作的：

（1）补偿式运作（半市场化运作）。按这种方式运作的组织有中国奥委会、中华全国体育总会、各行业体协、全国性和地方性运动项目管理中心等。它们共同的特点是复合式投入和补偿化运作。一方面，它们要承接中央政府和所依托的行业主管部门下达的任务，通过满足政府需求来获得直接或间接的财政投入；另一方面，它们也要利用各自拥有的有形资产和无形资产开展经营，通过满足市场需求来补充业务经费的不足，增强生存和发展的活力。

（2）商业化运作（市场化运作）。按这种方式运作的组织主要是各类企业法人，包括职业俱乐部、各种类型的体育经营企业。这类组织办体育的目的是营利，其生存状态决定于服务营销水平、满足和创造体育消费的能力以及企业管理水准。今后，我国这类组织应在两个方面完善自身运行机制：一是要按现代企业制度来改组、改制。部分项目的著名体育俱乐部和大型体育经营企业，要通过收购、兼并等手段开展资本经营，一方面使自己走集团化道路，另一方面由此来带动整个体育产业组织结构的优化和升级。二是要不断完善自身的组织构架，增设市场营销专门机构和人员。我国职业体育俱乐部和其他体育经营企业普遍缺乏专门服务营销机构和高素质专业营销人才，项目营销意识和技巧，尤其是在市场定位、市场细分化和创造客户价值、引导消费需求方面，与西方国家同类企业相比差距甚远。随着我国体育社会化和产业化进程的不断加快，这类组织将会成为我国社会办体育各种组织形式中最具活力的重要组成部分，对这类组织在运行机制上的规范，一方面要借助于公共法律资源，尤其是民商法中的相关法律规定来加以约束，另一方面，要根据体育产业发展的现状、趋势和特点，加紧制定相关体育经济政策，引导和规范这类组织的运作，促进其健康、有序发展。

（3）自治化运作。按这种方式运作的组织主要是各式各样的群众体育活动点。这类组织一般都是由一名或几名对某一运动项目非常感兴趣的志愿者发起的松散型区域性组织。组织的运转主要靠发起人的无私奉献和参与者缴纳少量会费来维持。对这类自愿、自组、自治化管理和运行的组织，今后的发展方向是建立依托社区的公益型俱乐部。各级地方政府不仅应在道义上给予支持，而且应在经费和场地设施等方面给予适度投入。这是在全社会提倡健康文明生活方式、不断提高群众精神文化生活质量的需要，也是与各种搞封建迷信的非法组织抢占文化阵地、维护安定团结的大好局面、建设中国特色社会主义文化的现实需要。

（三）改善内部经营管理水平，降低经营成本

提高经济效益的一个关键环节是改善内部经营管理水平，加强成本管

理。成本管理是对体育经营单位全员、全过程、全环节、全方位的管理，是体育使用价值和价值相结合的管理，是经济和科技相结合的管理。

目前，我国体育行业成本管理意识淡化，成本管理内容单一，成本管理方法滞后，成本管理组织弱化。针对这一现状，必须改进成本管理的措施和方法。第一，要加大体育市场化程度，促使体育经营者真正成为独立核算、自主经营、自负盈亏的独立法人，真正将经营者作为会计主体对待，以加强本公司成本管理为中心，实行成本多元化管理，以满足不同管理者的需要。第二，提高全体员工的成本管理意识，使他们从内心深处认识到加强成本管理是提高经济效益的有效途径，是每个员工经济责任的主要部分。第三，提高全体员工成本管理素质，使他们学习和掌握成本管理的理论和方法。第四，提高现代化管理水平。成本管理手段的现代化是提高现代化管理水平的重要条件。现代化成本管理是从成本预测、成本决策、成本目标、成本核算、成本控制、成本监督、成本考核到成本分析的整个过程。这一系列过程都离不开信息处理。随着经营活动和经济管理的复杂化，对信息处理的准确性、时效性要求也越来越高，传统的操作处理远远不能满足客观上的需要，因而必须运用现代化数字管理手段。互联网、大数据、人工智能、物联网等高新现代数字技术为现代成本管理提供了有利条件，储存信息量远超传统计算机，运行速度提升数倍，并能及时提供成本管理的有用信息，加快信息处理和反馈速度，从而使企业成本管理人员增强了业务处理能力。成本管理贯穿于业务的全过程，需要在事前、事中、事后每一环节都加强成本管理，在成本分析中完善和加强供应过程成本分析、销售市场成本分析、责任成本分析，把成本事后分析方法与成本预测和成本决算联系起来。

（四）培育和发展体育市场，扩大体育需求

1. 大力开拓体育健身娱乐市场

积极引导和鼓励社会各行各业兴办各类健身娱乐俱乐部，适当发展高档次俱乐部，为群众开展体育活动提供场地、设施和技术辅导等各种优质服务，以满足消费者对体育健身娱乐不同层次的需求。在经营上，应以大型、优质健身服务企业为榜样，学习其运作、营销模式等，帮助健身娱乐

市场形成可塑标杆，提高产品服务质量，尽量避免健身房"跑路"、健身教练无证上岗等一系列市场负面情况，循序渐进地提高我国健身娱乐业的发展规模和质量要求。

2. 积极开发体育竞赛表演市场

体育竞赛表演市场规模的扩大与体育竞赛水平息息相关，只有当各类职业联赛、单项竞赛的竞技水平得到一定程度的提升时，人们才会愿意为高水平赛事付费，从而提高体育竞赛表演市场的经济效益。不仅如此，还要在赛事制度本身的发展上下功夫，是引入国外优质赛事还是学习赛事模式，需要进行细致调研和实践，良好的竞赛制度是竞赛表演市场提升自身核心竞争力的关键要素之一。因此，要结合体育竞赛制度改革和群众观赏高水平竞赛的需求，积极引导和规范体育竞赛经营活动，鼓励社会各界承办国内、国际高水平体育竞赛和表演，逐步建立各种体育竞赛服务经济实体和体育经纪人制度。

3. 加快培育体育训练服务市场

"双减"政策实施后，体育教育培训市场迎来了重要的发展时机，体育不仅是儿童青少年的爱好培养和健康塑造方式，同样也是其升学、职业发展的重要影响因素。各大体育市场主体应当积极抓住这一关键发展机会，逐步创造体育运动业余训练和专业训练分级市场，使更多的运动训练培训消费者获得优质服务体验。在该市场的培育中，需要杜绝各类不规范的市场行为，切忌为实现经济效益盲目扩大培训规模，而对作为体育教育培训主体的儿童青少年造成错误引导。不仅如此，体育教育培训业也在一定程度上承担着为国家输送高水平运动人才的任务，将高水平运动员的培养市场化也是近年来我国运动训练改革的目标之一。

4. 积极扩大体育技术信息市场

大力发展体育技术中介服务和信息咨询业，利用市场机制促进体育高科技产品开发，推进体育技术成果转让和应用，提高体育信息资源使用效率和效益。体育信息在体育市场发展中具有不可忽视的作用，信息的产生、传输与运用能够为体育市场带来数量级的经济效益增长，更是体育市场培育不可缺少的要素之一。

5. 发展体育服务器材市场和其他各类市场

要全面发展与体育密切相关的体育用品、广告、赞助、彩票、旅游和体育康复、医疗、艺术、图书、刊物等市场，以促进体育产业的发展，满足人民群众物质文化生活的需要。

（五）以人为本，加大体育市场人才队伍的培养

一个国家体育产业的高质量发展，要有一支优秀的体育人才队伍。在这支队伍中，要有一批从事理论研究的科研人才，要有一批有实践工作经验又有管理能力的体育宏观管理人才，要有一批懂经营、善管理的企业管理人才，要有一批具有良好素质的体育市场营销人员和服务人员。加强体育队伍建设，是提高体育经济效益的组织保证。在当前激烈的体育市场竞争中，人才竞争是根本性的竞争。加强对体育从业人员素质的培养，是体育建设的一个根本性问题。体育产品质量的高低，既包括体育设施、设备的水平，也包括体育服务水平。在某种程度上，设施设备的缺乏可以用高质量的体育服务来弥补，因此，提供诚恳、礼貌、热情、周到的优质服务十分重要，而优质服务的提供依赖于广大体育从业人员素质的提高。人员的素质水平是由多方面因素构成的，如政治思想素质、心理素质、业务素质等。因此，我们必须从体育队伍整体建设的角度培养和提高体育从业人员素质。只有这样，才能提高一个国家或地区的体育服务质量，树立良好的形象，提高体育市场的经济效益。

思考题

1. 体育市场经营成本有几种分类方式？
2. 体育市场成本构成因素有哪些？
3. 评价体育市场经济效益的基础指标有哪些？
4. 体育市场宏观经济效益的主要指标有哪些？
5. 试论提高体育市场经济效益的现实意义。

第六章 体育市场的供需及体育市场机制

本章导学

本章主要从微观层面出发，利用供给理论对体育产品供给过程的特征进行了分析；利用需求理论对体育产品需求过程的特征进行了分析；从价格机制、供求机制和竞争机制三方面入手，对体育市场机制的主要功能、主要特点等进行了较为详细的介绍和分析。

学习目标

1. 掌握供给与需求理论的基本内涵及其在体育市场中的具体表现。
2. 理解影响体育产品供给的四大核心因素及体育主体产品的供给内容。
3. 理解体育需求的多层次性及其主要影响因素。
4. 掌握体育市场机制的主要功能与核心特点。
5. 了解价格机制在体育市场中的作用及国家宏观调控的必要性与实践路径。

第一节 体育市场的供给分析

一、供给理论

（一）供给的含义

供给是指在一定的市场价格下，企业愿意并且能够生产和出售的产品的数量。体育供给是指体育生产者在一定时期内、一定的市场价格下，愿意并且能够提供出售的体育产品的数量。供给又分为个人供给和市场供给。个人供给是指单个企业向市场提供的一种产品的数量，而市场供给则是这种产品的所有个人供给的总和。

（二）影响供给的因素

是什么因素决定了企业向市场提供某种产品的数量和市场上这种产品的总量呢？在市场经济条件下，企业向市场提供产品是为了赚取利润，当产品的价格较高时，企业将有可能获得更多的利润，那么企业就会增加产品供给的数量；当产品的价格下降甚至低于生产和销售该产品的成本时，企业将会减少甚至完全放弃该产品的生产，而转向其他更有可能获取利润的产品或领域。由此可见，价格与生产成本是影响产品供给的两个首要因素。此外，还有技术和厂商预期等影响因素。

1. **价格**

由于供给的数量随着产品价格的上升而增加，随着产品价格的下降而减少，所以产品的供给与价格是正相关的。价格与供给之间的这种关系被称为供给定理：在其他条件不变的情况下，某产品的供给量与价格呈正相关的关系，即产品价格上升，供给增加；价格下降，供给减少。

2. **生产成本**

任何产品的产出都有一定的人力、物力投入，如厂房、设备、原材料、工人劳动等。当这些生产要素中的一种或几种价格上升时，生产成本随之增加，企业所能获得的利润空间被压缩，甚至无利润可言，供给就会随之减少；反之，供给会随之增加。因此，一种产品的供给与生产这种产品的成本，即所有投入的价格，呈负相关的关系。

3. 技术

技术的发展和新技术的出现对供给的影响也是很大的。掌握新技术的企业将会减少生产同种产品所需要的劳动量，从而在其他条件不变的情况下增加产品的产量，增加供给的数量，即供给能力得到了提高。反之，技术的发展也会提高产品生产的门槛，没能及时掌握新技术的企业则会在本行业内处于相对不利的地位，导致供给能力相对下降。

4. 厂商预期

企业目前的供给量还取决于对未来的预期。如果对某种产品未来价格的预期是上升的，企业就会把现在生产的部分产品储存起来，这样就减少了目前的市场供给。

除此之外，相关产品的供给、国家的宏观经济方针和政策也会影响产品的供给。以上因素决定或影响着个人供给并进而决定或影响市场供给。正如前面所提到的，市场供给是同种产品的所有个人供给的总和，市场供给不仅取决于影响个人供给的所有因素，还取决于同种产品生产者的数量。

此外，对体育竞赛表演这类需要涉及诸多户外环境因素的产品而言，天气也是一个影响供给的因素。

二、体育产品供给的内容及影响因素

由于体育物质产品是体育外延产品，本身不具有体育区别于其他物质商品的特征，因此，谈及体育产品供给时，仅对体育主体产品进行讨论。体育主体产品本身往往不是以有形的物质形态存在的，而是指以运动为基本手段，以增强体质、锻炼身体、满足身体与心理需求为目的的体育无形产品或服务，所提供的产品消费类型一般为观赏型或体验型。

（一）体育主体产品的供给内容

体育主体产品的供给包括体育设施的供给、体育专业人才的供给和体育劳务的供给。

1. 体育设施的供给

无论是体育运动训练业、竞赛表演业,还是健身娱乐业,体育场馆、相应的体育设施和体育器材都是必不可少的。例如,进行足球比赛需要大小合适的足球场,健身俱乐部需要一定数量的健身器材等。

2. 体育专业人才的供给

体育运动是一项专业性较强的活动,在从事体育产业的经营过程中,需要大量的体育专业人才。竞赛表演提供的就是专业运动员或运动队的体育表演或运动竞赛过程;运动训练与健身娱乐都需要体育专业人才的指导。离开了体育专业人才,体育产业的发展将无从谈起。

3. 体育劳务的供给

体育劳务的供给表现在:消费者从竞赛表演中获得的由运动员力量、技术、智慧及其比赛过程和结果所带来的愉悦,从运动训练和健身娱乐中获得的专业人员的指导和帮助,这些都是无形的劳务。

(二)影响体育产品供给的因素

体育产品的供给除了受产品价格和生产成本的影响,还受以下几个因素的影响。

1. 政策

政府对发展体育产业的态度和政策势必会影响体育供给。国家体育总局作为国务院主管体育工作的直属机构,不断加强与其他部委的沟通协调,研制出台体育用品转型升级、户外运动高质量开发等政策措施,不断打通政策堵点和难点,优化发展环境,激发市场活力。

2. 体育传统

如果一个体育项目在某个区域有较好的体育传统,则这个区域的相关体育设施就会相对齐全、完善,同样也会产生较多该体育项目的高水平专业人员,这对以该项目为内容的体育供给将会起到很大的促进作用。发展传统体育项目,不仅有助于历史文化的传承,也能进一步推动全民健身事业的发展。传统体育项目是中华民族的宝贵财富,让传统体育项目走近更多人,必将为体育强国建设汇聚更多力量。

3. 科学技术水平

科学技术水平越高，国家的劳动生产率就越高，社会经济发展就越快，这为发展体育产业所需的各种物资和基础设施建设奠定了基础。此外，科学技术在体育生产中的充分利用同样会提高体育生产的效率，从而增加体育的供给。

体育科技自立自强为体育强国建设蓄力赋能

第二节　体育市场的需求

一、需求理论

（一）需求的定义

需求是指在一定时期，在某一既定价格水平下，消费者愿意并且能够购买的产品的数量。需求的定义说明了需求要以人们客观存在的购买欲望为基础，它受到人们的支付能力的约束。需求总是有支付能力的需求，没有支付能力保证的需求只能是需要或欲望。体育需求是指在一定的时期内和一定的价格下，愿意并且能够购买的体育劳务或服务产品的数量。从经济学角度讲，体育需求包含非经济性的体育需求和经济性的体育需求。非经济性的体育需求，是指人们无须支付一定的货币就可以实现的需求。具体地说，就是政府或体育产业部门无偿向社会提供的各种体育劳务或服务产品，如学校体育教学、业余体育训练、群众体育活动设施等。由于这类体育需求基本上不涉及人们体育活动的经济问题，所以不能成为体育经济学所要研究的主要对象。经济性的体育需求，是指人们必须通过购买手段，支付一定货币才能实现的需求。具体地说，就是对政府或体育产业部门所提供的体育服务商品的需求，也就是体育消费需求。

（二）影响需求的因素

1. 价格

理性的消费者在购买商品时要对比商品价格与自己的实际购买力，追求物美价廉的产品是消费者的普遍心理。而在现实条件下，需求量也正是随着商品价格的上升而减少，随着商品价格的下降而增加的。也就是说，商品的需求与价格呈负相关关系。在其他条件不变的情况下，一种商品的价格上升，该商品的需求量减少，价格下降，需求量则增加，但也有例外的情况，例如有的奢侈品价格上涨，需求反而会增加。

2. 收入

对于多数商品来说，当消费者的收入水平提高时，就会增加对商品的需求量；当消费者的收入水平下降时，就会减少对商品的需求量。收入是影响消费者需求变动的原因之一，收入的多少会直接关系到购买力的大小。从收入与需求变化的关系中，可以将各类商品区分为普通商品和低档商品。当收入增加，对某项物品的需求量也增加，这类物品就是普通商品。例如，原来没钱买计算机，现在有钱可以买了，或以前只有一台旧电视机，由于收入增加可以换新或多买一台。相反，随着收入的增加，人们对某项物品的需求量反而减少，这类物品就是低档商品。例如，当收入增加后，路边的小吃就会相对不景气，而去餐馆用餐的人将增多。

3. 相关商品的价格

根据市场规律，某种商品的价格与其相关商品有很大的关系。这种相关商品包括替代品和互补品两种。当一种商品的价格下降却减少了另一种商品的需求时，这两种商品就称为替代品，例如乘地铁和网约车。互为替代品的商品可以满足消费者相似的需要。然而，当一种商品的价格下降却增加了另一种商品的需求时，这两种商品就称为互补品，例如网球拍和网球。互为互补品的商品一般是需要同时使用的。

4. 偏好

偏好取决于人们的消费心理、消费传统和社会习俗等因素，偏好是决定消费者需求的最明显因素。消费者偏爱的商品，其需求量就会较多；反之，则较少。

5. 预期

人们对未来的预期也会影响他们当前对商品的需求。如果预期不久的将来收入会增加，人们就可能用现有的积蓄购买更多的商品；如果预期某种商品的价格会下降，人们就可能减少目前对该商品的投入。

除了以上讨论的影响个人需求的各种因素，市场上某种商品消费者的人数构成了总的市场需求的决定因素。消费者人数越多，市场需求总量就越大。

二、体育需求的影响因素

体育需求涵盖生存、享受、发展这三个需求层次。例如，健康的身体对老年人的生活是非常必要的，体育锻炼可以满足其生存需要；而对大多数青少年而言，体育更多的是满足其对享受和发展的需求。

除了价格、收入这些基本因素，人口因素、偏好、余暇时间、季节也是影响体育需求的主要因素。

（一）人口因素

人口因素主要包括总人口数、年龄、性别、受教育程度等。

（1）总人口数。一般说来，人口越多，市场需求量就越大。发展体育市场，要对本国、本地区的体育人口进行认真研究，以确定市场容量。

（2）年龄。不同年龄阶段对体育的需求和兴趣不同。如年轻人喜欢参加新潮的、激烈的体育运动，而中老年人则喜欢轻松、休闲的体育活动，儿童则更喜欢体育游戏。

（3）性别。不同性别的消费者对商品的需求有很大的差异，表现在体育需求上也是如此。如男性较喜欢剧烈的竞技体育运动，而女性喜欢优雅、健美的运动。

（4）受教育程度。人们接受教育的程度不同，对生活方式的追求不同，对体育的消费观念也不同。如受教育程度较高的人，在文化用品上的投资较多，对体育需求的认识也较高。

（二）偏好

从上述对人口因素的分析可以看出，偏好（兴趣）对体育需求的影响也是非常大的。

（三）余暇时间

体育活动除了要投入一定的金钱，还必须投入一定的时间。没有时间，即使有钱也不一定会产生体育需求。

（四）季节

季节也是影响体育需求的一个重要因素。例如，冬季是冰雪运动流行的季节，而夏季则是水上项目和户外越野盛行的季节。

三、我国体育需求的基本趋势

（一）体育需求不断扩大

经济水平的提高、居民收入和生活水平的改善，会导致居民消费结构的变化。作为较高层次需求，体育需求将会随着居民收入水平的提高而不断增长。

（二）体育劳务需求的比重逐渐增加

体育实物的需求（如对体育用品的需求），在目前我国体育需求中占有很大的比例。但随着社会经济的发展和人们对体育需求层次的提高，体育劳务方面的需求将会占据主导地位，人们用于体育观赏、培训和健身娱乐的消费将会大幅度提高。

（三）体育需求更加多层次、多元化

随着我国经济的发展，不同的文化、地域、民族、教育水平和个人经济收入，以及人们对体育的不同认识和习惯，都决定我国在一段时间内体育需求呈现多层次和多元化的特点。

（四）体育需求更加网络化、智能化

在数字经济和体育强国建设的双重大背景下，新兴数字技术和体育行业正在加速融合，数字化要助力体育行业真正实现高质量发展。随着网络技术、数字智能技术的发展和应用，世界互联互通不断达到新高度，网络空间跨境提供服务的优势突出，从最初的体育场馆网上预订、运动装备线上购买，到后来的远程学习健身课、线上健身指导，再到现在的运动数据

管理、运动社区构建等。互联网技术、数字智能技术等新兴科技及产业必将与体育产业产生更深融合。

（五）体育需求更加社区化、社交化

体育需求社区化、社交化是因为人们生活水平提高和休闲时间增加，社区活动符合健康需求，缓解城市化压力。社交体育活动促进社区凝聚力，增强社会联系，带动社区建设。这种趋势提升生活质量，促进社会和谐。

（六）体育需求更加个性化

人们对体育需求变得更加个性化的原因是生活方式多样化和个人偏好，同时受益于大数据和智能化技术的发展。个性化定制的体育方式满足个体特点和兴趣，大数据分析和智能健身设备为制订个性化健身计划提供精准指导，推动体育行业向智能化和个性化方向发展。

第三节　体育市场机制研究

从广义的角度分析，一切经济活动都是在市场上进行的。当市场上各种因素之间发生经济联系时，就会产生错综复杂的经济关系。市场经济主要通过其内在的运行机制——市场机制的作用来实现资源配置，即资本的循环与周转是通过市场机制来调节和推动的。体育发展要走向市场化和产业化，就必须以市场机制作为体育资源配置的基本形式。

一、经济机制与体育市场机制

（一）经济机制

经济机制是指在经济体系中，各种经济单位之间相互作用、相互影响的方式和过程，是整个经济体系中用来协调资源配置、制定决策和实现经济目标的各种规则、制度和方法，这些机制通常包括市场机制、价格机制、

竞争机制、供求机制等，它们共同作用于经济活动，影响资源的分配和利用效率。经济机制还包括政府的法律法规、经济政策，企业的组织结构、管理措施等。经济机制通过设定规则、监督管理激励策略等方式，引导和影响经济主体的行为，从而影响整个经济系统的运行。

（二）体育市场机制

1. 体育市场机制的含义

体育市场机制是体育市场经济活动的内在调节机制，含有价格、供求、竞争三个主要市场要素。体育市场机制是指在体育市场中，价格、供求、竞争等市场要素相互联系、相互制约、互为因果所形成的自动的有机联系的调控系统、运转形式和调节方式。

体育市场机制是体育市场经营的核心范畴，是体育产业发展中通过市场的力量来优化资源配置、提高管理效率和市场竞争力、保障体育权益和市场公平、提高体育产业国际竞争力的一种机制。

2. 体育市场机制的主要功能

体育市场机制的主要功能是自动调节功能。它是通过体育市场各种要素相互适应、制约、协调等作用来实现的。在各种体育市场要素中，体育产品的价格是核心。价格高低会直接影响体育产品生产者的经济利益，进而引起市场竞争。市场竞争会导致体育产品生产者把资金、物资、劳动力从价低利少的部门转移到价高利多的部门中去，从而重新改变体育市场上的供求关系。市场供给与需求是动态的，并会影响价格变动；市场价格是动态的，它反过来也会影响市场供求。供给与需求在动态价格的影响下会出现不断相互适应的平衡趋势，这是通过无限多的瞬间供求不平衡来体现的。体育市场机制就是通过价格、供求、竞争等市场要素的相互作用，自动调节体育生产者的生产经营活动，实现体育市场上供给与需求的平衡，满足社会需要。各种经济当事人为了各自的经济利益共同参与市场要素相互作用、相互制约的过程就是市场机制发挥作用的过程，作用的结果又会反过来调节各种当事人的经济行为。

3. 体育市场机制的主要特点

体育市场机制作为体育市场经营最基本的调节机制有以下特点：

（1）关联性。体育市场机制的关联性是指任何一个要素的变化都能引起其他要素的连锁反应。例如，当体育市场中的商品供求要素发生变化后，会直接引起商品价格的变化，供大于求则商品价格下跌，供不应求则商品价格上涨。在其他条件不变的情况下，商品价格的涨落会引起体育市场主体利润的变化，商品价格上涨则利润增加，商品价格下跌则利润减少。利润的变化会引起投资活动的变化，利润增加则投资增加，利润减少则投资减少。投资的变化会引起工资和利率的变化，投资、工资、利率的变化会引起供求关系发生新的变化。供求关系新的变化又会引起价格、利润、投资、工资、利率等发生新的变化。各种市场机制就是如此循环反复发挥市场调节的作用的。如果体育市场的某种机制不能正常发挥作用，那么就会使整个体育市场机制的作用都无法正常发挥出来。

（2）自发性。体育市场机制的自发性是指体育市场诸要素之间的变化有其内在的因果关系，不需要外力的干预和推动。这种自发性又根源于体育产品生产者对自身经济利益的追求。在市场正常有序地运行过程中，市场机制的作用是由市场要素的相互作用引起的。例如，价格机制所引起的体育产品供求变化，就是由体育产品价格与体育产品供给、体育产品需求之间相互联系和相互制约的作用决定的，即由体育市场要素之间相互作用的内在机制决定，而不是由体育市场机制之外的人为力量决定。

（3）滞后性。体育市场机制的滞后性是指对体育市场经济活动进行的一种事后调节。这是因为市场主体是根据市场信号通过市场机制来调节自己的经济活动的，而市场信号反映的是已经出现过的供求关系，因此，它只能在市场供求关系已经引起市场价格变动后才能发挥调节作用，并不能自动提供未来的状况。由此可见，市场机制缺乏预见性。

（4）客观性。体育市场机制的客观性，指的是体育市场机制的自然协调组织能力，是各种体育市场要素相互之间存在的客观联系自然运动产生的结果，并不是人们的主观设计。也就是说，在具备了相应特定条件的基础上，体育市场机制或体育市场机制中的某些具体机制必然会发挥作用。而当不具备相应的条件时，体育市场机制的作用就不存在。市场经济体制是体育市场机制充分发挥作用的前提条件，只要实行的是市场经济体制，并且体育市场要素都适应市场经济体制的要求，那么，各种体育市场要素之间就会发生相互联系、相互制约的运动，从而对体育市场主体的市场活动产生调节作用。

（5）灵活性。体育市场机制的灵活性是通过体育市场要素的弹性体现出来的。体育市场供求变化和价格波动的经常性，以及体育市场机制直接协调体育市场上生产者和消费者经济利益的特点，保证了这种灵活性的实现。充分发挥体育市场机制的调节作用，并不意味着体育市场中的一切经济活动都取决于体育市场机制的自发调节。恰恰相反，由于体育市场机制本身所固有的缺陷，国家对体育领域的经济活动也要进行宏观调控。

（6）动态性。体育市场机制的动态性，指的是体育市场机制在各种体育市场要素相互作用的运动过程中发挥调节作用。当体育市场运动过程中出现了某种市场信号，体育市场机制针对这种信号进行市场运行协调时，总是需要一个运动过程才能反映出体育市场机制作用的结果。因为体育市场以及其中的各种市场要素都是在不断运动着的，当市场运行中出现了某种市场信号，体育市场机制发挥调节作用时，各种体育市场要素都会针对这种市场信号发生一系列连锁反应。当这种连锁反应持续一个周期时，才会改变体育市场要素的运行状态，产生新的市场信号。也就是说，经过一系列连锁反应，体育市场机制对体育市场活动的调节后果才能显现出来。

（7）盲目性。在体育市场机制对某种体育产品生产进行调节的过程中，体育产品生产者所获信息仅仅是该产品供求关系的变化趋势，而产品供求关系变化引起的市场价格上升或下降只是表明了产品供给短缺或过剩，并不能确定短缺或过剩的数量。这种不确切的市场信号必然使体育产品生产者的生产带有一定的盲目性。

综上所述，体育市场机制在调节体育市场经济活动中具有非常重要的作用，是配置体育资源的有效方式。但它并不是万能的，存在其自身无法弥补的缺陷，这就决定了适度的国家宏观调控的必要性。

4. 体育市场机制的实现条件

体育市场机制要充分发挥调节功能，必须形成如下一系列经济条件：

（1）具有独立利益的体育市场主体。体育市场主体是体育市场信息流转和交换的枢纽，体育市场主体的内在规定性决定了体育市场机制的运行状态和调节功能。作为体育市场主体，它们对自身的经济利益的考虑和关切是体育市场发挥调节功能的契机。这些体育市场主体各自都是独立的利益主体，拥有微观决策权，在经济利益的激励和约束下，它们按照体育市场供求决定的价格在市场上进行交易活动，并根据市场价格的变动调节自己的生产经营活动。

（2）充分的市场竞争。充分的市场竞争是体育市场机制得以充分发挥功能的基本条件。市场竞争的不同特征即竞争的强度、广度、深度和公平度，都会直接影响体育市场机制功能的发挥。市场竞争越完全、越充分，体育市场机制功能的发挥也越有效。竞争是市场的一种选择，起着优胜劣汰的作用，正是竞争推动着体育资源配置的优化。

（3）灵敏的市场信号。市场信号能灵敏、及时地反映体育市场供求状况。市场信号是体育市场供求的指示器，它包括体育产品价格、利率、工资等。体育市场机制总是通过市场信号的波动来刺激、协调市场主体行为并引起供求变化，从而调节资源配置。

二、体育市场的价格机制

体育市场的价格机制是体育市场经济运行的核心机制。体育市场的导向作用主要是通过价格机制来实现的。体育市场机制最集中和最基础的表现，就是通过市场竞争形成的市场价格的作用来实现体育市场供需平衡。这里的市场价格包括体育产品价格、资金利率、工资和汇率等。在体育市场机制中，市场价格是核心的因素。市场价格直接影响体育产品生产者、经营者的经济利益，市场价格的变动必然引起体育市场主体之间的激烈竞争，市场竞争又会引起生产要素的流动，促使体育资源达到最优配置。例如，竞争促使生产要素从经济效益差的企业流向经济效益好的企业，使其生产规模得以扩大，而使经济效益差的企业生产萎缩直至被淘汰。

为实现我国体育市场体系的高质量发展，必须要明确完善体育产品市场对激发消费潜力与新发展格局建设的重要意义，巩固克服体育市场经济自身缺陷、推动体育市场经济健康发展和完善体育市场体系的市场监管支撑。要激发消费潜力，完善体育产品，满足我国超大规模内需市场；提升体育市场活力，明确主体界限，推动多元主体有序参与；健全体育市场监管体系，确保体育市场稳固发展，持续推动我国体育市场体系的稳固发展。

目前，我国体育市场体系历经长期的发展，规模逐渐壮大，竞争日益激烈，开放程度不断扩大，市场结构已形成且实现转型升级，然而体育市场体系受起步晚、起点低及经济社会大环境的影响，仍存在市场化程度不够、资源配置效率不高、产业结构不完善、监管力度不足、市场化程度较低和信息传导不畅等诸多问题。然而，价格机制在市场机制中发挥着核心作用，可以通过动态调节供需、优化要素配置、激励创新和规范市场行为，成为破解产业发展瓶颈的关键工具。其有效发挥需以市场化为前提，同时辅以政府精准监管和制度保障，最终实现"市场决定价格—价格引导资源—资源优化结构"的良性循环。未来改革需进一步推动要素价格市场化，完善竞争政策框架，并利用数字技术提升价格机制运行效率。

（一）体育市场价格机制的含义及作用

理顺价格才能提振市场主体信心，扩大投资，促进经济增长。体育市场价格机制是指在体育市场竞争过程中，与体育市场供求相互联系、相互制约的市场价格形成和运行机能。价格机制是价格形成过程中各市场要素，诸如价格、供求、生产、消费等之间相互作用，借以自动调节市场和价格的系统。价格机制是个自动控制系统，当价格偶然出现较大偏误时，这一机制本身能够使价格自动返回正常状态。价格机制又是个反馈调节系统，价格水平和市场活动相互双向调节，在反复不断地相互作用中实现价格的自动均衡。

体育市场价格机制对体育市场经济运行的作用是多方面的。在不同的作用层次上，价格机制具有不同的功能。

1. 调整信号

价格机制对生产不同体育产品的生产者来说，是调整生产方向和生产规模的信号。价格机制决定的价格比例，是制约平均利润高低的因素，是社会劳动分配于不同部门比例的选择条件。价格比例的变动会驱使生产者通过资金流动来改变生产方向和调整生产规模，从而使体育产业各部门按比例发展。

2. 竞争手段

对生产同种体育产品的生产者来说，价格机制是竞争手段。市场优胜劣汰本是常态，但须防止"内卷式"恶性竞争。生产者应坚守法律底线，强化自律担当，并通过创新寻求差异化竞争优势，采取多元化竞争手段，践行长期主义。生产同种体育产品的生产者为在体育市场上夺取较大的地盘，必须在价格上以廉取胜，从而带动了劳动消耗的节约。

3. 导向信息

价格机制对消费者来说，是改变体育需求方向和需求规模的导向信息。价格水平的上升和下跌，会影响体育消费者的购买力，从而调节消费者的需求结构和规模。价格比例变化，消费者会考虑使用替代品，放弃购买价格高的商品而购买价格低的商品，从而调节体育市场的需求方向和需求结构。

4. 平衡参数

对宏观调控来说，价格机制通过价格水平的变动，一方面给国家反馈宏观调控信息参数，另一方面自动调节企业总体活动，从而推动总供给和总需求的平衡。

体育市场的价格，尤其是体育竞赛市场的价格，对价值表现出较大的独立性，即在价值量不变的情况下，价格可能有较大的变动和差异。需求的价格弹性，表示在一个特定的时期内，一种商品需求量相对变动相当于该商品价格相对变动的反应程度，在特定环境中也简称为价格弹性或者需求弹性。人们对体育服务的需求，属于享受和发展的需求，在现阶段尚属非基本需求，不是刚性需求，具有较大的弹性。对体育服务的需求不仅受价格的影响，还受许多非价格因素的影响，如居民的收入水平、工作和生活条件、余暇时间、文化传统和体育观念、时尚和习俗、个人爱好和主观评价等。例如，在我国沿海及一些经济发达城市，体育健身娱乐市场迅速崛起，这不仅是受居民收入增长较快、出现了一批中高收入者影响，也与人们的生活条件、消费观念变化有关。在美国，人们喜爱的拳击、棒球、橄榄球、篮球、网球、田径、游泳等项目比赛，门票可高达数十美元至数百美元，而足球比赛的门票在前些年只能卖到几美元。在西欧各国，精彩的足球比赛门票价格可高达数十美元至数百美元。价格的上述差异，显示出民族文化传统和体育传统对市场需求的影响，从而对体育竞赛市场价格产生影响。

与体育市场需求有较大弹性不同,体育健身娱乐市场的供应则呈现出不同的情况。体育健身娱乐市场的供应明显受价格的调节。在价格上涨、供不应求的情况下,体育健身娱乐市场会有较多的盈利,从而刺激新的健身娱乐经营场所的开张;反之,供大于求、价格降低时,一些健身娱乐场所无利可图甚至长期亏损,则会停业转产,从而减少供应。但价格波动却不易引起竞赛市场供应的迅速变化。价格上涨,难以使竞赛市场的供应迅速减少。面对竞赛市场供应弹性较小而需求弹性较大的情况,竞赛市场的门票价格波动性较大。基于体育竞赛市场门票价格机制的特点,在门票定价和管理上应有较大的灵活性。

然而,市场机制并非经济机制的唯一形式,政府干预和调节也是经济机制的重要组成部分,以确保市场的公平、稳定和可持续发展。

(二)价格机制与国家宏观调控

价格机制是市场经济的基础,市场经济通过自由价格形成和市场竞争来引导资源配置。然而,价格机制可能会受到外部干扰或市场失灵的影响,这时需要宏观调控来对经济进行干预和调整,以保持经济的稳定和平衡。因此,价格机制和宏观调控是相辅相成、相互作用的。价格机制通过市场机制调节资源配置,而宏观调控则在必要时干预和调整市场机制,以确保经济的稳定和可持续发展。在实际经济运行中,正确运用价格机制和宏观调控手段,可以促进经济的健康发展和社会繁荣。

在体育市场中,价格机制是资源配置的核心,通过价格波动反映供需关系的变化,对体育产品、服务和资源的流动起到导向作用。例如,体育赛事门票的定价能够反映市场对赛事质量和观赛需求的供需平衡。然而,由于体育产业具有公共性、外部性和社会效益导向的特征,仅依靠价格机制难以满足市场的健康发展和社会公平需求。这时,国家的宏观调控便发挥了至关重要的作用。通过政策引导、财政补贴和税收优惠等手段可以调节市场失灵所引发的诸多问题,促进体育资源在区域间的合理分布,以及支持全民健身等公共服务领域,从而实现经济效益与社会效益的平衡发展。价格机制与国家宏观调控同向发力,共同推动体育市场的规范化、高效化。

党的十四大报告中明确指出,"我们要建立的社会主义市场经济体制,就是要使市场在社会主义国家宏观调控下对资源配置起基础性作用,使经济活动遵循价值规律的要求,适应供求关系的变化;通过价格杠杆和竞争机制的功能,把资源配置到效益较好的环节中去,并给企业以压力和动力,实现优胜劣汰;运用市场对各种经济信号反应比较灵敏的优点,促进生产和需求的及时协调。同时也要看到市场有其自身的弱点和消极方面,必须加强和改善国家对经济的宏观调控",准确地阐明了我国实行社会主义市场经济体制的本质,全面系统地提出了发挥市场机制作用、加强和改善国家宏观调控的必要性及其遵循的基本原则与基本方法。

党的二十届三中全会指出,"聚焦构建高水平社会主义市场经济体制,充分发挥市场在资源配置中的决定性作用,更好发挥政府作用",这是我国改革中形成的重要理论成果。在更高水平上释放社会主义市场经济体制潜力,要更好发挥市场机制作用,确保产权有效激励,要素自由流动,价格反应灵活,竞争公平有序,企业优胜劣汰。同时,要增强政府宏观经济治理能力,更好维护市场秩序,弥补市场失灵,畅通国民经济循环,既"放得活"又"管得住"。

构建高水平社会主义市场经济体制

政府的价格调控分为三个层次:

一是实行对市场供求的调控,从而从经济总量平衡上对价格总水平进行调控。这种调控是通过宏观经济调控政策来实施的。在经济过热时期,价格总水平往往持续上升,形成通货膨胀,这会影响经济的正常运行和稳定发展。这时,国家可以运用经济政策和经济手段,控制物价总水平的上涨幅度。

二是对价格的直接调控。由于自然灾害和社会经济发展中的特殊因素,某些商品的市场价格会产生剧烈波动,从而影响各方面的利益关系,这就需要政府采取直接的价格调控措施稳定这些商品的价格。

三是价格管理。由于市场价格机制的正常作用要以形成公平竞争的市场环境为条件,因此,还需要政府加强对价格的管理。这主要表现在建立完备的市场价格法规体系,维护和规范正常的市场价格秩序。

《中华人民共和国价格法》明确规定,我国的基本价格制度是"国家实行并逐步完善宏观经济调控下主要由市场形成价格的机制"。党的二十大报告进一步强调"构建全国统一大市场,深化要素市场化配置改革",党的二十届三中全会提出完善公平竞争制度,破除体制机制障碍,从更高层面强化了市场在价格形成中的决定性作用。目前,我国97%以上的商品和服务价格已由市场自主形成,经营者定价权全面落实,市场价格监管体系持续完善。针对垄断行业价格机制改革,2021年《"十四五"时期深化价格机制改革行动方案》明确要求健全网络型自然垄断环节科学定价机制,全面推行竞争性环节市场化定价,在基础产业和服务领域,通过建立煤电、油气等能源价格联动机制,完善水资源、绿电等环境权益定价体系,有效破解了长期积累的价格矛盾。

党的十八大以来,政府定价项目缩减至30项以下,以"准许成本+合理收益+激励约束并重"为核心的科学定价制度全面建立,2022年新修订的《政府定价成本监审办法》强化全周期成本约束机制。价格改革深度融入新发展格局,通过完善农产品目标价格保险、健全住房租赁参考价发布机制等创新实践,有力支撑了稳增长、促改革、调结构、惠民生、防风险、保稳定等战略目标。当前改革聚焦数字经济领域新型价格监管,针对平台经济算法定价、数据要素交易定价等前沿问题,正加快构建与高质量发展相适应的现代化价格治理体系。

体育市场的竞争关系模型

在现实的经济生活中,现代体育市场结构是千差万别的,但一般可将现代体育市场竞争结构分为4种类型,即完全竞争的体育市场、垄断竞争的体育市场、寡头垄断的体育市场和完全垄断的体育市场。

三、体育市场的供求机制和竞争机制

供求机制与竞争机制是市场运行的核心动力和基本保障,两者相辅相成。供求机制通过价格信号调节商品与服务的市场均衡,反映市场供给与需求之间的关系;而竞争机制则推动资源流向效率更高的领域,激励创新和技术进步,从而提升市场整体效率和生产力水平。供求机制是市场运行的内在驱动力,竞争机制则确保市场运行的动态优化,两者合力构建出市场经济的基本运作逻辑,同时也为市场失灵提供必要的调节和治理依据。

（一）体育市场的供求机制

1. 体育市场供求机制的含义

体育市场的供求机制是指调节体育市场的供给与需求矛盾，使之趋于均衡的机制。体育产业供需矛盾形成的原因有体育产业结构性矛盾、体育市场化水平不高、体育多元市场主体尚未形成、体育产业管理体制和运行机制不畅、体育产业政策不完善和难落实等。影响商品供求的主要因素有商品价格、数量、结构、购买力等。体育市场供求机制是体育市场供求状态的变化影响体育产品价格涨跌，并进一步依据价格的升降以达到平衡的自动调节方式。体育市场供求机制和价格机制密不可分，二者在同一过程中发挥作用。市场价格由供求关系决定，供过于求，形成买方市场，价格下跌；供小于求，形成卖方市场，价格上涨。

2. 体育市场供求机制的功能

供求机制最主要、最基本的功能是调节体育市场价格，为体育产品生产者和消费者的生产行为和消费行为提供信号，调整方向、规模，并通过与其他市场机制相互作用来实现体育资源的有效配置。

3. 供求关系的表现形式

（1）供求之间的总量关系。即体育商品供给总量和需求总量的相互关系，它要求实现体育市场供求总量的基本均衡。

①供大于求。当市场上商品供给量超过需求量时，就出现供大于求的情况。此时商品价格有下降趋势，生产者之间的竞争加剧。例如在农产品市场，若某一年风调雨顺，某种农作物获得大丰收，其供给量大幅增加，市场上该农产品的供给超过了消费者的购买需求，价格就会降低。

②供小于求。商品的供给量小于需求量即为供小于求。这时商品价格会上涨，消费者之间的竞争加剧。例如在一些新兴电子产品刚推出时，由于生产技术限制、产能不足等原因，产品供给量较少，但市场需求旺盛，消费者为了购买该产品会愿意支付更高的价格。

（2）供求之间的结构关系。即市场供给和需求的种类构成及其比例关系，它要求实现体育商品供给结构与体育需求结构的相互适应。

（3）供求的时空关系。即供给和需求在时间上和空间上的同步配套关系,它要求体育市场供给不仅应在总量和结构上适应市场需求,而且在体育商品供给的时间分布和空间领域也要基本满足体育消费的需要。

(二)体育市场的竞争机制

体育市场的竞争机制是体育市场经济运行的关键机制。资源的稀缺性是经济学研究的中心和根源,正是由于可带来社会福利的资源的稀缺性、多功能性以及不同利益主体对自身利益最大化的永恒追求,才决定了资源配置的竞争性。竞争是市场经济的基础,它贯穿于一切经济活动之中。

体育市场的竞争机制是指体育市场主体之间的竞争对价格、供求等市场要素的影响和发生联系的机制,它反映着竞争同供求变动、价格波动、资本和劳动力流动等的有机联系。竞争机制是市场机制得以形成的基础,离开竞争机制,就不能形成市场机制以及价格机制、供求机制等,也就谈不上市场经济的运行方式。

体育市场竞争机制对体育市场的经济运行和体育产业的发展起着极为重要的作用。竞争机制是一种促进企业奋进的压力机制,是一种优胜劣汰的择优机制,是一种平衡供求的协调机制,对消费者来说也是一种合理满足需要的选择机制。

政府应从法治完善、制度建设、市场监管等层面促进市场机制的不断完善,如体育行政部门应在促进体育要素交易市场体制机制中发挥作用,并加快要素价格的市场化改革。改革措施包括:① 加快健全体育人才、资本、技术、土地、产权等体育要素交易市场,加强与金融及专业的体育资产评估机构合作,结合要素流转的风险,形成涵盖产权界定、要素价格评估、流转交易、担保、保险、企业股权交易、体育设备出售和采购、场馆运营和租赁、赛事招商引资等业务的综合服务体系,完善交易规则以及信息披露制度体系,厘清政府、社会、市场三者在要素配置中的角色定位与权责关系,充分发挥价格在要素流动中的"指挥棒"的功能,提升体育要素配置效率。② 全面规范和落实市场准入的负面清单制度,进一步放宽各类社会力量、要素资源进入体育领域的准入限制,消除社会力量办体育的制度障碍和隐性壁垒,尤其是要推进单项体育协会实体化改革,减少优秀运动员、场馆等资源的行政垄断,放开要素市场准入。③ 遵循区域要素禀赋结构优势形成特色体育市场集聚区，完善跨区域赛事、人才、土地等要素自由流动和区域要素共享的制度体系，按照市场价格和利益分配机制畅通要素流动渠道，有效降低体育企业生产经营成本等。

对每个体育产品生产者来说，体育市场的供求变化和价格信号起着直接的导向作用，竞争则促进生产要素流动，促使有限的资源达到优化配置。部门内部生产者竞争，会促使生产要素向劳动生产率高、经济效益好的企业流动，从而实现资源在微观方面的优化配置；部门之间的生产者的竞争，会促使生产要素向短缺的生产部门转移，从而实现资源在宏观方面的按比例配置。

体育市场的价格机制、供求机制和竞争机制其实是体育市场机制的三个方面，是从不同角度对体育市场机制的表述，三者密不可分且在体育市场中同时发挥作用。下一章将对价格与供需、供需与竞争的关系及其原理等进行阐述。

思考题

1. 何谓供给理论？何谓需求理论？
2. 影响体育需求的因素有哪些？
3. 我国体育产品供给和需求的特点是什么？
4. 简述体育市场机制的主要功能。
5. 简述体育市场机制的特点。
6. 分别简述体育市场价格机制、供求机制和竞争机制的作用。

第七章
体育产品价格

本章导学

本章从经济学视角系统解析体育产品价格的形成机制与市场规律，通过马克思主义经济学与西方经济学价格理论的对比，揭示价值规律与供需关系对体育市场的双重影响。结合需求曲线、供给曲线及均衡价格模型，探讨体育产品定价的核心逻辑；深入分析实物型与创新型体育服务产品的价值特殊性，并引入弹性理论阐释价格策略的动态调整。通过成本加成、盈亏平衡等定价方法及渗透定价、时段定价等技巧，展现体育市场定价的实践应用，为理解体育经济活动的价格决策提供理论框架与实务指导。

学习目标

1. 掌握体育产品价格由供需关系决定的核心机制。
2. 区分马克思主义价值论与西方经济学效用论的本质差异。
3. 分析需求曲线与供给曲线的变动对市场均衡的影响。
4. 理解需求价格弹性的类型及其在体育市场的应用场景。
5. 应用成本加成、盈亏平衡等定价方法制定体育产品价格。
6. 探讨体育服务产品价值不确定性的成因与定价特殊性。

第七章 体育产品价格

第一节 体育产品价格的决定

市场价格是由供给和需求共同决定的。在体育市场中，体育产品的价格主要是由体育产品的供给（即运动员、教练员、裁判员等所能提供的赛事服务或企业所生产的有形产品）和体育产品的需求（即消费者对体育产品的购买欲望和购买能力）共同决定的。

一、价格理论

（一）经济学中的价格理论

马克思主义经济学价格理论认为，商品的价格是价值的货币表现，商品价值量的大小决定着商品价格的高低。商品价值量的大小是由生产这种商品所消耗的社会必要劳动时间决定的。但是，商品的价格又受市场供求关系和竞争等因素的影响。当市场上某一种商品需求量大于供给量时，其价格就会高于价值，因此，商品价格总是自发地围绕着商品的价值上下波动，这种价格围绕价值上下波动的运动，就是价值规律发生作用的表现形式。

此外，货币发行量的多少也会影响商品的价格。当投入市场上的货币量超过商品的流通需要时，就会发生通货膨胀，货币就会贬值，物价就会上涨；当投入市场上的货币量低于商品流通的需要时，就会引起通货紧缩，物价就会下降。因此，控制货币发行量，是稳定市场物价的重要手段。

马克思主义经济学价格理论，科学地揭示了价格的实质，正确地说明了价格变化的原因。马克思主义经济学价格理论对我们经营体育市场、把握体育市场产品价格的变化规律，具有宏观指导意义。

西方经济学的价格理论认为，商品的价格主要是由市场供求关系和商品的效用决定的，否认商品价值对商品价格的作用。该理论关于供给与需求对价格影响的观点，以及市场上供需变化的规律，对我们研究体育市场供求关系和制定产品价格有一定的借鉴作用。具体包括以下两方面：

（1）商品的价格是由市场供求关系决定的。商品越稀缺，价格越高；反之则越低。

（2）商品的价格即商品的使用价值。消费者之所以愿意支付一定的货币来购买商品，就是因为这个商品对消费者有用，而商品对消费者的用途越大，消费者愿付出的货币就越多；反之则越少。

（二）价格与需求的关系

这里所指的需求是市场需求，即有实际购买力的需求，而不是指人们想得到某种商品的欲望需求。在通常情况下，影响商品需求量的因素很多，用函数公式表示如下：

$$Q_d = (P; T; L; P_1; P_2; E; W; \alpha)$$

式中：Q_d——商品的需求量；

P——商品的价格；

T——消费者的偏好；

L——消费者的收入；

P_1——替代品的价格；

P_2——互补品的价格；

E——消费者对未来情况的预测；

W——银行对未来情况的预测；

α——影响市场需求量的其他因素，如货币发行、广告、政策、意识观念、人口数量与结构的变动等。

在上述各种因素中，价格对市场需求量的影响最大、最直接。而且，作为经营者来说，可以控制的只有价格和广告等促销方法。一般来讲，企业变动价格，会在一定程度上左右消费者的消费行为，降价通常会刺激消费者的消费欲望，把消费者拉入市场，提高该产品的市场需求，而提高价格则会抑制消费者的消费欲望，消费者会离开市场，从而降低该产品的市场需求。

假设其他因素不变，来研究价格与需求的关系。一般情况下，需求量与价格呈反比关系，即价格上涨时，需求量减少；价格下降时，需求量增加。如图7-1所示，当某体育用品制造企业销售的运动服价格为每件100元时，人们可能会认为该产品的价格相较于其他运动服饰是较为便宜的，此时的市场需求量为 4 万件；而当该种产品价格为每件 200 元时，人们对其的购买欲望将会受到抑制，会向市场中其他运动服饰供应商寻求更为低价的产品，此时的需求量将会下降至 2 万件；而当价格持续升高至每件 300 元时，需求量进一步降低至 1 万件。价格与需求量之间的这种关系对经济中的大部分物品来说都是成立的，且这种关系十分普遍，因此经济学家称之为需求定理。需求量与商品价格之间的关系，可以用曲线表示。

反映价格与需求量之间这种关系的曲线，叫作需求曲线。从图 7-1 中可以发现，需求曲线向右下倾斜，随着价格的下跌，消费者购买的数量上升。

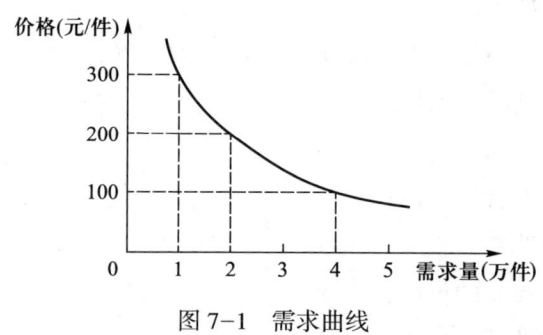

图 7-1 需求曲线

需要注意的是，在学习过程中需要区分清楚需求的变动与需求量的变动。例如，假设医学研究发现，那些经常跳绳的人能够获得更长的寿命，也更健康，那么这个发现将会增加人们对跳绳这一运动器械的需求，在任何一种既定的价格水平下，跳绳的销量都会增加，于是跳绳的需求曲线就会移动。需求的变动表现为整条需求曲线的平行移动。使每一种价格水平下的需求量增加的任何变动都会使需求曲线向右移动，我们称之为需求增加。使每一种价格水平下的需求量减少的任何变动都会使需求曲线向左移动，我们称之为需求减少。而需求量的变动是指在其他条件不变时，由商品本身价格变动所引起的该商品需求量的变动，表现为在一条既定的需求曲线上点的位置的移动。

（三）价格与供给的关系

这里的供给是指在一定时期内，在某一价格水平，厂商愿意而且能够供应的商品量。生产者向市场提供的产品数量也受多种因素的影响，可用公式表示如下：

$$Q_s = f(P; C; E; \beta)$$

式中：Q_s——商品的供给量；

P——商品的价格；

C——商品的成本；

E——生产者对未来需求情况的预测；

β——影响供给量的其他因素，如厂商的目标、相关商品的价格、生产要素的价格等

影响供给量的因素有很多，但在我们的分析中，价格对供给量的影响仍然起着一种特殊作用。在其他条件不变的情况下，供给量同价格之间存在正比关系，即价格上涨，供给量随之增加；价格下降，供给量随之减少。我们还是以销售运动服为例（图7-2），当市场中的运动服价格较高时，某生产商将自己品牌的运动服定价为每件300元，此时销售运动服是有利可图的，因此供给量比较大，能够达到5万件。相反，当运动服的价格较低时，如每件200元，销售运动服的获利比较少，卖家将会减少运动服的供应量至4万件，当价格很低时，有的生产商甚至会选择停止生产，其供应量减少为0。

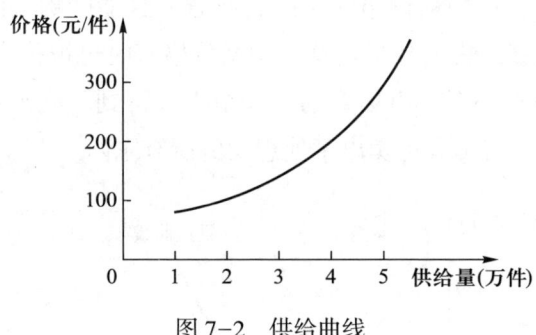

图7-2 供给曲线

反映价格与供给量之间这种关系的曲线叫作供给曲线。从图7-2中可以发现，供给曲线向右上倾斜，随着价格的上升，刺激生产者所提供的产品数量上升。因此，价格与供给量之间的正向关系称为供给定律。特别提示，在学习过程中需要区分清楚供给的变动和供给量的变动。供给量的变

动,是在既定的供给曲线上,因为价格提高或降低导致的供给量的变动,表现为供给曲线不变,但因价格变化,供给量变化。供给的变动,是指使每一种价格水平下的供给量都增加或减少的任何一种变动。例如,假设生产羽毛球的重要原材料——鸭毛、鹅毛等价格降低,使得销售羽毛球更加有利可图,这就增加了羽毛球在体育市场中的供给,在任何一种既定价格水平下,生产商现在愿意生产更多。此时,羽毛球的供给曲线向右移动。相反,若因为某种原因使得羽毛球生产的利润下降,将会减少羽毛球在体育市场中的供给,在任何一种既定价格水平下,生产商都会降低生产羽毛球的意愿。此时,羽毛球的供给曲线向左移动。供给曲线的移动,即使价格维持不变,供给还是会增加或减少,表现为供给曲线的平移。

(四)供给与需求的平衡和平衡价格的形成

从上面所介绍的需求价格曲线和供给价格曲线可以知道,价格从相反的两个方面影响着供给和需求,现在把它们结合起来说明其将如何决定体育市场中一种产品或服务的价格和销售量。图7-3中同时给出了市场供给曲线和市场需求曲线,可以注意到供给曲线和需求曲线相交于一点,这个交点叫作供需均衡点,而供需平衡点上需求量等于供给量的这一数量被称为均衡数量。在自由竞争的市场上,供需均衡点所对应的价格就是市场价格,即均衡价格。在均衡价格时,买者愿意而且能够购买的物品量正好与卖者愿意而且能够出售的数量均衡。均衡价格有时也被称为市场出清价格,因为在这一价格水平下,市场上的每一个人都得到了满足:买者买到了他想买的所有东西,而卖者也卖出了他想卖的所有东西。

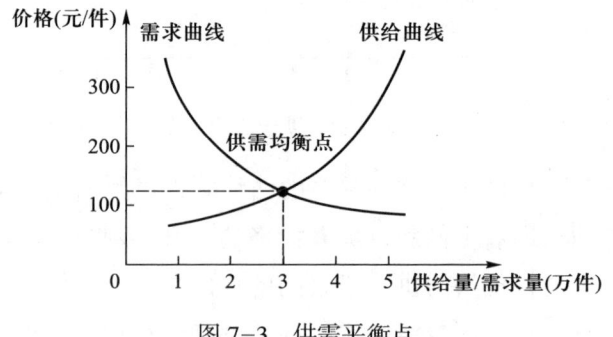

图 7-3 供需平衡点

第一节 体育产品价格的决定

均衡价格是如何形成的呢？为什么价格会稳定在供需平衡点呢？

首先，从一种常见的商品铜入手进行分析。金属铜是稀缺的资源，从5 000年前开始从孔雀石中被冶炼使用。1900年至2010年的100多年间，市场中铜的消费量增加了100倍，那么铜的价格（剔除通胀后）大约增长多少倍呢？实际上，铜价几乎没有上涨。主要原因是因为需求量的大幅上涨，使得人们不断去探索铜的获得途径，提高铜的供给量。例如：新的更大规模矿藏被发现；开采成本更低导致生产成本降低；技术进步使得开采出现规模经济效应等。

接下来，以运动服为例进行分析，如图7-4所示。首先，假设运动服的市场价格高于均衡价格，即运动服开始定价为每件300元，供给量为5万件，需求量为1万件，物品的供给量超过需求量，运动服供给过剩：在现行价格下，运动服生产商不能卖出他们想卖的所有运动服。此时，产品滞销积压，企业对仓库中过剩的运动服的反应是降价。当运动服价格下降时，需求量会增加，供给量会减少，当运动服价格处于每件150元时到达图中的均衡点，厂商的供给量等于消费者的需求量，即3万件。

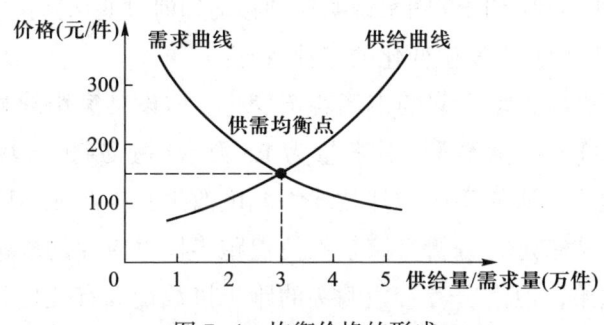

图7-4 均衡价格的形成

其次，假设现在运动服的市场价格低于均衡价格，即运动服一开始定价为每件100元，在这种情况下，运动服的需求量超过了供给量，导致运动服的短缺，短缺有时也被称为超额需求的状态：在现行价格下，消费者不能买到他们想买的所有物品。此时，运动服生产商为了获取更多的利益，将会提高产品价格，而价格上升引起需求量减少，供给量增加，市场会重新回到供需均衡点，即运动服价格为每件150元，市场均衡供给量/需求量为3万件。因此，无论起初价格太高或太低，消费者和生产商的活动都会自发地使市场价格向均衡价格移动。一旦市场达到均衡价格，所有消费者和生产商都得到满足，也就不存在价格上升或下降的压力。在大多数自由市场中，由于价格最后总要变动到其均衡水平，所有的过剩和短缺都只是暂时的，包括体育市场在内也不例外，这种现象十分普遍，被称为供求定理。

（五）供需均衡点的移动

在现实生活中，供需均衡点不是一成不变的，而是经常移动的。当某些事件使其中一条曲线移动时，市场上的均衡就改变了，从而将在买方和卖方之间产生新的均衡价格和均衡数量。影响供需平衡曲线移动的因素很多，如人均收入的变化、人口的变化以及新材料、新工艺、新技术的出现等。在分析某个事件如何影响市场均衡时，可以按照三个步骤来进行：

（1）判断该事件是使供给曲线移动还是使需求曲线移动？或是使两条曲线都移动？

（2）确定两条曲线的移动方向，是向左移动还是向右移动？

（3）利用供给需求曲线图来说明这种移动如何改变均衡价格和数量。

以下是市场均衡点发生变化的三种情况：

一是由于供给移动引起的市场均衡变化。假设某家用健身跑步机在价格为每台1 500元、供给量/需求量为1.5万台时达到了市场均衡，而后由于该健身跑步机所使用的芯片技术大幅度改进，生产成本降低。可以利用上述三个步骤来进行分析，该事件使得跑步机供应商的成本降低，供应商愿意增加供给，但消费者希望购买的跑步机数量没有变化，因此该事件使得供给曲线移动。并且，供给曲线是向右移动，因为在任何一种价格水平上，供应商愿意并能够出售的总量增加了。如图7-5所示，生产技术的进步使得供应商增加供应量，供给曲线向右移动，跑步机的价格下降，与需求曲线重新相交至新的均衡点，即每台500元，市场均衡销量达到4.5万台。

二是由于需求移动引起的市场均衡变化。在举办大型国际赛事后，人们对运动保持健康的热情高涨，更多的家庭想要购入跑步机以达到健身目的，此时，市场需求大幅度上升，需求曲线向右移动。但该事件并不直接影响生产跑步机的企业，由于需求大幅上涨，引起跑步机价格上涨，企业会雇用更多的工人和购买更多的设备以提高供给量，移动后的需求曲线与供给曲线重新相交，达到新的市场平衡。如图7-6所示，跑步机新的平衡价格为每台1 800元，供给需求平衡数量为3万台。

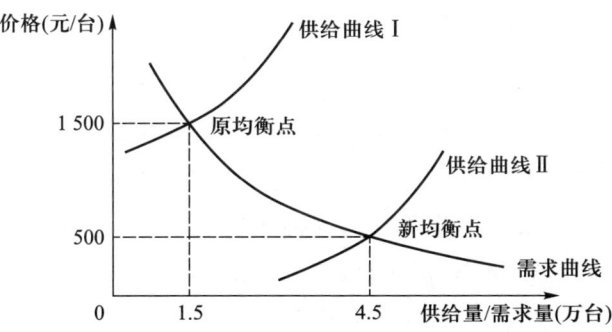

图7-5　供给曲线移动至新均衡点

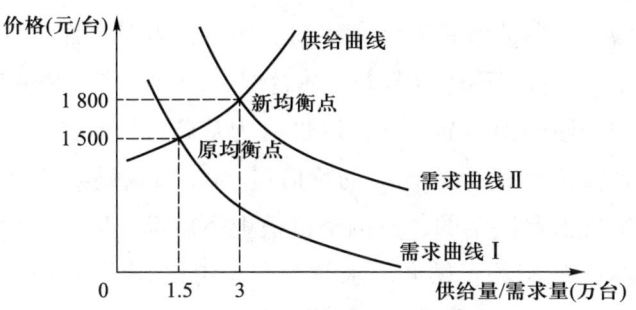

图7-6　需求曲线移动至新均衡点

三是由于供给和需求都发生移动引起的市场均衡变化。假设跑步机芯片技术进步和国际赛事举办发生在同一个时期，则可以判断，两条曲线都应该移动。芯片技术进步影响供给曲线，因为它改变了企业在任何一种既定价格水平下想要出售的跑步机数量；而国际赛事举办影响需求曲线，因为它改变了家庭在任何一种既定价格水平下想要购买的跑步机的数量。这两条曲线移动的方向与它们在前面分析中所移动的方向是一致的，如图7-7所示，此时，移动后的需求曲线和移动后的供给曲线相交得到新的均衡点，即跑步机价格为每台1 200元，均衡数量为5万台。

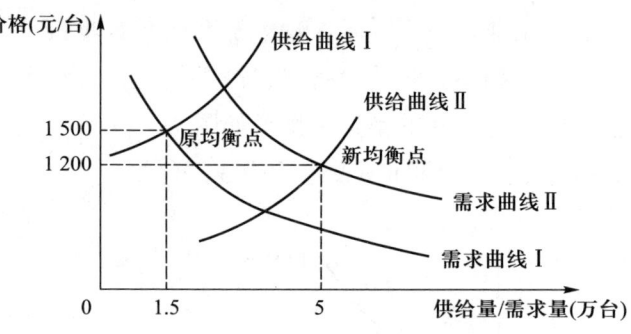

图 7-7　供需曲线均移动至新的均衡点

也就是说，当供求不相等时，这种非均衡状态会随着时间的推移逐步消失，实际的市场价格会自动地恢复到新的均衡价格水平，并形成新的均衡数量。

二、不同体育产品价格的影响因素及特点

体育市场不仅向消费者提供实物型的体育消费品，而且提供非实物型的体育消费品，后者也称体育劳务或体育服务产品。实物型的体育消费品，价格的确定和一般的消费品一样，以价值为基础，同时又受其他因素的影响，其影响因素主要有：① 产品的价值量；② 市场供给情况；③ 其他因素。价格是由价值量决定的，并围绕价值上下波动。同时，价格受市场上供给与需求状况的制约：供大于求时，产品价格开始下降；供不应求时，产品价格又开始上升，这是价值规律作用的外在表现。价格经过反复调整，最终会达到一个均衡点形成均衡价格。当然，这不是简单的价格曲线波动。此外，价格还会受到其他因素的影响。

对于体育服务产品，由于它自身的特点，要进行具体分析。体育服务产品中有一部分属于重复型，如体育健身娱乐场所服务、一般体育技术辅导培训等，创新性较少，社会也需要其重复地大量生产，因而重复型体育服务产品的价值量不是由个别劳动时间决定的，只能由生产该体育服务产品的社会必要劳动时间，即社会平均劳动时间来决定。

体育服务产品价值量的决定，其特殊性在于创新型体育服务产品的价值难以确定。这主要是因为：

第一节 体育产品价格的决定

第一，此类服务产品具有不可重复性和扩散性。运动训练新原理的提出、新的体育技术与战术的创新、重大而精彩的比赛场面、新的运动纪录的创造，都具有不可重复性和扩散性。在这里，不存在生产同一产品的若干个别劳动时间，因而无法用社会必要劳动时间来确定其价值。

第二，此类服务产品的效果具有不确定性。影响运动竞赛水平和比赛成绩的因素很多，比赛胜负、名次排列、运动成绩和新纪录的创造，不单纯取决于教练员、运动员的素质和工作状况，还受到许多外在因素和偶然因素的影响，因而体育产品的质量和有用性，即体育比赛的水平和观赏性具有不确定性。例如，在竞技运动中，如果运动员具有某项运动的天分，则可以用较短的训练时间、较少的训练费用而达到较高的运动技术水平。如果在训练过程中出现严重伤害事故，则会造成人力、财力的巨大损失，从而增加训练成本。体育服务产品的这种不确定性使其价值量也具有不确定性。

第三，体育竞赛和表演服务劳动过程有差别明显的前期阶段和后期阶段。前期是训练阶段，即生产半成品的准备阶段，后期是提供可供消费的体育服务的最终产品阶段。在体育竞赛表演服务产品的生产过程中，其前期阶段的长度远远超过了后期阶段。体育竞赛服务前期劳动与后期提供的最终产品的质量（竞技运动水平）关系极大。精彩的体育比赛、国内外重大比赛上优异成绩的创造，需要教练员、运动员付出大量的心血和汗水。

由于以上几个原因，体育竞赛市场上体育服务产品的价值量是难以计算的。尽管在理论上体育服务价格是以价值为基础的，但由于其价值量难以确定，在实际操作上则应认真研究体育市场上的价格机制与定价政策。

体育服务产品价值变动的趋势也有其特点。体育服务产品的价值与实物产品一样，都是由 $C+V+M$ 构成。C 是体育服务产品过程中消耗的各种物质资料价值的转移，$V+M$ 是体育服务产品生产过程中新创造的价值。在实物产品生产过程中，随着科学技术的进步，单位产品所含 V 的比重降低，C 的比重提高。与此同时，生产单位产品所耗费的劳动量减少，商品的价值量呈下降的趋势。例如，由于科学技术的进步和生产方法的更新，生产计算机的劳动耗费不断下降，计算机的价值和价格也大幅度下降。体育服务产品则不同。体育部门提供的运动训练和运动竞赛服务是一种技巧性很强的人力型服务，需要熟练程度很高、很强的复杂劳动，需要耗费大量的体力和脑力。随着科学技术的进步及其在体育运动中的应用，体育运动的水平越高，动作技术难度越大，身体负荷量相应越大，要进一步提高运动成绩，就越困难。例如，在男子100米短跑这个项目中，当运动成绩提高到10秒时，已经处于世界较为顶尖的水平，若要在此基础上提高0.1秒，其难度比运动成绩在11秒时要困难得多。在运动竞赛水平更高、竞争更加激烈的情况下，要继续提高运动成绩，创造新的技术和动作，就需要更加科学、更加严格的训练，劳动复杂程度、紧张程度会更大，体力、脑力的消耗和训练费用的边际成本比以往高得多。这些情况表明，体育服务产品中的运动竞赛和运动训练服务的价值量存在上升的趋势。

三、体育服务产品价格构成

在正常企业化经营的条件下，体育服务产品的价格包括成本、利润和税金三部分。成本是体育服务价格的基础，包括以下几部分费用：体育服务产品生产过程中体育设施、器材、用具的折旧费，体育设施的照明、燃料及其他材料的费用，维持正常运转的维修费用，职工的工资和福利费，管理费用等。由于现阶段我国体育经营单位的性质并不完全一样，有的是事业经营型，有的是企业型，因而体育服务的价格构成并不完全一致。大体可分为两种类型：

一种是全费服务价格。其价格构成包括体育服务生产经营中的成本、利润和税金。实行全费服务价格的大都是自主经营、自负盈亏的企业型和商业型体育经营机构；部分体育事业单位，虽非自主经营的企业，但实行企业化管理，也实行全费服务价格，如娱乐性较强或高档次的体育服务机构、设备完善的体育娱乐中心、高尔夫球场、保龄球房、台球房、网球场等，不论其投资来源如何，都实行全费服务价格。例如，近年来在各大城市十分火爆的24小时连锁健身房，就是全费服务价格模式。

另一种是优惠服务价格，即部分收费价格。这种价格往往不包含利润和税金，或者仅获得微利，或仅相当于成本，甚至低于成本，其亏损部分由财政补贴，或者从经营其他业务所获得的收益来补偿。如向社会开放的体育场馆对群众性体育竞赛活动的服务、各种非营利性的体育培训班，往往都按优惠政策收费。企业、事业单位内部经营的游泳池等体育设施，大都以优惠价格提供服务。例如，各地区的公共体育馆通常以极低的价格面向群众开放，其主要目的不在于营利，而是为人民群众提供健身娱乐、休闲玩耍的场所，以推动全民健身。不过目前，也有许多公共体育场馆开始引入社会资本力量对其进行运营，在不损害人民群众体育健身权利的情况下为各类场馆提高营业收入，保持场馆运营的可持续性。

四、体育产品的定价及其在体育市场中的运用

（一）体育产品的定价目标

定价目标是指企业通过制定特定水平的价格，凭借价格产生的效用所达到的目的。定价目标不同，拟采用的定价方法也就不同。不同的定价目标适用于不同的市场环境和企业自身的发展状况。体育市场的经营决策者可根据不同的情况参考制定不同的定价目标。体育企业的定价目标大致有如下几种。

1. 追求盈利最大化

盈利最大化是指企业在一定时期内追求所能获得的最高盈利总额。不断获得更多的盈利是企业生存发展的前提条件，因此盈利最大化是企业在经营过程中追求的目标之一。最大化的盈利并不在于制定最高的价格，而更多地取决于合理价格所推动产生的需求量和销售规模。追求盈利最大化的定价目标是以良好的市场环境和自身产品在市场中的优势定位为前提的。首先，良好的市场环境是指体育产业无论在宏观政策层面还是在实际的市场中都具有较为清晰的发展前景，且能从产业产值的增长率中得以体现；其次，当体育企业及其所生产的产品和服务在市场上享有较高的声誉、在竞争中处于有利的地位时，定价追求最大化盈利才是切实可行的。但因为任何一个企业不可能永远保持其绝对的优势地位，在更多情况下，企业会把追求盈利最大化作为一个长期定价目标，同时按一个适应特定环境的短期目标来制定价格。2023年7月，梅西加盟迈阿密国际足球俱乐部，球迷们付费入场观赛的意愿在短时间内激增，为迈阿密国际足球俱乐部带来球队从未拥有的商业影响力，并实时反映到球队的票价上。在球迷需求量最高、

支付意愿最强时大幅提高票价,以此来实现利润的最大化是球队在该时期制定的价格策略。

2. 实现预期的投资收益率

企业对于所投入的资金,都希望在预期的时间内分批收回。因为价格水平等于成本加预期的盈利,投资收益率的确定与价格水平直接相关。确定投资收益率至少要掌握以下原则:投资为银行借贷资金,投资收益率要高于贷款利率;投资为企业自有资金,投资收益率要高于银行存款利率或相关债券利率;投资为政府调拨资金,投资收益率要高于政府规定的收益目标。

3. 适应价格竞争

价格竞争是市场竞争的一个方面。处于激烈竞争中的企业经常以适应价格方面的竞争来作为定价目标。实力雄厚的大企业往往利用价格竞争来排挤竞争者,实力较弱的小企业则追随主导的竞争者价格或以此为基础进行抉择。价格竞争实质上也是争夺市场占有率的一种主要手段。面对价格竞争,在作出决策之前应界定好三个前提,第一,竞品降价的原因;第二,在竞争中自身的角色,即领导者、挑战者,还是追随者;第三,自身的竞争战略。

4. 提高市场占有率

市场占有率是企业经营状况和产品竞争力的综合反映。拥有高市场占有率往往意味着高盈利率。因此,提高市场占有率比短期高盈利更有意义。正因为如此,提高市场占有率是企业通常采用的定价目标。以低价打进市场,开拓销路,进而逐步占领市场是以提高市场占有率为定价目标时普遍采用的方法。扩大产品销售量,保持或提高市场占有率,是企业经营成败的关键。因为只有扩大销售量,提高市场占有率,企业才可以获得较高的利润,才可以提高本企业在市场上的地位和影响。

5. 维持企业形象

企业形象是企业的无形财富。以维护企业形象为定价目标要求企业定价时首先要考虑价格水平是否有利于企业整体策略的稳定实施。

6. 尽快回收企业的投资

尽快回收企业的投资,这是某些新产品定价,特别是产品生命周期短的新产品定价时应考虑的定价目标。因为，如果把价格定得太低，就可能导致投资还没有收回，产品已经过时，使企业蒙受损失。

7. 维持生存

通常是企业处于不利环境时实行的一种缓兵之计。为避免倒闭或度过淡季，企业往往推行大幅度折扣，甚至亏本出售产品以求收回资金，维持经营。这种定价目标只作为特定时期内的过渡性目标。

（二）影响体育产品和服务定价的因素

影响体育产品和服务定价的因素有很多，可以从以下几方面来考虑。

1. 国家的法律法规和政策

企业在经营定价时不能只顾本企业的利益，而不顾国家和人民的利益。体育企业在定价时首先要遵守与体育商品定价相关的各种法律法规，如《中华人民共和国价格法》《中华人民共和国消费者权益保护法》《中华人民共和国体育法》等，不能逾越红线，从而出现违法行为；其次，要以体育行业的政策文件为参考，如《体育强国建设纲要》《全民健身计划（2021—2025年）》等，合理保障社会与人民群众的利益，在追求经济效益的同时也保证社会效益，以提高和推动体育运动水平和全民身体素质为重要目标。

2. 产品成本

成本是产品价格的基本组成部分。成本越高，价格应当越高。成本低的产品，即使市场需求量很大，价格也不应定得太高，否则可能会违反相关法律，卷入社会舆论之中。一般情况下，价格应当高于总成本。有时，价格可能低于总成本，但必须高于变动成本。如果价格低于变动成本，除特殊情况外，企业应当立即停止这类产品的生产。

3. 市场供求情况

价格影响市场的供求情况，市场的供求情况也影响价格。当产品在市场上供不应求时，价格应定得高些；反之，就应定得低些。

4. 产品的需求弹性

需求弹性系数比较大的产品，为了增加销售量，价格可以定得适当低些，薄利多销，增加企业的总利润。对于需求弹性系数比较小的产品，在国家政策的允许下，价格可以适当高些。

5. 市场经营组合的其他因素

价格与产品、促销方法、销售渠道组成了产品的市场经营组合策略。所以，在对某些产品定价时，必须考虑这三大因素。例如，当产品性能好、质量高、包装美观大方、牌子响亮时，价格可定得高些；反之，就应定得低些。处于介绍期、成长期的产品，价格要高些；处于成熟期、衰退期的产品，价格应低些。广告和其他费用支出多时，价格可定得高一些；反之，价格就应当低一些。

（三）体育产品的主要定价方法

1. 成本加成定价法

这种方法使用简单，广泛应用于体育产品的定价中。使用下列简单的公式即可算出产品的价格：

价格＝单位产品的成本＋预计获得的单位产品的利润

这个方法要求有准确的成本信息。例如，主办一场篮球赛，组织者的利润目标是成本的40%，通过预计销售的数量，组织者可能将比赛场内的饮料、食品等的利润定为100%，将门票、停车等的利润定为20%，其总目标是获得不低于40%总成本的利润。

健身俱乐部也可使用这种方法进行定价。管理者必须仔细估算支持理想数量会员的总的固定成本和可变成本。例如，某俱乐部有900名会员，1年的总成本是500 000元，希望1年获得100 000元的利润（即成本的20%）。该俱乐部必须平均收取会员约（500 000＋100 000）/900＝667元。这个价格是平均价格，俱乐部可以根据消费者的消费频率进行不同收费。总之，总的定价目标是使俱乐部获得100 000元/年的利润。

该定价方法具有计算简单、简便易行的特点。在正常情况下，按此方法定价可使企业获得预期盈利。其缺点是：忽视市场竞争和供求状况的影响，缺乏灵活性，难以适应市场竞争的变化形势。加成率的确定仅从企业角度考虑，因而难以预知该价格水平下的销售量，使固定成本的分摊难保合理。而且加成率确定以后，产销量越大，固定成本分摊额越低，价格也越低，因此可能丧失一部分应得利润；反之亦然。

2. 盈亏平衡点定价方法

盈亏平衡点是指投入与产出平衡、盈利为零时的经营点。按此方法定价，首先要找出企业的盈亏平衡点，其步骤如下：

（1）确定单位可变成本，并以此为基础估算产品价格，然后加入固定成本费用的分摊额，计算达到盈亏平衡点所需要的销售数量。

$$盈亏平衡时的销售量 = \frac{固定成本}{估算价格 - 单位可变成本}$$

（2）利用此公式计算出的销售量实际是保本的销售量，所估算出的价格就是保本价格。

$$保本价格 = \frac{固定成本}{盈亏平衡时的销售量} + 单位可变成本$$

（3）在保本价格的基础上加上预期盈利即为实际价格。即：

$$实际价格 = \frac{固定成本 + 预期盈利总额}{销售数量} + 单位可变成本$$

该方法侧重于总成本费用的补偿，这一点对生产经营多元化产品的体育企业很重要。因为一种产品盈利伴随其他产品亏损的现象时有发生，经销某种产品时所获得的高利润与企业总利润的增加并无必然的联系，因此定价应从保本入手，而不是单纯考虑某种产品的盈利状况。在某种产品预期销售量难以实现时，可相应提高其他产品的产量或价格，逐步在整体上实现企业产品结构及产量的优化组合。另外，该方法对健身俱乐部等参与性体育企业而言也有重要的意义。在非高峰期时，光临的顾客很少，组织者可以以任意高于单位可变成本的低价提供服务。这样至少有两个好处：一是可以在淡季有一定的收益，多少分摊一些固定成本费用；二是全年不间断地保持营业，使老顾客不至于淡忘该企业，强化消费者的记忆。

公用体育事业单位的项目通常使用一种稍做变化的盈亏平衡点的定价方法对其服务进行定价。对于这些活动的组织者，他们可以忽略固定成本费用，如场地、场馆等，因为这些固定成本是由国家承担的，他们只需考虑其可变成本即可。

（四）体育产品的定价技巧

1. 渗透定价和撇脂定价

渗透定价的意思是低价投放市场，使产品在市场上广泛渗透，从而提高企业的市场占有率，然后再随市场份额的提高调整价格，降低成本，实现盈利目标。这种定价方法的优点是能迅速打开新产品的销路，有利于提高市场占有率，树立良好的企业形象，同时，低价薄利信号不易诱发竞争，便于企业长期占领市场。缺点是成本回收期长，且价格变动的余地小，难以应对短期内骤然出现的竞争或需求的较大变化。组织者还要防止低价位给消费者低价值的印象。因为对某些消费者来说，一个较低价位的产品或服务意味着低质量；相反，比较高的价格往往会给人产品高价值的印象。

撇脂定价，即高价投入新产品，售价远远高于成本，目的是短期内回收成本，并迅速获利。当竞争产品进入后，随即降低价格，再进一步开拓市场。这种定价方法的优点是易于企业迅速实现盈利目标，掌握市场竞争的主动权，特别是对于新产品。缺点是在高价抑制下，销路不易扩大，同时高价厚利极易诱发竞争。这种定价方法的使用时段较短。

2. 时段定价

时段定价是分不同的时段制定不同的价格。这里所说的时段有两层含义：一是指销售时段，二是指消费时段。体育产品和服务的组织者可以针对不同的销售时段和消费时段进行不同的定价。

有研究表明，在体育竞赛服务市场中，随着比赛的临近，比赛门票的价格有下降的趋势，特别是比赛当天、比赛将要开始时刻的门票价格。这与体育竞赛服务的成本特点有关。在一场比赛的门票尚未售完的情况下，每卖一张门票，组织者付出的边际成本接近于零，即一张门票的销售额几乎就等于纯利润。

在不同的消费时段制定不同的价格比较容易理解。这种定价方法可以使组织者平衡高峰和非高峰时段的市场需求。例如，国内大部分保龄球馆都采用了分时段的定价方法，晚上 7:00—11:00 是消费的黄金时段，这时的价格往往最高，深夜、午餐后、早上的价格可适当降低。运用这种定价策略的组织者必须注意需求价格弹性，在实行非高峰消费时段的折扣定价时，要避免或减少原来高峰期的消费者"逃"到非高峰期消费的现象，因为这样可能减少总的利润。

3. 消费者区割定价

消费者区割定价是针对不同的消费者群体制定不同的价格。进行消费者区割的依据往往采用消费频率。马蒂·莱文（Matt Levine）对美国体育竞赛市场的研究表明，公司季票的购票者、团体购票者、偶尔光顾一次或几次的消费者对门票价格的反应是不一样的。公司季票的持有者主要关心的是能否确保比较理想的座位，而组织者有规律的合理的价格浮动对其购买行为影响甚小。团体购票者心里普遍有一个合适的价格范围，超出这个范围，他们就有"逃"的可能，而偶尔消费一次或几次的消费者对价格变动是最敏感的。

组织者还可以根据一些人文因素将消费者进行区割，并制定不同的价格水平，如对学生、儿童、低收入人员、非营利机构人员等制定较低的价格，而对高收入、商业机构人员制定较高的价格。

此外，体育竞赛市场的组织者还可以对不同的观看位置进行不同的定价，体育场馆的不同座位、不同的观看角度，观众享受的欣赏效果是不同的。据此，可以实行不同的价格供消费者选择。这是在国内外体育竞赛市场广泛采用的一种定价策略。

需要指出的是，定价策略是体育市场营销组合的一个方面，它与促销和公共关系联系尤其密切，只有控制和协调好整个市场营销组合，才能达到各类体育企业整体营销的目标。

（五）体育产品的特色定价策略

1. 体育赛事联票销售定价策略

在体育赛事中，常采取联票的销售方式，即捆绑销售。不仅可以在赛事中向消费者销售联票，也可以通过比赛与其他商品捆绑起来增加收入。例如，CBA 的多家俱乐部会推出季票、月票等联票销售包，吸引俱乐部的忠实客户群体以总价较为优惠的价格到场观看比赛，同时也会推出买球票送纪念球衣等活动，但实质是将球衣的成本也计算在了门票之中。

2. 多买多送的体育产品定价策略

在健身房或者其他体育活动中，体育企业为吸引更多消费者，常推出买一送一的活动，比如，办一个月健身卡再赠送一个月，或者第二个月半价，由此吸引消费者进行消费。

3. 体育总分产品联合定价策略

目前参与体育运动一般会涉及多种产品，例如在进行滑雪运动过程中，可能会涉及滑雪装备租赁、门票、技术指导等，这在一些滑雪场中是提供配套服务的，由此可以从总产品推出分产品，或由分产品反推出总产品。

第二节 弹性理论及其在体育市场中的运用

弹性是物理学中的概念，指某一物体对外界力量的反应力。而在经济学中，弹性被引申用来表示两个经济变量变化时的相互关系。经济学中的弹性就是指作为因变量的经济变量 Y 的相对变化对于作为自变量的经济变量 X 的相对变化的程度。弹性分为需求弹性与供给弹性，需求弹性又分为需求价格弹性、需求收入弹性和需求交叉弹性。

一、需求弹性

（一）需求价格弹性

价格影响需求，需求随价格变化而变化。但需求如何随价格变化而变化呢？例如，现在某厂功率自行车每辆售价 2 500 元，某月生产 10 000 辆，销售 4 000 辆，积压 6 000 辆。如果降价一定幅度，是否能促进销售？市场需求量会增加多少？对于不同的产品，需求随价格变化的程度不同，需求价格弹性理论就是研究这个问题的。

需求价格弹性是指产品价格的变化对需求量产生影响的程度，也就是需求量变化的百分比与价格变化的百分比之比。需求弹性的大小用弹性系数来表示。弹性系数大，表示需求量变化的百分比大于价格变化的百分比，即需求量对价格变化的灵敏度高，只要价格稍有变动，需求量就会有较大的变化；弹性系数小，表示需求量的变化程度小于价格的变化程度，即需求量对价格的反应比较迟钝，价格变化对需求量产生的影响程度小。需求价格弹性可用公式表示如下：

$$需求价格弹性系数 = \frac{需求量变化的百分比}{价格变化的百分比}$$

即

$$E_d = \frac{(Q_1 - Q_0)/Q_0}{(P_1 - P_0)/P_0}$$

式中：E_d——需求价格弹性系数；

Q_0，Q_1——变化前后的需求量；

P_0，P_1——变化前后的产品价格。

由于价格的变化与需求量的变化是沿着相反的方向进行的，即价格上升，需求量下降，价格下降，需求量上升，所以，弹性系数是一个负值。然而，为了研究方便，一般规定取弹性系数的绝对值。

1. 弹性系数的 5 种情况

从理论上讲，弹性系数共有 5 种情况，即弹性系数大于 1、小于 1、等于 1、无限大、等于 0。弹性系数大于 1 时叫作弹性需求；小于 1 时叫作非弹性需求；无限大时叫作完全弹性需求；等于 0 时叫作完全无弹性需求；等于 1 时叫作单位弹性需求。

（1）弹性需求。弹性系数大于 1 时的需求叫作弹性需求，或称富有弹性。当产品的需求价格弹性系数大于 1 时，说明价格变化对销售量的影响程度大。例如，市场中所存在的一些非必需品往往具有较大的需求弹性：当某一运动饮料类产品价格上涨时，人们能够较为轻松地寻求到其他品牌作为替代品进行消费，此时该运动饮料类的销量就会受到极大影响。

（2）非弹性需求。弹性系数小于 1 时的需求叫作非弹性需求，或称缺乏弹性。当弹性系数小于 1 时，说明价格变化对销售量变化的影响不大。例如，住房购买的需求弹性相对而言就比较小，因为它是人们生活中的栖息之地，但又因为除了购买房屋，人们也可以选择租房或酒店，因此购买住房的需求弹性并不为 0。

（3）完全无弹性需求。弹性系数等于0时的需求叫作完全无弹性需求。即不论价格如何变化，需求量都不会变或几乎不变。在完全垄断、独家经营市场上的体育用品就属于这种情况。例如，生活中许多必需品的需求弹性就很小，若饮用水的市场价格在一定时期内涨到原来的10倍，其销量可能不会受太大影响，当然人们不会因为价格的上涨而放弃饮水，但可能会改变饮用水的一些浪费现象。

（4）完全弹性需求。弹性系数无限大的需求叫作完全弹性需求。在这种情况下，价格稍有一点变动，需求量就会大幅变化，这类商品具有极高的价格敏感性。在完全竞争市场上的同质产品就属于这种情况。例如，假设市场中只存在两家运动饮料制造商A和B，在一开始其销售价格都是2元/瓶，当A公司独自将运动饮料价格提升到3元/瓶甚至更高时，很有可能会导致其产品迅速滞销，而B公司的产品销量大幅度增加。

（5）单位弹性需求。弹性系数等于1时的需求叫作单位弹性需求。在这种情况下，需求量变动的比率与价格变动的比率是相等的。

完全弹性需求、完全无弹性需求和单位弹性需求的情况在现实生活中基本上是不存在的。图7-8表示5种需求弹性系数的情况。

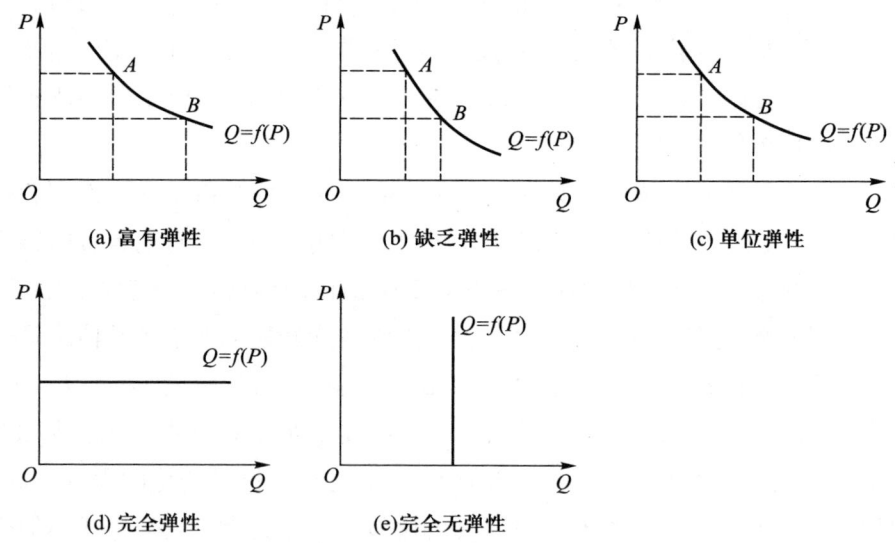

图7-8　5种需求弹性系数的情况

2. 影响需求价格弹性的主要因素

（1）替代品的多寡和强弱。替代品越多，弹性越大；替代性越强，弹性越大。因此，对一种商品变动价格时，要对其替代品进行认真分析研究。

（2）购买此产品所付费用占消费者收入总额的比例。比例越大，弹性越大。如家用功率自行车、跑步机等，弹性大，价格变化对需求量产生的影响也就大，降价50%，需求量就会大量增加。而像运动鞋钉、发令枪等小体育商品，即使成倍地提价或大幅减价，需求量也不会有明显变化。

（3）必需品弹性小，奢侈品弹性大。体育运动中必需的产品，如田径运动中的栏架、铅球、标枪等，即使调价幅度大，需求量的变化也不大，而像高尔夫球、保龄球等奢侈体育消费品，其价格变化幅度对需求量则有较大影响。

（4）竞争越激烈，弹性越大。市场竞争激烈时，商品弹性很大，价格上升，销售量就会大量下跌，降低价格，销售量就会大幅上升。

需求弹性理论客观地反映了社会上各种产品的需求对价格变化反应的灵敏度。某种商品的需求弹性到底有多大，是由上述这些因素综合决定的，不能只考虑其中的一种因素。而且，某种商品的需求弹性也因时期、消费者收入水平和地区而不同。因此，企业在制定和改动各种产品的价格时，必须考虑影响这些弹性系数的各种现有的和潜在的因素；否则，就会产生不利的后果。

（二）需求收入弹性

1. 需求收入弹性的概念与分类

需求量的变动不仅取决于价格，还取决于收入。需求收入弹性又称收入弹性，是指收入变动的比率所引起的需求量变动的比率，即需求量变动对收入变动的反应程度。

一般用需求收入弹性系数来表示弹性的大小。这一弹性系数是需求量变动的百分比与收入变动的百分比的比率。计算需求收入弹性系数的公式是：

$$需求收入弹性系数 = \frac{需求量变动的百分比}{收入变动的百分比}$$

即

$$E_m = \frac{(Q_1 - Q_0)/Q_0}{(Y_1 - Y_0)/Y_0}$$

式中：E_m——需求收入弹性系数；

Q_0，Q_1——变化前后的需求量；

Y_0，Y_1——变化前后的收入。

在其他条件不变的情况下，消费者收入增加后对各种商品的需求也会增加，但对不同商品需求增加的多少并不相同。这样，各种商品的收入弹性大小也就不同。收入弹性一般分为5类：

（1）收入无弹性，即系数等于0（例如食盐）。在这种情况下，无论收入如何变动，需求量都不会变化。这时，收入－需求曲线是一条垂线。

（2）收入富有弹性，即系数大于1（例如优等品、高档品、耐用品、奢侈品）。在这种情况下，需求量变动的百分比大于收入变动的百分比。这时，收入－需求曲线是一条向右上方倾斜且比较平坦的线。

（3）收入缺乏弹性，即系数大于0小于1（例如必需品）。在这种情况下，需求量变动的百分比小于收入变动的百分比。这时，收入－需求曲线是一条向右上方倾斜且比较陡峭的线。

（4）收入单位弹性，即系数等于1。在这种情况下，需求量变动与收入变动的百分比相同。这时，收入－需求曲线是一条向右上方倾斜而与横轴成45°角的线。

（5）收入负弹性，即系数小于0（例如劣等品、吉芬品）在这种情况下，需求量的变动与收入的变动呈反方向变化。这时，收入－需求曲线是一条向右下方倾斜的线。

2. 需求收入弹性与恩格尔定理

经济学家根据长期统计资料分析得出：生活必需品的收入弹性小，而奢侈品和耐用品的收入弹性大。恩格尔定理正是这个结论的证明。德国统计学家恩格尔根据他对德国某些地区消费统计资料的研究，提出了一个定理：随着人们收入的提高，食物支出在全部支出中所占的比重越来越小，而恩格尔系数等于食物支出与全部支出之比，所以恩格尔系数是递减的。恩格尔系数可以反映一国或一个地区居民的富裕程度与生活水平。一般来说，恩格尔系数越高，富裕程度和生活水平越低；反之，则越高。恩格尔定理从某种角度上说明了生活必需品（食物）的收入弹性小。

此外，还可以根据收入弹性的大小来划分商品的类型。一般认为，收入弹性为正值的商品是正常商品，收入弹性为负值的商品为劣等品；收入弹性大于1的商品为奢侈品，收入弹性大于0小于1的商品为必需品。

（三）需求交叉弹性

需求的变动除了受到价格和收入的影响，还受到其他商品价格变动的影响。需求交叉弹性就是用来衡量其他商品价格变动的比率所引起的某商品需求量变动的比率，即某商品需求变动对其他商品价格变动的反应程度。某商品需求量变动的比率与另一种商品变动比率的比值就是需求交叉弹性系数。

计算需求交叉弹性的公式是：

$$E_c = \frac{(Q_{x1} - Q_{x0})/Q_{x0}}{(P_{x1} - P_{x0})/P_{x0}}$$

式中：E_c——需求交叉弹性系数

Q_{x1}，Q_{x0}——变化前后的 X 商品的需求量

P_{x1}，P_{x0}——变化前后的 Y 商品的收入

对不同的商品关系而言，需求交叉弹性系数不同，互补商品之间价格与需求量的变动呈反方向，替代商品之间价格与需求量的变动呈同方向。例如，在体育用品领域，羽毛球和羽毛球拍是一对互补品，羽毛球的价格上涨会导致羽毛球拍的销量下降，它们的价格与需求量之间的变动呈反方向，交叉需求弹性为负；护膝、护踝等保护用具与肌肉贴属于一定程度上的替代品，当保护用具价格上涨时，肌肉贴的需求量也会上涨，它们的价格与需求量之间的变动呈同方向，交叉需求弹性为正。

假定考察 A 商品对于 B 商品的交叉弹性，即考察 A 商品需求量相应于 B 商品价格变动作出反应的敏感程度。交叉弹性能够帮助鉴别两种商品是否为互补、替代商品。$E_c > 0$ 是替代品，$E_c < 0$ 是互补品，当 $E_c = 0$ 时是独立无关的商品。

二、供给弹性

（一）供给价格弹性的概念与分类

供给弹性即供给价格弹性，用来说明供给对市场变化的反应程度，是对供给变化从定性转向定量的表述。

供给定理表明，价格上升将使产品的供给量增加。供给价格弹性衡量供给量对产品价格变动的反应程度，如果供给量对价格的变动反应很大，就说这种物品的供给是富有弹性的；如果供给量对价格变动的反应很小，就说这种物品的供给是缺乏弹性的。供给价格弹性取决于卖者改变其所生产的物品量的灵活性。对于供给价格弹性的计算，我们可以用供给变动百分比与价格变动百分比的比值来计算，这个比值也称供给价格弹性系数。公式为：

$$供给价格弹性系数 = \frac{供给量变动百分比}{价格变动百分比}$$

即

$$E_s = \frac{(Q_1 - Q_0)/Q_0}{(P_1 - P_0)/P_0}$$

式中：E_s——供给价格弹性系数

Q_1，Q_0——变化前后的需求量

P_1，P_0——变化前后的价格

从理论上讲，供给价格弹性系数存在 5 种可能，即弹性系数等于 0、弹性系数等于 1、弹性系数大于 1、弹性系数小于 1 和弹性系数无限大等。它们分别对应 5 种供给弹性状况：

（1）完全无弹性供给。当供给价格弹性系数等于 0 时，供给称为完全无弹性供给。即不论价格如何变化，产品的供给都不会或几乎不会发生变化。例如，破世界纪录运动员的供给弹性接近 0。

（2）单位弹性供给。当供给价格弹性系数等于 1 时，供给称为单位弹性供给。这时，供给变动的百分比与价格变动的百分比是完全相同的。

（3）弹性供给。弹性系数大于 1 的供给叫作弹性供给，或者说供给是

富有弹性的。在这种情况下,价格变化对供给的影响程度是比较大的。例如,对一般的体育用品制造企业来说,当供给量较低时,大部分生产器械和工厂闲置,此时价格的小幅上涨都会使得企业利用这些闲置的生产设备进行生产,供给弹性较高。

(4)非弹性供给。弹性系数小于1的供给叫作非弹性供给,或者说供给是缺乏弹性的。它说明价格变化对供给的影响不大。例如,当随着价格上涨,体育用品制造企业不断接近自己的最大生产能力,当生产能力接近上限时,再增加产量就需要建立新的工厂,要使企业能够承受这种额外支出,价格就必须大幅度上涨,因此供给变得缺乏弹性。

(5)完全弹性供给。在弹性系数无限大的情况下,供给对价格的变动反应非常灵敏,价格的一个微小变化就会引起供给量的巨大变化,这时的供给就叫作完全弹性供给。

事实上,完全无弹性供给、完全弹性供给和单位弹性供给这三种情况基本上是不存在的,现实中多是富有弹性和缺乏弹性这两种情况。

造成供给弹性不同情况的原因主要有两个:一是企业改变其生产的难易程度。如果企业比较容易调整自己的产量,则供给就是富有弹性。例如,一些快速消费品的生产企业,它们可以通过延长或缩短工厂的运行时间来改变产量。而诸如经营房地产之类的企业就不太容易作出快速的调整,这种供给就是缺乏弹性的。二是对市场变化反应的时间长短。供给在长期中的弹性通常都大于短期。在短期中,企业不能轻易地改变规模来调整产品的生产;在长期中,企业可以增加资本投入,可以退出旧市场,进入新市场。所以,在长期中,供给能够对价格作出较大的反应。

(二)影响供给价格弹性的主要因素

(1)时间因素。厂商对产量的调整需要一定的时间。在短期中,都存在不同程度的困难,供给弹性较小。在长期中,生产规模的扩大与缩小是可以实现的,供给价格弹性较大。

(2)生产成本。如果产量增加只引起边际成本的轻微提高,则意味着厂商的供给曲线比较平坦,供给的价格弹性较大。如果产量增加引起边际成本较大的提高，则意味着厂商的供给曲线比较陡峭，供给弹性较小。

（3）生产周期。一定时期内，生产周期较短的产品，可以根据价格变化及时调整产量，供给弹性较大；相反，生产周期较长的产品无法及时根据价格变化进行产量的调整，供给弹性较小。

三、弹性理论在体育市场中的运用

（一）体育产品生产要素的替代弹性呈现多样性

体育产品生产要素的替代弹性是指体育产品的一种生产要素的价格变化后，与另一种生产要素相互替代的变动率。体育产品生产要素的替代弹性可分为以下两种情形。

1. 体育产品生产要素的需求交叉弹性为零

许多体育产品生产要素的搭配、组合比例是高度固定的，不能有任何改变，否则，便不能正常地完成一次体育产品的生产过程。在这种情况下，体育产品生产要素间的需求交叉弹性便可以认定为零。如足球比赛，不管运动员的出场费多么昂贵，都不能以更多的足球、场地等生产要素替代运动员去完成一场足球比赛。有些运动员尤其是著名运动员，其转会费、出场费是相当高的，但有些俱乐部还得忍痛花高价钱购买这样的运动员，或者出高价钱请他们出场，而不用其他生产要素来替代这些高价钱的运动员。经济学上对这种现象的解释是，这些运动员的需求交叉弹性为零，再多的投入品也不能替代他们。

2. 体育产品生产要素的需求交叉弹性较大

有些体育产品的技术系数是完全可以变化的，即采取完全不同的要素投入组合方式，可生产出同样的体育产品。这样，当一种生产要素的价格变化后，可完全由另一种要素来替代。这便是体育产品生产要素需求交叉弹性较大的情形。例如，在个人锻炼、健身活动中，如果健身器材、健身房租用费等价格太高，许多人难以承受，那么，他们会进行徒手运动，如跑步、散步、练气功、打太极拳，或者到普通免费的场地运动、健身。所以，在个人锻炼、健身活动等体育产品的生产中，一般运动器材与高档健身器材、普通运动场地与高档健身房之间有一种完全的替代关系。

体育产品生产要素的这一特征说明，健身器材、健身房等生产要素的提供者不能将这些要素的价格定得过高，否则，会迫使消费者使用价格较低的替代品。

（二）体育产品生产要素的供给弹性有一些特殊性

体育产品生产要素的供给弹性是指其价格变动对供给量变动的影响程度。下面分几种情形说明体育产品生产要素的供给弹性。

1. 运动员的供给弹性系数小于1

运动员是体育产品的生产者，他们掌握了特殊知识，有专门技能。一些特殊体育项目的运动员，是一般人难以替代的。有些运动员则身怀绝技，堪称举世无双。如篮球明星乔丹、足球明星罗纳尔多等，都是他们所在体育项目的顶尖人物，他们的供给弹性几乎可以说是零。当价格上升时，供给量也不能相应地增加。

大多数运动员的供给弹性系数处于小于1、大于0的范围。因为他们有专门的技能，非专业化人员很难替代他们，但他们又不是像乔丹等人那样几乎无人可以替代。并且，在运动员的价格上涨后，其供给量不可能随之马上作调整。因为运动员作为一种特殊劳动者，需要掌握专门的技能，其培养、培训周期较长。从总体上讲，在劳动力市场上，体育产业劳动力（运动员）的供给弹性要小于一般产业（如第一和第二产业）劳动力的供给弹性。在一般产业，随着产业结构的调整和劳动力相对价格的变化，经过一定的培训后，劳动力可以自由地在许多产业间流动。从技术性方面讲，从其他产业流入体育产业的较少，而从体育产业流入其他产业的多。大量的事实是，成功或不成功的运动员退出体育领域后，在其他产业领域重新就业（如经商），可以较好地适应新部门的要求，其中干出一番事业的不乏其人。但是，从其他产业半路出家进入体育产业，并取得好成绩的人，则鲜有所闻。这说明，体育产业劳动力的供给有特殊性，其弹性小于一般产业的供给弹性。

2. 一般运动器材的供给价格弹性系数大于1

这里所说的一般运动器材，包括运动鞋、运动服、球类等生产周期短、技术含量较低、价格不是非常高的体育运动用品。从生产技术和管理的角度讲,当这些要素的价格变化后,调整生产的难度较小,其产量可以适应于价格变化而快速变动。因此,一般运动器材的供给价格弹性系数是大于1的。

3. 运动场馆的供给价格弹性系数小于1

体育运动场馆的供给价格弹性系数小于1。因为从生产技术和管理的角度讲,这类要素的生产周期长、技术含量较高,在它们的价格发生变化后,调整生产、增加供给的难度大。这意味着其供给变动的幅度比价格变动幅度小。

(三)体育产品需求弹性

体育产品需求价格弹性用体育产品需求量变动百分比与其价格变动百分比的比值来计算。体育需求收入弹性用体育产品需求量变动百分比与体育消费者收入变动百分比的比值来计算。体育需求弹性反映了体育市场对经济变化的敏感度和适应性。

从体育产品需求价格弹性来看,由于目前我国体育产业起步较晚,对体育锻炼的认知程度处于不断上升的阶段,部分体育产品和服务与人们的需求存在不匹配的情况。当体育产品或服务的价格上涨时,人们对相应服务的需求量会有较大的变动。

如果从体育需求收入弹性来看,体育产品属于普通商品,即体育产品或服务的需求量会随着体育消费者收入的增加而增加,二者呈正相关关系。但由于目前体育产品在我国尚处在市场未饱和状态,所以体育产品需求收入弹性也是较大的。

随着我国经济的发展、人民生活水平的提高以及体育消费观念的不断改变,体育消费将逐渐走入普通百姓的日常生活中,体育产品需求价格弹性与收入弹性也将逐渐呈现降低的趋势。

3桶羽毛球价格直逼1克黄金

思考题

1. 体育产品市场均衡价格是怎样形成的？试举例说明。
2. 体育服务产品价值量的决定因素有哪些？
3. 简述影响体育产品定价的因素。
4. 体育产品的定价方法有哪些？
5. 什么是盈亏平衡点定价方法？请举例说明。
6. 如何理解弹性理论在体育产品中的应用？
7. 为什么说运动员的供给弹性系数小于1？

第八章
体育消费者行为理论

本章导学

本章结合社会文化变量与心理认知机制,构建多维影响因素模型;特别聚焦中国的消费特征演化,剖析经济政策调整、社会结构变迁与消费升级的互动关系。既呈现理论模型的解释力,又强化对本土体育消费市场的现实关照,为理解体育经济微观基础提供完整认知图谱。

学习目标

1. 辨析经济、文化、社会、心理因素的作用机制。
2. 评估中国居民体育消费的现状特征与趋势。
3. 理解国民经济发展对消费行为的重塑效应。
4. 培养跨学科分析体育经济现象的学术思维。

第八章 体育消费者行为理论

第一节 体育消费者行为理论基础

一、消费者

狭义的消费者，是指购买、使用各种产品和服务的个人或居民户。广义的消费者，是指购买、使用各种产品与服务的个人或组织。本书主要是从狭义的角度来研究消费者行为。

人从诞生之日起，就已经开始消费各种各样的社会产品。对这些产品的消费，有些是基于生理的需求，这是人们维持自身的"简单再生产"所必需的；有些是基于较高层次的心理和精神需要而作出的决定，如不断地学习、不断地更新知识、不断地购买各种参考资料、不断地进修深造。这两种消费虽然都是人类需要的层次，但它们既有区别又有联系。前者是人们的一种本能性消费，是人类全部消费的基础；后者是一种社会性消费，源于又高于本能性消费。随着社会经济和科学技术的发展，无论是本能性消费还是社会性消费，其消费对象越来越丰富多彩，由此使消费者在消费过程中得以更充分地体现自己的个性。在现实生活中，同一消费品的购买决策者、购买者、使用者可能是同一个人，也可能是不同的人。例如，大多数成年人用品很可能是由使用者自己决策和购买的，当然也不排除他人为其购买的可能。而大多数少儿用品的使用者、购买者和决策者则很有可能是分离的。如果把产品的购买决策、实际购买和使用视为一个统一的过程，那么，处于上述过程任一阶段的人，都可能成为消费者。

二、消费者行为

美国市场学会把消费者行为定义为："感知、认知、行为以及环境因素的动态互动过程，是人类履行生活中交易职能的行为基础。"对这一定义，可以作以下理解：

首先，这个定义强调消费者行为是动态的。这意味着作为个体的消费者和作为群体的消费者以及整个社会都随着时间的推移在不断地发展和变化。例如，在中国，人们对广告最初的认识是很模糊的，甚至是偏激的、

第一节 体育消费者行为理论基础

逆反的。而现在，更多的人已能从不同的角度去认识广告、接受广告了。同样，对消费者行为的研究也是在特定历史时期、特定历史环境中进行的分析。

从企业制定营销战略的角度出发，消费者行为的动态属性表明，企业不能期望同一个营销战略在所有的时期对全部的产品、市场和产业都适用，企业必须根据自身的经营战略、资源状况、市场环境和消费者的需求反应及变化来制定目标市场营销战略。

消费者行为包括感知、认知、行为以及环境因素的互动作用。也就是说，企业要想了解消费者并制定适宜的营销战略，就必须了解消费者在想什么（认知）、感觉如何（感知）、要做什么（行为）以及其想法、感觉和行为相互影响的事件和环境（环境心理因素）。

消费者行为涉及交易行为，这是该定义中所强调的一点。这一点使消费者行为的定义与市场营销的定义保持了一致性，后者在定义中也强调交易。事实上，市场营销的作用就是通过系统地制定和实施营销战略，制造与消费者的交易。

在现代市场经济条件下，企业研究消费者行为是为了与消费者建立和发展长期的交换关系。为此，企业需要了解消费者消费活动的全过程。在获取阶段，企业需要了解消费者是如何获取产品和服务信息的，需要分析影响消费者选择产品和服务的因素有哪些；在使用阶段（消费阶段和处置阶段），企业也需要了解消费者是如何消费产品的，以及产品在用完和消费之后是如何被处置的。因为消费者的消费体验、处置旧产品的方式和感受，均会影响消费者的下一轮购买。和获取阶段相比，专家、学者、营销工作者对消费阶段和处置阶段的关注较少。事实上，在研究消费阶段时，关注消费者如何真正获得一种产品和服务，他们从使用中得到了什么体验，这是十分重要的，特别是对服务行业更具典型意义。例如，对旅游者而言，一次愉快的旅途生活，包括沿途见闻、热情周到的服务会让他们流连忘返；反之，一次糟糕的游历也会让人失望、沮丧、不满，甚至还会诉诸法律。因此，随着对消费者行为研究的深入，人们越来越深刻地认识到，消费者行为是一个整体，是一个过程，获取或者购买只是这一过程的一个阶段。所以，研究消费者行为，既应调整、了解消费者在获取产品、服务之前的评价与选择活动，也应重视消费者在获取产品后对产品的使用和处置等活动。只有这样，对消费者行为的理解才会趋于完整。

第二节　影响体育消费者行为的因素分析

消费者行为学是研究个体、群体和组织为满足其需要而如何选择、获取、使用、处置产品与服务和对产品与服务的体验、想法，以及由此对消费者和社会产生的影响的一门学科。传统意义上，消费者行为研究侧重于购买前和购买后的有关活动，上述关于消费者行为学的界定较传统观点更为宽泛。它将有助于引导我们从更宽广的视角审视体育消费者决策的间接影响以及对买卖双方产生的各种后果。

个体体育消费者的购买行为受经济、文化、社会、个体因素和心理因素的影响很大。营销人员基本上无法控制这些因素，但必须考虑这些因素。

一、经济因素与体育消费者行为

（一）经济发展水平

经济发展水平和体育产业的发展有密切的关系。体育产业如职业体育俱乐部的发展往往要求投入大量的金钱来运转。同时，体育消费属于"软消费"，只有在经济发展水平较高的国家才会有相当的消费潜力，从而吸引大量的投资。当今世界上体育产业发达的国家，其经济发展水平均居前列，如美、德、日、英等国。

（二）市场发育程度

体育产业的发展，需要其处于上下游的产业链条完善，相应的市场组织如市场中介组织、金融组织等发展水平相当。生产要素（如资金、人员等）的自由流动是具备充分生存能力的体育产品供给者的一个必要条件。

（三）产业政策

在市场化程度不高的国家，体育是一种福利，其供给者主要是国家。产业政策一般也不允许社会资本的加入。而在市场化程度较高的国家，体育产业化水平也较高，其供给者主要存在于市场。在这种情况下，市场有较完善的产业政策与之配套。

（四）购买力

购买力即人们可用于购买行为的收入。研究购买力时要研究以下内容。

1. 国内生产总值

一个国家的所有常住单位一年内生产的最终产品（包括劳务）的市场价值总量。它表示一个国家的实力，是一国购买力的主要标志。

2. 国民总收入和人均国民总收入

国民总收入即一个国家所有常住单位在一年内初次分配收入总和。一国国民总收入除以国家总人口数为人均国民总收入，它反映一个国家公民的富裕程度和购买力的大小。

3. 居民可支配收入

居民可支配收入是衡量居民购买力与生活水平变化的关键指标之一。居民可支配收入为居民个人收入减去个人所得税、社会保障缴费（个人部分）及其他经常性强制性转移支出后的余额，是居民可用于最终消费支出和储蓄的总和，即居民可用于自由支配的收入。可支配收入包含工资性收入、经营净收入、财产净收入和转移净收入。

二、文化因素与体育消费者行为

文化因素在消费者行为中有着非常广泛、深刻的影响。为什么收入水平相同的两个人，他们的体育消费行为却不同？为什么经济发展水平相似的两个国家，它们的体育消费结构却相差很远？引入文化因素可以解释这些现象。

文化是一个社会内部成员所共有的价值观和意义体系，是经过历史的积淀而形成的。每种文化都包含更小的亚文化，亚文化由具有共同生活经历和环境形成的具有共同价值观念的人群组成，处于相同亚文化的人群具有相似的体育消费行为。

文化是引发人们的愿望及行为的最根本原因，是人类欲望与行为最基本的决定因素，对人们的消费行为会产生直接的影响。从短期来看，它是人们在成长过程中从家庭、学校、社会等习得的一套基本价值观。

文化是一种复合的整体，包括知识、信仰、伦理道德、艺术、法律、风俗以及作为社会成员所获取的其他能力和习惯。具体来说，构成文化的基本要素有语言、受教育程度、风俗习惯和审美观念、价值观念和态度、宗教等。

（一）语言

语言是人类社会所特有的现象，是表达、交流思想与感情的工具。语言来源于实践，是社会的一面镜子，能够反映出一个国家或地区的文化状况和当地人们的思想和价值观念。语言对体育经济活动的开展具有重要的影响和意义，表现在以下几方面：

语言是体育经济活动的媒介。从事体育经济活动的组织和个人必须了解当地人的语言，然而，现实情况是他们往往不可能了解每个地区的语言，尤其是当组织和个人的体育经济活动在全球范围内进行时。一个常用的解决办法是，从事体育经济活动的组织利用当地的市场中介组织、聘用当地人作雇员来使自己的运作本土化。

对目标市场的语言进行研究，可以得出对体育经济活动有用的信息。如一个国家或地区的语言有多种，则表明其民族种类较多、民族文化多样，还可能存在民族矛盾等问题。

语言还是产品的一个部分，它常出现在产品的品牌、包装、商标中。商标是一个商品品牌文化的体现，而品牌文化又会对消费者的消费价值观念起着重要的影响作用。如何给体育产品或职业队等起一个简洁、响亮，又能给消费者深刻印象的名字是非常重要的。

（二）受教育程度

消费者的受教育程度对其消费价值观念有重要的影响。首先，受教育程度较高的人往往容易接受新鲜事物，对身体的健康水平较为重视，对一些较新的体育项目容易接受。其次，受教育程度较高的人往往处于较高的收入水平，对体育运动的消费也可能处于较高水平。

（三）风俗习惯和审美观念

一个国家或一个民族都有自己传统的体育运动项目，这些传统的体育运动项目的形成和这个国家或民族的审美观念有着紧密的联系。例如，英国是现代户外运动的发源地，高尔夫球、橄榄球、登山、攀岩、自行车等在英国有着广泛的群众基础；美国的冰球、棒球、篮球、橄榄球等运动开展广泛，运作体系成熟，拥有大量的体育消费者；我国南方地区擅长龙舟、游泳等比赛项目，而东北地区则更为擅长冰雪项目。

（四）价值观念和态度

不同国家和地区、不同民族的体育消费者，他们的价值观念和态度是不同的，价值观念和态度的不同会直接影响其消费行为和体育经济组织的营销活动。如对变革的态度：美国民众对变革的接受度相对较高，因此当产生一项新的体育项目时他们的接受度也很高；德国人则特别注重传统，受到先前习惯的影响较大。

（五）宗教

当今世界有许许多多的宗教和团体。不同的宗教有不同的文化倾向和禁忌，从而影响着人们认识事物的方式、行为准则和价值观念。

宗教对体育消费者行为的影响可能有以下几方面：

（1）宗教和运动会的起源。有些运动会的起源和宗教有着不可分割的联系。例如，古代奥运会就源于对诸神的崇敬，对神的祭祀仪式是运动会的一个重要组成部分。

（2）宗教节假日对体育消费者行为也有着重要的影响。在节假日里，人们有更充裕的时间去观看比赛和从事体育活动。

（3）宗教禁忌对体育消费者行为也有影响。例如在伊斯兰教的开斋节期间，一些原计划在当地举办的体育比赛上座率会大幅下降，因为人们都忙于各种活动，无暇去现场观赛消费。

（4）宗教的分裂和对立也会迫使体育比赛取消，甚至产生球场暴力。

三、社会因素与体育消费者行为

体育消费者行为还受到社会因素的影响。社会因素指消费者周围的人对其所产生的影响，其中以参考群体、家庭以及角色地位最为重要，在此主要围绕参考群体展开论述。参考群体就是影响一个人态度、意见和价值观的所有团体，它分为成员团体和理想团体两种。

在成员团体（自己身为成员之一）中，按照其中成员与消费者关系是否密切、接触是否频繁，又可分为主要成员团体和次要成员团体。主要成员团体包括家庭、亲朋好友、同学、同事、邻居等，他们对消费者的购买行为有直接的影响；次要成员团体包括社会团体、职业团体和某些组织，消费者是其中的一员，其对消费者的购买行为产生间接影响。理想团体是指自己虽非成员，但愿意归属的团体，如运动英雄、影视明星等，其对消费者行为有相当大的影响力。

参考群体所产生的影响表现在：影响消费者对产品的态度，对不同品牌、型号的选择，以及使其产生新的购买需求和行为。

这里需要注意几点：① 一个消费者往往同时属于几个团体，在不同的团体中扮演着不同的角色。不同的团体对其都会产生影响，其作为不同团体中的一员，也会影响其他团体。② 参考群体对消费者购买行为影响程度的大小与消费产品类别有密切的关系。有些与社会交往关系密切的产品，如赛事、汽车、服装等，受参考群体的影响较大；有些产品则受参考群体的影响较小，而受收入或社会阶层的影响较大。

四、个体因素与体育消费者行为

购买者决策也受其个体因素的影响，特别是受个人身体特征、生命周期阶段、职业、经济环境、个性和自我概念的影响。

例如，身高不高的体育消费者在体操和滑冰等以平衡为重要身体条件的运动中占优势，因而乐于参与这类运动，而具有身高优势的消费者更乐于参与篮球运动。年轻人喜欢竞争激烈的运动项目，而老年人则更倾向于选择太极拳这样舒缓的运动。不同的经济条件决定了体育消费者用于体育消费的支出预算，蓝领职业的体育消费者可能更乐于观看比赛而不是参与运动。一个自信、开朗和积极的人比忧虑、保守和谦卑的人更有可能参与各种体育活动，而自我依存的人比群体依赖的人更有可能参加个人体育项目。

五、心理因素与体育消费者行为

个人消费既要受社会经济环境、水平等各方面因素的影响，同时也受个人支付能力、文化素质、心理因素、风俗习惯和地理环境等诸多因素的影响。在研究个人消费及其对经济活动的影响时，消费者的心理因素是最难确定、最难把握的因素。

消费心理是指消费者在购买行为全过程中发生的一系列心理活动，它是消费者对客观消费对象与其自身主观消费需求的综合反映。心理学家按照它发生的先后将其概括为认识过程（感觉、知觉、记忆、思维、想象）、情感过程和意志过程三个方面。

消费行为是消费主体出于延续和发展自身的目的，有意识地消耗物质资料和非物质资料的能动行为，它与人类的产生相伴而来，是人类赖以生存和发展的最古老的社会活动和社会行为，是社会进步与发展的基本前提。

消费者在购买商品过程中的心理现象，是以种种特殊的形式和规律表现出来的，从而形成了各种类型的消费心理，如求名、求好、求新、求美、求廉等心理。消费者的心理因素与市场的变化有直接的关系，它对企业生产经营活动的影响作用是多方面的。

个人消费行为常常表现为：消费者在具备其他消费条件时，需要经过一番心理活动才能决定是否实现某种消费，而且在其他条件并不具备时，有时也往往由于单纯的心理驱使，强制完成消费的实现过程。所以，个人消费是个性行为，在其他条件既定的情况下，个人消费的取向受个性心理活动的制约。而个性的心理活动是千差万别的，世界上没有两张绝对相同的面孔，也不存在两个绝对相同的心理特征。每个人的先天状态和后天环境各有差异，故而对客观事物的认知、情感和意志等心理活动过程便千差万别。在此基础上，必然形成不同的需要、兴趣、能力、气质、性格等个性心理。例如，有些人认为流行的时尚商品是自己追求的目标，有些人则认为这种行为俗不可耐；有些人把超级享受看作显赫荣耀，有些人则认为是低级趣味。所以，扑朔迷离的消费心理是影响消费者行为及社会经济活动的主要因素。

第三节　我国的体育消费者行为

一、经济环境分析

国家统计局发布的数据显示，2024年我国GDP总量达134.91万亿元（同比增长5.0%），人均GDP 95 749元（约12 600美元，按当年平均汇率1美元兑7.121 7元人民币计算），稳居全球第二大经济体。2024年居民消费价格比上年上涨0.2%，表明消费结构仍在向发展型、享受型升级。社会消费品零售总额为48.79万亿元（同比增长3.5%），其中：乡村消费增速（同比增长4.3%）快于城镇（同比增长3.4%）；服务消费占比升至46.1%（同比增长0.9%），消费升级态势延续。收入基尼系数从2012年的0.491降至2024年0.462，体现出我国在收入分配方面正不断改善。在"双循环"新发展格局下，2024年全国居民人均服务性消费支出占人均消费支出的比重比2023年提高约1%，其中服务零售额增长6.2%，快于商品销售的增速。另外，新型消费潜力在加快显现，数字经济驱动新型消费蓬勃发展，居民消费结构不断优化，生活水平提高。在这些信息背后还说明了以下社会环境的变化：① 社会生产力得到解放和发展，各种消费品也极大丰富，这些为人们生活方式的变迁提供了坚实的物质基础，并在一定程度上塑造了人们的消费欲望与生活方式偏好。② 城市化进程的加快以及城乡之间人口流动的加速进一步打破了城乡二元分隔的格局，这使得城市生活方式扩散到农村。③ 从20世纪末开始实行的社会福利和保障制度的改革，打破了以往计划体制下国家给予福利性补贴（主要是针对城镇居民）的状态，使个人承担起社会福利和保障的责任。因此，人们在经济和消费方面逐步走向一个更加长期化和理性化的阶段。

二、我国体育消费者行为特征

（一）体育消费者收集信息的方法

体育消费者在作出体育消费（购买）决策的过程中，很重要的一个步骤就是收集各种信息。信息收集的途径有内部和外部两种。内部信息收集是对记忆中原有的信息进行回忆的过程。如果内部收集没有产生足够的信息，消费者就会通过外部收集来得到相关的信息。消费者的外部信息来源主要包括个人来源（家庭、朋友、同事等）、商业来源（广告、推销商、展览等）和公共来源（大众媒体、球迷组织、项目协会等）。

体育消费者主要通过网络及大众媒体来获取所要购买的体育赛事服务信息。这是由于网络及大众媒体和体育赛事之间具有紧密的利益关系——网站和媒体借助体育赛事的魅力吸引受众的注意力以此来传播广告信息并获取广告费，赛事通过媒体把体育信息传播给消费者和潜在消费者。另外，在数字经济时代，体育信息的来源也大大增加。

（二）体育消费者对服务的风险知觉

体育消费者在购买任何商品时，都会对商品的风险作出一定程度的预估。这种风险可以分为价格风险和功能风险。而体育服务产品具有服务产品的一般特性——不可感知性和品质差异性，从而会导致消费者感受到相对较大的风险。对一场比赛来说，它有两个"质量"：一个是服务提供方（明星队员、球队、裁判、赛场环境、气氛和相关服务提供方等）所提供的质量，另一个是体育消费者所感知的体育服务质量。而消费者所感知的质量的高低不仅要受到比赛质量的影响，还要受到体育消费者对体育服务产品的期望的影响。

在体制转型时期，如何理顺俱乐部与国家的关系以充分调动俱乐部的经营积极性，如何健全项目联盟的游戏规则，约束、监督比赛服务提供者的行为，不仅关系到各俱乐部的发展和所提供比赛的质量，也会直接影响体育消费风险，从而影响消费者行为。

（三）体育消费者的品牌忠诚度

由于体育消费具有较大的风险，因而消费者对品牌有较高的忠诚度。例如，对一位球迷来说，如果没有别人特别推荐、介绍或他所热爱的球队出现重大问题导致比赛质量水平严重下降，他一般不会改变自己关注的球队。

对服务业来说，鼓励已有的消费者保持品牌忠诚是可能的，但创造新的消费者就比较难。服务业吸引新的消费者比较典型的做法是服务提供者以明显区别于竞争对手的特点来吸引观众。例如，可口可乐借助各类体育故事与其品牌理念巧妙结合，通过奥运会热门事件与流量及时推出品牌系列互动，既维持了它一直打造的"享受"和"幸福"的形象，又吸引了新的消费者。可口可乐的营销策略被称为"托举"策略，即通过赞助奥运会从而深化品牌的核心价值并在消费者心中形成感情共鸣。

可口可乐"拥抱此刻，让我们赢在一起"

另外，俱乐部还可以通过会员制的方法来吸引新的消费者。会员制可以使体育消费者获得某些"特权"，如优惠购票、接近球队队员等，从而提高体育消费者的品牌忠诚度。

（四）对服务质量的评估

服务质量的评估常在服务传递的过程中进行。在服务过程中，体育消费者要经常与服务人员接触。消费者对服务质量的满意度可以定义为：对接受的服务的感知与对服务的期望的比较值，即：

体育消费者服务满意度＝感知服务质量－期望服务质量

当期望与感知一致时，消费者就处于满意状态；消费者对所提供的服务不满意，则意味着服务失败。一般来说，体育服务产品失败的原因有以下几方面，如赛事质量低下、场馆环境不好、宣传产生的观众期望水平过高和其他意外事件（如赛事上的"黑哨"问题）等。

三、我国居民体育消费的现状及发展趋势

（一）我国居民体育消费的现状

现阶段，我国居民体育消费的目的较明确，即增强体质和增进健康，

第三节 我国的体育消费者行为

通过体育消费来满足心理需求和社会交往需求也已经成为重要目的之一。

当前，我国全民健身、健康中国、体育强国战略持续推进，运动与健康观念不断更新，"花钱买健康"的观念日益深入人心。购买运动服装、器具进行体育锻炼是当前我国体育消费需求的主要意向。观赏体育比赛和参加健美与健身活动也已成为越来越多的人生活中不可或缺的重要组成。

体育消费是现代生活消费的一个重要组成部分。随着我国社会主义市场经济体制的建立，社会生产力水平不断提高，人民的生活水平、消费结构、消费意识和消费习惯发生了显著变化，特别是随着我国体育产业的兴旺发达，体育消费领域正不断地得到开拓和发展。体育消费作为现代生活消费的一个重要内容，不仅对整个社会消费结构的改变、消费模式的转化具有十分重要的意义和作用，而且对促进社会主义初级阶段社会生产力的发展、实现社会主义生产目的、推动我国体育产业的加速发展，都具有十分重要的意义和作用。

1. 体育消费支出

一定量的体育消费支出是人们参与体育活动的前提条件，是体育活动得以存在和发展的前提和保证，也是体育消费品市场得以开拓和发展壮大的社会基础。

据统计，发达国家（如美、英、德、日）居民在日常生活中用于体育消费方面的开支通常占整个社会消遣和娱乐消费的30%到40%。体育消费在人均消费支出中所占的比例，美国约为5%，英国约为4%，德国约为3%，日本约为3%。相比之下，中国居民体育消费占社会消遣和娱乐消费的比例为10%到20%，在人均消费支出中的比例为2%到3%，相关数据表明中国居民在体育消费方面的支出比例相对较低。但2012年至2024年间统计报告显示，全国用于体育休闲消费的占比已产生了明显的增长。以北京市为例，根据《北京市2023年国民经济和社会发展统计公报》，北京市居民人均体育消费支出占居民人均消费支出的8.1%，占居民人均可支配收入的4.7%。2023年北京市居民体育消费总量为837.6亿元。按照国家体育总局六大体育消费属性的划分标准，北京市居民体育消费排在第一位的为体育用品消费，人均1 829.1元，占人均体育消费支出的47.7%，较2022年增长15.1%；第二位是健身休闲消费，人均807.1元，占21.0%，较2022年增长 34.5%；第三位是其他与体育相关的消费（如体育彩票等），人均 608.3 元，占 15.9%，较 2022 年增长 39.3%；第四位是体育培训和教育服务消费，人均 263.7 元，占 6.9%，较 2022 年增长 75.6%；第五位是体育旅游消费，人均 203.1 元，占 5.3%，较 2022 年增长 146.8%；第六位是体育观赛消费，人均 123.6 元，占 3.2%，较 2022 年增长 19.9%。

2. 居民体育消费能力

体育消费水平的高低和社会生产力发展水平、经济实力的强弱密不可分。体育消费水平的不断提高，已经成为经济发达国家居民消费结构变化的重要趋势，这种变化趋势既符合当代社会经济发展的规律和现代生活方式发展变化的规律，也符合体育社会化发展的规律。

近年来，随着我国社会经济的平稳发展，居民收入不断增加，城镇居民生活水平明显提高。在居民消费中，文化娱乐支出比重上升较快，表现为居民消费价格指数中娱乐教育文化用品及其服务价格指数上升较为显著，这在某种程度上表明了休闲消费需求旺盛（见表 8-1）。

▶ 表 8-1　2023 年全国居民消费价格指数

居民消费价格指数（以 2022 年为 100）	102.0
食品烟酒	102.4
衣着	100.5
居住	100.7
生活用品及服务	101.2
交通通信	105.2
教育文化娱乐	101.8
医疗保健	100.6
其他用品及服务	101.6

资料来源：国家统计局网站《2023 年中国统计年鉴》。

进入 21 世纪后，中国体育产业快速发展，尤其是近几年体育消费呈现出持续增长的趋势。据统计，2023 年中国体育消费市场规模已超过 1.5 万亿元，相比 2015 年翻了一倍以上。随着居民健康意识的提升和政策扶持力度的加大，体育逐渐融入居民的日常生活。因此，需要继续完善体育消费服务和产业链，满足多元化的消费需求和不断提升的体育消费热情。

3. 居民身体素质

体育消费是增强人的身体素质、调节生活节奏、获取美的享受、维持并强化脑力劳动和体力劳动的一种必不可少的有偿投资，亦可称健康投资、发展投资或享受投资。各种各样的体育消费，不仅可以满足劳动者不断增长的精神文化生活需要，而且有助于增强劳动者的身体素质，促进智力开发，可以避免和防止各种疾病和职业病的发生，提高劳动者的出勤率和工作效率，从而提高整个社会的劳动生产率。因此，一定程度地增加体育消费无论对消费者个人还是对社会经济发展都是有益无害的。

根据国家体育总局颁发的《"健康中国 2030"规划纲要》《体育强国建设纲要》的要求，2020 年，在国家体育总局的统一部署下，北京市体育局会同北京市教委、科委、卫生局、统计局、财政局、民政局等部门，在北京市各区县对 3~79 周岁的市民进行了国民体质监测及群众体育调研，共获取有效样本 202 123 人。监测结果显示，与 2014 年比，2020 年 3~6 岁幼儿体质达标率有所增长，20~59 岁成年人和 60~79 岁老年人体质达标率有所增长。自 2000 年以来，全市幼儿身体形态发育水平呈持续增长趋势，20~79 岁人口超重率和肥胖率呈回升趋势，全市体育人口有所增加（据北京市体育局统计，北京市经常参加体育锻炼人数达到 1 080.6 万人，超过常住人口半数，也是首次突破半数）。自 1995 年《全民健身计划纲要》颁布实施以来，结合北京市委、北京市体育局和北京市卫健委相关数据，至 2019 年，北京市全民体育社会组织数量持续增加，近 5 年增长了 35%；全民健身团队 11 146 个，近 5 年增长了 68%。居民健康水平也得到显著提升，居民平均期望寿命由 2012 年的 81.35 岁增长到 2023 年的 82.51 岁。

4. 体育消费时间

对居民而言，余暇时间是指除了人的正常工作、满足基本生理需要（吃饭、睡觉）、进行必要的家务劳动以及照料和教育后代等的时间，可供个人自由支配用于学习、交往、娱乐、休息活动等的时间。社会所拥有的余暇时间总量归根结底取决于社会生产力的发展水平。一般来说，科学技术的进步、社会生产力的发展和人们余暇时间的增加是成正比的。世界上经济比较发达的国家，一般都实行5天8小时工作制，发达工业国家一般男性公民每天可有4小时以上的余暇时间，女性公民也有2小时左右的余暇时间。

在我国，随着经济和社会服务系统的发展，家庭劳动自动化及社会化程度的提高以及家庭结构的变化，人们的余暇时间大大增加。如果每人每天工作按8小时计算，那么每人每星期至少有30小时的余暇时间，对未成家的年轻人来说时间还要多一些。通过对三大城市2022年和2023年春节、"五一""十一"假期支出增多的家庭进行调查，发现在传统的实物型团聚、购物之外，娱乐、旅游、体育等非实物型消费大量出现。再对上述家庭2023年三个假期支出增多的方向进行调查，23.8%的家庭仍然用于团聚，39.2%、58.5%、31.7%、42.3%的家庭用于文化、旅游、购物、休闲，38.7%、34.5%和19.6%的家庭用于娱乐、体育和其他。文化、休闲、体育、娱乐、旅游等代表精神、健康等高层次的消费进入假日消费的前五位。

另据2023年一项针对我国城乡居民余暇时间支配意向的调查（见二维码资料），将我国居民喜爱的余暇活动分为12类，前五位分别为：看电影、电视，占23.8%；阅读报纸，占14.1%；会客聊天，占12.9%；棋牌活动，占10.8%；体育活动，占5%。其中参加体育活动位居第五。余暇时间是人们参与各种余暇消费的前提条件，也是人们参与体育消费的重要条件。因此，余暇时间里用于体育消费的时间总量也是衡量社会体育消费水平的重要标志。

可见，无论是居民的体育消费支出意向，还是居民用于体育消费的时间，都显示出极大的市场潜力。

5. 体育消费环境

体育消费环境是指体育消费者在消费过程中直接感受和体验到的外部条件或状态。体育消费环境是影响我国居民体育消费需求的关键因素，也是影响体育消费质量的重要因素之一。环境可以影响消费量，也可以改变人们的消费行为。按体育消费实际来分，可将体育消费环境具体分为体育消费的经济环境、体育消费的自然环境、体育消费的社会环境、体育消费的文化环境、体育消费的市场环境和体育消费的服务环境等。

（1）体育消费的经济环境。体育消费的经济环境主要是指人们的经济收入和国家的经济发展水平。体育消费水平的高低受社会经济发展的制约。经济发达的国家，体育消费水平较高。经济越发达，人们的经济收入就越高，人均GDP也较高，恩格尔系数相对较低，人们用于文化、教育、卫生和体育的消费就会越多，体育消费的环境相对较好。世界上体育产业较发达的国家，其经济发展水平均居于世界前列，如美国、英国、德国、意大利和西班牙等。同样，国内经济发达的地区，职业体育俱乐部的数量相对较多，体育产业的发展也好于其他地区，居民体育消费无论在质上还是在量上都较高，人们日常生活中用于体育消费方面的支出占整个社会消遣和娱乐消费的比重就会越高。表8-2显示了北京2023年的地区生产总值、三次产业及部分行业的生产总值及其增长率以及在整个北京地区生产总值中所占的比重。

▶ 表8-2 2023年北京地区生产总值

指标	绝对量（亿元）	比上年增长（%）	比重（%）
地区生产总值	43 760.7	5.2	100.0
按产业分			
第一产业	105.5	-4.6	0.2
第二产业	6 525.6	0.4	14.9
第三产业	37 129.6	6.1	84.8
按行业分			
工业	5 008.5	0.3	11.4
建筑业	1 603.4	0.8	3.7
交通运输、仓储和邮政业	1 065.3	20.3	2.4
信息传输、软件和信息技术服务业	8 514.4	13.5	19.5
批发和零售业	3 073.1	-0.9	7.0
住宿和餐饮业	453.1	21.1	1.0

续表

指标	绝对量（亿元）	比上年增长（%）	比重（%）
金融业	8 663.1	6.7	19.8
房地产业	2 612.0	2.3	6.0
租赁和商务服务业	2 710.0	4.0	6.2
科学研究和技术服务业	3 630.1	3.4	8.3
水利、环境和公共设施管理业	307.0	1.1	0.7
居民服务、修理和其他服务业	208.2	2.9	0.5
教育	1 954.8	0.5	4.5
卫生和社会工作	1 290.8	2.1	2.9
文化、体育和娱乐业	836.1	4.3	1.9
公共管理、社会保障和社会组织	1 724.8	0.5	3.9

资料来源：北京市统计局、国家统计局北京调查总队编：《北京统计年鉴2024》

（2）体育消费的自然环境。体育消费的自然环境是指为体育消费创造的场地设施、周边环境以及其他条件的总和，主要包括场地设施和天然形成的一些健身环境，如体育场馆、河流、山川、沙漠等。这些环境可以为体育健身活动创造良好的自然环境，如有沙漠的地方可以进行滑沙、沙漠越野等项目，有河流的地方可以进行游泳、漂流、钓鱼、赛龙舟等项目，有大山的地方可以进行登山、徒步穿越等项目，有草原的地方可以开展赛马等项目。

（3）体育消费的社会环境。体育消费的社会环境主要是指体育消费的社会文化氛围和政府对体育的宣传、政策引导等综合因素。如在当前的社会环境下，政府是否关注体育的发展，是否关注体育活动对社会发展的积极贡献，是否关注体育消费对社会整体消费的重要意义，人们是否关注自身的健康等。良好的体育消费社会环境是培育和激励人们进行体育消费的关键，决定着体育消费的需求总量。只有形成良好的健身环境氛围，引起人们对健康的重视，才有可能激励居民的消费需求。目前，我国的体育消费社会环境越来越好，整个社会对体育越来越重视，政府积极倡导全民健身，体育作为消费产品的社会大环境已经形成。随着体育产业化、市场化和社会化的发展，我国居民的体育消费需求将越来越大。

（4）体育消费的文化环境。体育是一种文化现象。每个国家或民族都有自己独特的文化，也有传统的体育运动项目，这些项目的形成及发展和这个国家或民族的风俗习惯有着紧密的联系，如中国的武术，爱尔兰的踢踏舞，韩国的跆拳道，巴西的卡波耶拉，美国的冲浪、攀岩、滑板运动等。不同的文化环境对体育消费有很大影响。而随着现代交通技术和通信技术的发展，国际体育产业相互渗透，不同国家和民族的体育传统、价值观念、生活方式得到了广泛的交流和融合，消费潮流和人们的消费意识也变得越来越国际化，并能够迅速在全世界范围内传播和推广。

（5）体育消费的市场环境。体育消费的市场环境主要是指为消费者提供的良好市场氛围、市场产品、市场价格、市场管理和市场服务等一系列要素及其关系的总和。激活体育消费，关键是要完善体育市场。良好的市场环境是促进体育消费、保障体育消费的基础。一个好的市场环境需要进行认真地培养，形成良好的价格管理机制，所提供的产品质量和服务应该是一流的。在竞争中，企业应秉持公开、公平、公正的原则，使市场机制充分发挥作用。此外，良好的市场环境还要有一批守规则、高素质的消费群体，体育比赛除了要有高品质的竞争产品，也要有高品位的观众。从目前我国的情况来看，体育市场正在迅速发展，市场越来越规范，产品越来越丰富，一个充满活力、具有中国特色的体育市场正在形成并走向成熟。

（6）体育消费的服务环境。体育消费的服务环境不仅反映在服务的态度和服务的质量方面，也体现在如何满足体育消费的特殊需要方面。一个好的消费市场需要有一流的服务水平。完善的体育消费服务环境，需要具备完备的体育场地设施、高度的安全保证以及指导消费者正确从事体育消费的服务意识。当前，我国居民体育消费的服务环境较之以前有了很大改善，无论是体育竞赛产品的服务、体育健身娱乐产品的服务、体育培训产品的服务，还是体育消费需要的服务配套环境等都有了很大的提升。

6. 体育消费观念

自从1995年实施全民健身工程以来，我国城市社区群众对全民健身工程的认识和了解逐步加深，健身意识逐渐加强，利用健身工程进行体育锻炼的次数明显增加，健身效果大为提高。据2024年《普华永道全球体育行业调研（第八期）中国报告》，未来3~5年中国体育市场的平均增长率为6.1%，体育消费市场前景广阔。随着人们健康意识的提升和体育消费观念的转变，城乡居民对体育消费的需求和期望也在发生变化。国家体育总局2020年发布了40个国家体育消费试点城市，2022年试点城市居民体育消费总规模达到6 821亿元，较2020年增长17.95%，取得了显著成效，有效释放了体育消费潜力。在实现全民健身运行机制转变过程中，应特别注重挖掘潜在的体育消费，不仅要以正确的思想引导居民的体育消费观念，而且要努力使居民的体育消费观念与愿望转化为现实的体育消费需求，积极引导人们从事健康、文明的体育娱乐活动，并在锻炼技术、方法上给予必要的指导。

此外，随着全民健身公共服务体系的丰富和完善，截至2023年年底，全国体育场地达459.27万个、人均体育场地面积2.89平方米，已经提前实现了《"十四五"体育发展规划》中提出的人均2.6平方米体育场地面积目标。这些都为居民的体育锻炼提供了更好的条件和环境。

7. 体育场地设施

目前，我国人民的生活方式正在向休闲型转变，但是，在这种生活方式的急速变化过程中，社会服务设施的发展还相对滞后，缺少足够的活动场地，成为影响群众健身及体育消费的一个很重要的原因。有资料表明，在我国现有的体育场地中，约95%的体育场地用于各系统，其中占人口18%的学校系统占场地总数的62.3%。由此可见，我国的体育社会化程度还较低，这无疑是制约我国体育消费迅速增长的重要原因。

不仅如此，从目前体育设施的结构来看，也没有足够的可供人们从事各种类型体育消费的体育场馆设施、各种体育实物消费资料、体育劳务或服务消费资料，这同样也是制约人们体育消费水平增长的重要因素。例如，不同年龄、不同性别的体育消费者对场地有不同的要求，中青年人喜爱参加激烈活动，对场地要求的呼声高，但这种场地并不一定是标准的运动场。登山、攀岩具有强烈的刺激性，但相应的场地设施条件至关重要。年龄大的人则喜欢参加不太剧烈的运动，不需要太大的运动场地，愿意在公园、绿地以及比较安静的地方锻炼身体。跑步适合各种年龄人群，近年来，健身步道已成为城市跑步的核心载体，多地利用城市闲置地、屋顶等空间建设跑步场地。例如，北京奥森公园、青岛唐岛湾体育公园等将自然景观与智能跑道结合，形成"跑步圣地"；上海闵行区将健康跑赛道嵌入浦江第一湾景区，实现"赛场即景点"。因此，在经济发展和人民生活水平逐步提高的同时，通过大众传播媒介和其他各种渠道，在大力宣传体育消费的社会经济效益、积极倡导居民体育消费的同时，进一步拓展场馆、设施及公园、绿地的建设，是促进居民扩大体育消费的重要方面。

8. 体育消费人口

从北京市来看，2023年年末，全市常住人口为2 185.8万，其中，常住外来人口824.0万，占常住人口的比重为37.7%。在常住人口中，城镇人口为1 919.8万，占常住人口的87.8%。全市常住人口出生率为5.63‰，死亡率为6.13‰，人口自然增长率为-0.5‰。全市常住人口密度为1 332人/平方千米，每平方千米比上年年末增加1人。2023年年末全市户籍人口1 430.2万，比上年年末增加29.7万人。这些数字表明，北京城市化比例极高，由于北京市的特殊地位及性质，即使是农业人口也通过各种方式和渠道过着半城市化的生活。有些经济高速发展的乡村实施了社会福利制度，如对老年人的社会保障使得人们拥有更多的闲暇时间和经济条件。再者，统计数字还表明，北京市已经提前进入老龄化社会，2023年60岁及以上老年人口达到494.8万。而有关资料表明，在经常参加体育锻炼的群体中，老年人是绝对的主力军。体育消费人群正逐年增加，潜在的体育消费市场仍有巨大发展空间。

（二）我国居民体育消费的发展趋势

（1）居民体育消费需求量增加，表现在体育实物消费向大众化发展，体育劳务消费增加，体育商品零售总额扩大。

（2）体育消费需求在文化、娱乐总需求中的比例加大，与健康和生活质量相关的消费需求迅速上升，体育实物消费品种增加，体育劳务消费向多样化演变。

（3）居民体育消费需求结构趋向多元化，体育健身娱乐、竞赛表演市场蓬勃发展，体育经纪市场和体育传媒市场不断壮大，体育旅游市场和保险市场取得长足进步。

（4）居民体育消费需求层次不断提高，但是由于我国经济发展水平和居民收入增长的不平衡，体育消费水平在不同层次上升级，形成层次不同但较为稳定的体育消费群体。

（5）体育消费需求向公共体育消费需求扩展，表现在企业、机关、学校和公益性的活动场地等消费增加，在此基础上，带动个人体育消费的增加。

（6）体育消费需求趋于理性化，人们根据自身消费能力和条件来进行需求定位和调整，体育消费在生活消费中占据必要而又适当的比例。

思考题

1. 什么是消费者偏好？举例说明。
2. 试述影响体育消费者行为的因素。
3. 试分析我国居民体育消费需求的现状。
4. 试分析我国未来体育消费发展的趋势。

第九章
体育产品生产者的劳动报酬

本章导学

本章聚焦于体育产品生产者的劳动报酬问题,深入探讨运动员、教练员、体育教师及社会体育指导员的劳动特点、劳动过程与劳动价值,分析其劳动报酬的现状、影响因素及发展趋势,揭示体育产品生产者劳动报酬的构成机制与市场表现。

学习目标

1. 掌握运动员劳动的特点及其薪酬的影响因素。
2. 理解教练员劳动的特征、价值及其报酬的决定因素。
3. 明确体育教师劳动的特点、价值与合理的报酬形式。
4. 了解社会体育指导员的劳动特点、职责与报酬状况。
5. 分析体育产品生产者劳动报酬的现状及未来发展趋势。

第一节　运动员的劳动报酬

经济学家认为，职业运动员所从事的运动训练、体育表演与体育比赛，其本质是运动员付出的一种劳动形式（劳务形式），是运动员智力、心理与体力相结合的一种特殊劳动。职业运动员的价值，实际上体现了社会大众对运动员劳动成果、劳动能力与劳动价值的认可。体育劳务的商业化，就是遵循了市场经济规律，体现了商品交换的原则。众所周知，在体育市场中，评估与衡量运动员价值的标准都是以货币的多少为参照物的，故对运动员的经济价值可理解为：通过消耗一定的资源而投资于人自身，最终积累于运动员身上的、经过长期运动训练与比赛所获得的具有创造经济价值的知识、身心素质、运动技能等质量要素的总和。

一、运动员及其劳动的特点

（一）运动员的特点

1. 运动员是体育服务的载体

运动员所提供的服务只从外形上是看不出来的，只有在他们比赛或表演时才能显现出来，所以可以这样说，运动员是体育服务的载体。他们所生产的产品具有以下特点：

（1）无形性。运动员提供的服务在比赛或表演之前消费者是看不见、摸不着的，只有通过比赛或表演进而展现出运动员的技能，即以活动的形式表现出来时才成为产品，才能满足消费者的精神需求。这正是运动员提供的服务与有形产品的区别之一。而有形产品的重要性在于使用它能满足人们的需求。例如，买小汽车不是用来欣赏的，而是为人们提供便利的交通服务；买微波炉是用来更便捷地烹饪食物——它们都是传递服务的工具。而运动员则不能为某个人独自所拥有，所以运动员所提供的服务是无形的。

（2）复杂性和不可预测性。有形产品的使用价值一般都比较固定而且单一，往往只能满足人们某一方面的需求，而运动员都是活脱脱的人，所以其提供的服务具有复杂性和不可预测性。首先，运动员由于受外部或内在环境的影响，如运动员状态、教练员的指挥、攻守双方技战术的变化及临场应变、参赛动机、态度、情绪、气候、观众、主客场等诸多因素，其在每一场上所发挥的作用有所不同，所以每一次所提供的服务也就不同，故而其给消费者提供的效用也不尽相同；其次，就运动员的技能与技术来说，运动员之间存在很大的差别，即便是同一个人，在每次比赛中所用的技战术也不尽相同，因而他们提供的服务也就随之不同；最后，由于体育项目不同，运动员或独自表演，或与别人配合，或与别人竞争，其提供的不同形式的服务产生的效用也有所不同。

（3）服务产品的一次性。实物产品生产出来之后，一次没有销售出去，可以被储存起来，以备再次出售；文化产品，如电影、戏剧等，在演出之前都是事先设计和演练好的。而运动员所提供的服务与上述产品有着本质的区别。体育比赛之前，任何人不可能说出比赛的结果，而比赛结束之后，产品也就消费完毕，无法进行再次交易，消费者错过这次机会则不可能再有第二次机会现场欣赏同样的一场比赛。

2. 运动员的独一无二性

运动员和实体产品不一样，工人可以生产出大批量相同外形、相同用途的产品，消费者可以在同类产品中挑来挑去，而运动员是人，具有自己的个性，相互之间存在一定的差异，在一定程度上是不可替代的，具有独一无二性。再加之其所有权不可转移，运动员不能为某一个人独自所拥有，而且所提供的服务也不可能被消费者以货币的形式购买回去，他们只是提供服务性的产品，而消费者也只能以支付货币的形式去欣赏、观看，这也体现了运动员独一无二的特性。

3. 运动员的价值在不断变化

运动员生产的产品与实体产品有着很大的差别。实体产品都是经过工人的操作、加工后形成的，一旦成为成品，其性能、使用价值也就固定不变了。实体产品需要消耗人的体力和脑力，而当新的产品出现时，它们便被淘汰而失去使用价值和价值。运动员在生产产品时，则需要将自己的体力与脑力相结合，他们在不同的情况下会有不同的表现，而当他们的技术水平受到限制时，会通过学习、深造来改进自己的技术水平而不被淘汰，不失去使用价值和价值。

（二）运动员劳动的特点

1. 运动员的劳动具有创造性

运动员的劳动过程是指在教练员的指导下，经过长期艰苦的专业训练，创造优异的运动成绩的过程。在这一过程中，运动员的劳动既包括体力劳动又包括脑力劳动，对运动员的要求相当高，竞赛的过程既是身体素质、心理素质的较量，又是比拼智力的过程。运动员在比赛场上的表现不但要靠平常训练，也要靠临场应变和发挥，这对运动员的智力和创造性有很高的要求。

2. 运动员劳动成果的不确定性

一个运动员要成为职业运动员或达到世界先进水平，一般认为，最有天赋的运动员也需要 5~10 年的时间。运动员通过长期的劳动，最后衡量其劳动成果的优劣又是以一种特殊的形式表现出来，即能否创造优异的成绩。而运动场上常常带有很大的偶然性。一般现役运动员的预期运动年限是不长的，最关键的比赛也是不多的。

3. 运动员的劳动产品具有一次性的特点

运动员劳动价值的实现一般是在消费领域，通过运动员在运动场上的优异表现满足人们欣赏和享受精神文化娱乐的需要，即生产的是一种精神产品。它是无形的，消费者在消费前不可能看到、感觉到这种消费，即使在消费之后，也不能有任何持有物。它不像其他实物产品一样可以储存，以备经销人员再次出售，具有一次性消费的特点。也正是由于这一特点，更突出了体育竞赛产品的魅力和价值。运动员的劳动产品具有不可预测性，决定比赛的因素很多，如运动员的状态、教练员的指挥、攻防双方技战术的变化及临场应变、参赛动机、态度、情绪、气候、场地设施、观众等。即使某运动队或某运动员实力很强，也未必就一定能取得比赛的胜利，这也是比赛的悬念所在。

4. 运动员的劳动价值与人的运动生命周期联系紧密

人的运动年限及其变化对运动员的劳动价值具有决定性的影响。一位成功的职业运动员大致要经历初学、发展、优秀、卓越 4 个阶段。运动员的劳动价值是运动员的运动竞技水平、比赛成绩及产生的社会影响力等综合因素的集中表现。随着运动员运动训练年限的逐步增加和技术水平的提升，其社会影响力与知名度也不断提高，运动员的劳动价值也不断增大，并在较高水准上维持一段时期。但随着年龄的增大，运动员的体能与运动技能逐渐下降，最后导致运动寿命的终结，运动员的劳动价值由此而变小。

5. 劳动价值与竞赛或表演紧密结合

这主要体现在以下两个方面：一是运动员在运动技术达到一定水平时，会被邀请参加各种类型的体育比赛或表演，随着比赛或表演机会的增多，运动员的运动技能日臻完善，同时他们为社会提供的各种精神形式的劳务服务也逐渐会得到社会的承认，社会影响力也日益扩大，从而形成运动员的劳动价值。二是运动队或俱乐部对运动员的精心包装、新闻媒体的宣传进一步扩大了运动员的社会知名度，这样积累在运动员身上的劳动价值也不断增大。

6. 职业运动员的劳动是一种经济资源

这是一种含义更丰富的社会资源，除了可以带来经济效益外，还可以直接或间接带来多方面的社会效益。这种多重属性对人类文明的发展具有十分重要的意义。

7. 运动员从训练到比赛需要多种投入

这些投入主要包括人力、财力、物力、技术、身心素质、时间六大要素。

（1）人力要素投入。在运动训练与竞赛过程中，人力要素投入主要是指受训对象（运动员）与施训者（教练员）及医务监督、后勤保障人员三方所需要的人力。运动员是运动训练的主体，是运动技能的直接掌握者与竞技赛场的亲自参与者，运动员劳动价值的形成最终要归结于运动员的运动竞技水平。而运动员运动竞技水平的高低，除了取决于运动员的自身条件与努力外，教练员有着不可替代的作用。因为教练员是运动训练与竞赛的直接组织者和管理者，担负着培养运动员的重要职责，对促进运动员的全面发展、提高运动员的体育竞技水平、实现运动员的经济价值起着重要的作用。

（2）财力要素投入。财力要素投入主要包括直接投入与间接投入。直接投入是指直接用于运动员的工资、饮食、营养、医疗卫生、运动服装等生活消费品以及运动员参赛所需的差旅费等开支。间接投入是指支付给为运动员提供技术指导的教练员及行政管理人员的工资和有关经费开支。财力投入是确保运动员经济价值形成的先决条件。

（3）物力要素投入。物力要素投入主要包括运动员训练所必需的运动场馆、设施、运动器材等训练消费品。物力要素投入是运动员经济价值形成的基础。

（4）技术要素投入。技术要素投入主要包括教练员科学训练的手段与方法、电子及高科技产品在运动训练领域中的推广运用、运动器材的科技含量及运动训练中的医务监督、合理的营养、科学的休息和恢复等。技术要素投入是运动员形成经济价值的砝码。

（5）身心素质要素投入。主要是指运动员的身体素质与心理素质，它既与先天的遗传因素有关，又与后天的科学训练相关。良好的身体素质和稳定的心理状态是一位优秀职业运动员所必备的重要素质，也是运动员经济价值形成的物质基础。

（6）时间要素投入。实践证明，运动员运动技能的形成与稳定需要一定时间的积累，运动技术的娴熟是运动训练由量变到质变的飞跃。一名优秀运动员的成长时间，通常需要 8~10 年。

二、运动员的劳动报酬分析

（一）运动员劳动报酬的影响因素

价格是价值的货币表现，运动员的劳动价格最终也是由其价值决定的。由于运动员劳动的特殊性，运动员的劳动价格除了应考虑一般劳动价格的特点，还应考虑以下因素。

1. 运动员人力资源的成本

运动员从开始训练到成为一名优秀的职业运动员要经过许多年艰苦的专业训练。从事职业运动的运动员年龄多在 18~35 岁（有些项目年龄更小，如体操等），这一段时间也是学习其他知识、从事其他工作最容易出成绩的时期，所以做运动员的机会成本是相当高的。

2. 运动员创造效益的能力

运动员劳动价格的确定有时完全可以不以其实际成本确定，而以其在俱乐部所创造的效益来确定。影响其效益大小的因素是十分复杂的，其中，运动水平是最容易判定，也是最重要的因素。但是运动水平并不是唯一的因素，足球明星克里斯蒂亚诺·罗纳尔多（C罗）就是个很好的例子。2022年年底，C罗转会加盟沙特阿拉伯利雅得胜利俱乐部，签约至2025年。加盟沙特阿拉伯联赛之前，C罗在曼联的年薪是3 000万欧元，加盟沙特阿拉伯联赛之后，他的周薪达到360万英镑之多，年薪达到2亿欧元。如此高的身价，一方面是因为他的运动技术水平确实很高，更重要的是他在市场上的影响力巨大，这也就决定了他能给利雅得胜利俱乐部创造不菲的效益。利雅得胜利俱乐部利用C罗在亚洲乃至世界的影响力来提高其队伍参加比赛时的票房，以获取更多的赞助收入和广告收入，进而提升俱乐部的影响力和经济效益。

3. 运动员市场的供需状况

市场价格是供求关系相互影响的结果。在体育产业化迅速发展的今天，运动员市场必定越来越活跃，当人才市场需求量大于供给量，运动员劳动价格就必然上涨；反之，则下跌。在美国，每年只有几十名新秀能打进NBA，而能经受职业运动的严酷考验最后成为明星球员的就更少。每个运动项目不管运动员市场供给量如何大，处于一流水平的运动员数量总是稀缺且供不应求的。

4. 经济环境的影响

运动员的劳动价格不仅与运动员自身因素和市场内部因素相关，与市场外部因素也密切相关，经济环境对运动员薪酬的具体影响体现在多个方面。例如，在经济不景气的时期，赞助商可能会减少对体育项目的投资，从而导致运动员的赞助收入减少。此外，从国家经济发展水平角度出发，经济发达地区的运动员薪酬较高，而经济欠发达地区的运动员薪酬则相对较低。

（二）不同时期运动员的劳动报酬分析

在不同的时期，运动员的报酬是不同的。例如，美国职业篮球运动员在 20 世纪 80 年代以前报酬相当低，但最近几年的报酬高得如同天文数字。在不同的国家，运动员的报酬也不相同。在同一个国家，运动员的报酬也不尽相同，如美国的四大支柱型体育产业，即棒球、篮球、冰球和橄榄球，这些项目运动员的平均报酬明显高于其他项目运动员的报酬。

从经济学的角度来说，实体产品的价值通过价格表现出来，而运动员的报酬在某种意义上也可以说是价值的体现。随着体育产业的不断发展，运动员的报酬也相应越来越多。如 2024 年世界体坛年收入前 10 运动员及年薪如下：克里斯蒂亚诺·罗纳尔多（足球）为 2.6 亿元，乔恩·拉姆（高尔夫）为 2.18 亿美元，莱昂内尔·梅西（足球）为 1.35 亿美元，勒布朗·詹姆斯（篮球）为 1.282 亿美元，扬尼斯·阿德托昆博（篮球）为 1.11 亿美元，基利安·姆巴佩（足球）为 1.1 亿美元，内马尔（足球）为 1.08 亿美元，卡里姆·本泽马（足球）为 1.06 亿美元，史蒂芬·库里（篮球）为 1.02 亿美元，拉马尔·杰克逊（橄榄球）为 1.005 亿美元。

在奥运会或者世界锦标赛上获得金牌的运动员也会得到不同的奖励。以 2024 年巴黎奥运会为例，意大利给予金牌获得者 196 000 美元奖金，银牌获得者 98 000 美元奖金，铜牌获得者 65 000 美元奖金。塞尔维亚给予金牌获得者 218 000 美元奖金，奖牌获得者从 40 岁开始，能领取国家养老金，按月支付。

随着我国经济实力的不断提升，对优秀运动员的奖金报酬也在逐渐增多。1959 年，容国团为新中国夺得第一个世界冠军——乒乓球男子单打金牌，国家以最高荣誉而非金钱表彰他的贡献；20 世纪 60 年代，获得三次世界乒乓球单打冠军的庄则栋月工资也仅有 80 元；中国第一个奥运会冠军许海峰最值钱的奖赏是金牌；20 世纪 80 年代，郎平的工资也不足百元，即使在"五连冠"后陆续拿到奖金，在美国留学时也只买得起几百美元的老爷车。而在今天，当中国将体育产业作为新的经济增长点时，运动员有了成绩便能得到物质奖励。1984 年，国家奖励金牌运动员的数额为 6 000 元，到了 1988 年上涨为 1.5 万元，1992 年和 1996 年分别是 8 万元和 15 万元。2008 年北京奥运会时，国家体育总局给予的奖金已经上升到 35 万元。我国的奥运金牌得主除了可以获得政府的物质奖励，一些企业、社会团体也给予冠军级别不等的物质奖励。2024 年巴黎奥运会金牌得主奖金和奖品价值总额前三名分别为 376 万元、193 万元和 193 万元。

综上可以看出，运动员的报酬和其他实体产品一样，质量越好，价格越高，即运动员的技术水平越高，竞技表现越好，报酬就越高。但与实体产品所不同的是，运动员对自己的技术水平即质量的提高具有能动性。实体产品的价值需要人去挖掘，凭产品本身不可能有发展，而运动员的价值不仅需要别人（如教练员等）去挖掘，最关键的还需自身的努力，所以受内因的影响比较大。

第二节 教练员的劳动报酬

一、教练员的劳动

1994 年，人事部、国家体育运动委员会联合发布的《体育教练员职务等级标准》和《关于〈体育教练员职务等级标准〉若干问题的说明》中明确提出：体育教练员是指"体委系统从事体育训练教学的人员"，按职务名称可分为三级教练、二级教练、一级教练、高级教练和国家级教练。三级、二级教练为初级职务，一级教练为中级职务，高级、国家级教练为高级职务。随着我国"奥运争光计划"的实施，各类体育运动竞赛逐步开展起来，各类体育项目的成绩有了显著提高，教练员们为此付出了艰辛的劳动。然而，一些人对教练员的劳动在认识上存在模糊性和片面性，在评价其劳动、给予劳动报酬方面，教练员的劳动价值没有得到充分肯定，这在一定程度上影响了教练员对训练工作的积极性。因此，应当在充分了解教练员劳动特征的基础上，正确评定教练员的劳动价值。

（一）教练员的劳动特征

教练员的劳动过程是综合运用专业知识以及相关学科知识训练、指导运动员创造优异运动成绩的过程。在这一过程中，教练员的劳动既不是单纯的智力劳动，又不是单纯的体力劳动，既不是生产物质产品的劳动，又不是生产精神产品的劳动，而是一种复杂的脑力和体力相结合的劳动。教练员的劳动是以专业知识、相关学科的知识和体力作为生产要素参与自己的劳动——运动训练，并通过劳动对象——运动员的作用，最终转化为优异的竞技成绩。在这一过程中，教练员不仅要付出很多脑力劳动，而且要付出很多体力劳动。这种既是脑力劳动又是体力劳动的职业特征显示了教练员劳动的特殊性。教练员的劳动也具有一般劳动的三种形态：劳动的潜在形态、流动形态和凝结形态。不同形态阶段的劳动，特征也不同。

1. 教练员劳动潜在形态的特征——创造性

《体育教练员职务等级标准》中对教练员的岗位职责作了详细的规定：体育教练员的基本职责是完成训练教学任务，提高运动技术水平；全面关心运动员的成长，做好运动队的管理工作；参加规定的进修、学习。同时，高等级教练员需承担对低等级教练员的业务指导、培训和辅导基层训练工作。

从大环境来说，教练员的劳动具有创造性。从目前运动训练学的发展趋势看，随着科学技术的迅猛发展，训练方法、训练手段日益先进，竞争也日益激烈。教练员想要完成训练教学任务，提高运动教学水平已经越来越不容易。一名优秀的教练员只有具备了渊博的体育科学知识和丰富的实践经验，才能够进行科学的训练；只有保持对世界运动技术、战术发展的高度敏感性，熟悉本项目国内外发展动向，做到及时把握信息，整理信息，适时拟订、更新、实施训练计划，才能做好运动员的训练教学工作；只有不断发掘、创造更加先进的训练手段、方法以及技战术打法，才不至于落伍。

从运动队内部的环境来看，教练员的劳动更是不可重复的。教练员劳动的对象是运动员，运动员在遗传、家庭环境、社会环境、个性特征、思维能力、形态机能、生长发育等方面都各不相同，在运动训练和实际生活中碰到的具体问题各有差异，随之而产生的反应形式、表现方法也各有不同，不同年龄的运动员这种差异就更大，因此，在教练员的劳动中，不可能有一套在任何情况下都适用的现成模式，教练员必须通过自己对运动训练规律、训练对象、训练条件、训练理论的理解，根据具体情况不断总结出适合不同运动员成长特点的训练方法，因人、因事、因地制宜地进行创造性劳动。不仅如此，教练员还要根据运动员的承受能力、专项竞技的需要、训练的周期节律去准确把握不同运动员在运动训练中的负荷量度、强度，对运动训练负荷做科学控制，才有可能成功。

2. 教练员劳动流动形态的特征——长周期性与风险性

教练员"生产"的产品是人，而优秀竞技人才的培养，必须通过多年系统的训练，这就决定了教练员劳动的长期性与周期性。这是由运动训练的客观规律决定的，是不以人的主观意志为转移的。从经济学角度分析，投资的周期越长，获得收益的时间越晚，其间的风险性就越大，有可能导致支出与收益的极端不平衡。可以说，教练员的劳动就是风险投资。由于体育运动中，身体伤害的发生概率要远远大于其他行业，教练员的劳动很有可能随着运动员的身体损伤而付诸东流。此外，由于运动员是有思想、有意识、有个性的人，其成长过程中的一切行为都受到情感和意识的支配，同时受到来自家庭、社会等多方面的影响，这些都构成了运动员成长过程中的不可控因素。需要说明的是：运动员在一个阶段或一个时期运动成绩的优劣只具有临时的、局部的意义，只有运动员在最佳竞技年龄阶段创造出最佳成绩，登上世界竞技运动技术水平的高峰，才能作为教练员劳动成果的最终评定。在这多种因素的影响下，教练员的劳动周期越长，其劳动风险也就越大。

3. 教练员劳动凝结形态的特征——成果的他显性

教练员通过长时期的劳动，最后衡量其劳动成果的优劣不是通过教练员自身表现出来的，而是以一种特殊的形式表现出来——运动员必须通过比赛，并在比赛中表现出优异的运动成绩，即成果的"他显性"。因此，运动员在比赛中能否创造出优异成绩是评价教练员劳动成果好坏的最主要的指标之一。教练员的劳动成果只有经过比赛的检验才能得到社会的承认，也只有通过比赛表现出来才能体现出真正的价值。

优秀运动队教练员任职条件

总而言之，教练员的劳动不同于其他一切形式的特殊劳动，这种劳动从根本上是一种创造活的"产品"的劳动，而活的"产品"的价值是其他任何产品的价值都不能比拟的。

（二）教练员的劳动过程

一个国家竞技体育水平的高低，教练员起着非常关键的、不可替代的作用。教练员是德才兼备的运动员的塑造者，是制订、修正、完善训练计划的设计者，是控制训练过程的执行者，是选拔使用运动员的决策者，是参加国内外重大比赛的指挥者，也是提高和展现运动成绩目标的主要责任者。

1. 教练员劳动过程基础保障缺失

教练员，尤其是基层教练员选拔培养运动员的过程是极为艰巨和复杂的。随着多年的改革和市场经济的深入，体育队伍竞争加剧。如今的竞技体育出现了输送难的新问题。这与当今社会重知识、讲技能的社会需求是相吻合的，这种现象还有逐渐上升的趋势，基层教练员的工作在长时间内将会愈加困难。

虽然体育教练员面临如此大的工作压力，但他们的福利待遇却不高。教练员工作时间长、工作方法多样。很多教练员每天用在制订训练计划、做运动员及其家长思想工作上的时间往往比训练的时间还多。况且教练员全年无休，节假日都要坚持训练，这不是一般的普通劳动可以相比的。但问题的症结并不在于工作量，而在于要完成一定的输送和比赛任务，这使教练员的工作始终处于压力之中。此外，由于竞技体育淘汰率高、成材率低的客观现实，大多数教练员辛苦一生也很难达到高级教练的标准。为此，许多人不愿从事基层教练的工作，受过专业培训的高学历体育人才更是不愿问津，致使教练员队伍整体缺乏优秀人才。

市场经济要求一切都应按照市场需求的规律运行。竞技体育的发展与提高也遵循这一规律。在这一规律的支配下，竞技体育项目出现了分化，一些具有较强观赏性、娱乐性和对抗性的项目开始走向市场，走职业化发展之路或者向职业化过渡。这些热门项目在向市场化过渡的时候，教练员的资金、待遇等方面也得到了提高。与此同时，对教练员的综合素质、知识结构和执教水平也提出了更高的要求，不提高成绩、不适应要求就会被淘汰。

2. 教练员在劳动过程中充当多种职业角色

教练员工作的目标是十分明确的，那就是带领运动员取得优异的运动成绩。但教练员不仅仅是充当单一的帮助运动员训练的角色，他们更担负着教育运动员，培养他们成人的重大责任。教练员扮演着若干职业角色：

（1）采购员。教练员要亲自"采购"适合的运动员，要从成千上万的人中挑选出有天赋、适合不同项目、能够取得优异成绩的运动员。

（2）指导员。教练员要对运动员的训练和比赛进行指导，而不能代替运动员训练和比赛。当教练员为运动员确立发展方向后，在训练过程中又要及时纠正运动员的错误和缺点。在此过程中，教练员要耐心讲解动作要领和错误所在，并进行必要的身体示范。

（3）教师。教练员要像教师那样给运动员传道、授业、解惑。在向运动员传授运动技能的同时，给运动员传授新的知识和思想。

（4）管理员。教练员要全面负责运动员日常生活的管理和组织。

（5）外交家。教练员要同新闻媒体、观众和外界保持良好的接触，妥善处理来自新闻媒体、观众和外界的压力。教练员在媒体面前要树立队员的形象和信心，维护队员和团体的权益。

（6）朋友。教练员与运动员之间应保持亦师亦友的良好关系。教练员只有与运动员建立起良好的关系，才能把握运动员的所思、所想。教练员与运动员之间需要建立起平等的伙伴关系，但同时又要不失威严。出现问题时，大家可以交流讨论；有冲突的时候，应为运动员多考虑。

（7）科研人员。教练员要不断对自己和他人、对己队和他队的训练和比赛进行分析和评估并作出结论。教练员在训练场上和训练场外都要认真观察、记录运动员的表现情况和比赛情况，不断地查资料、看录像、观看其他队的比赛、分析数据，以数据来指导训练。

3. 教练员的生产过程具有差异性

教练员培养运动员的过程从经济学角度可看作产品的生产过程。运动员自身条件的不同，再加上许多外界条件的限制，使得教练员的生产过程具有很大的差异性。在体育运动中，运动员自身的身体状况、教练员与运动员之间相互了解的程度等属于可控制因素，而自然因素、场地条件等属于不可控因素。作为一名优秀的教练员，要充分了解各种可控因素和不可控因素，根据每个运动员各自的优势和劣势制订不同的训练和比赛计划、措施，力求最大限度地发挥出运动员的潜力。

然而，要做到区别对待并不是一件容易的事情。教练员首先要对运动员有一个全面、客观、正确的认识，在正确认识的指导下，将运动员的特点与其所从事的运动项目相结合，进行有针对性的训练。运动员是训练、比赛的直接参加者和实践者,他们对训练和比赛评价的依据是自己切身的体验,具有一定的可借鉴性,教练员的工作应从运动员的表现和感想中受到启迪,善于听取运动员的意见。在这些认识和实践过程中,教练员要具有专项训练的理论和技术,还要有与竞技体育相关的自然、社会科学知识,包括选材、恢复、饮食与思想教育、心理训练等方面的知识和经验。同时,教练员必须着眼于解决现实问题,通过思考、总结,提升运动训练水平和运动成绩。教练员的任务在于发现人才,塑造人才,如果不能出成绩,不能成材,既浪费了人力、物力,又浪费了时间。教练员的生产过程的特殊性就在于其不能永远重复一个有固定模式的生产活动,而要有不断探索真理的精神和攀登高峰的勇气,在精通本项目的业务知识与工作方法的基础上不断创新,学习、吸收、借鉴、利用他人的经验和长处并大胆创造,用新思维、新方法迎接挑战,战胜困难。

4. 教练员生产活动的边际效用递减

边际效用递减是经济学中的重要规律。教练员的生产活动符合经济学的一般规律。教练员在培养竞技人才的过程中,其所获得的效益也符合边际效用递减规律。运动员在刚刚开始某一训练的时候,由于对动作技能很生疏,并且求知欲望强烈,这时运动成绩提高很快。随着时间的推移,运动员身体的各项素质逐渐被挖掘之后,他们对运动技术也逐渐适应,不再有新鲜感,这时的训练和比赛成绩提高越来越慢,成绩提高幅度也越来越小。并且随着世界纪录一次又一次地被刷新,比赛成绩提高更是难上加难,有时会出现停滞不前的现象,此时,教练员投入劳动带来的边际效用趋近于零。

此外,在特定情况下,教练员的投入与产出是不成比例的。培养一名运动员要从运动技术和心理素质两方面入手。有些运动员身体素质较好,对动作技术的掌握也很到位,平时的训练表现都很好,教练员也对其倾注很大力量进行重点培养。然而,在比赛中能否取得优异成绩是多方面因素共同作用的结果。有时由于外界条件的影响或者运动员的心理素质不能适应大型比赛,使得运动员不能正常发挥运动水平,长时间的训练没有得到应有的回报。这样,教练员的劳动投入就没有获得相应的产出,这种情况是十分常见的。

（三）教练员的劳动价值

教练员的劳动价值体现在以下几方面：

（1）教练员的劳动价值体现在运动员的成绩上。这种价值是经过比赛得到承认的，是可以测量出来的，是一种有形价值。

（2）教练员的劳动创造出大量的潜在的无形价值。教练员吃苦耐劳、自我牺牲的精神对运动员的影响，是以意识和能力为表现形式的，是无法进行测量的无形价值。

（3）教练员的劳动价值还表现在运动员的智力发展上。这一点往往由于世俗对体育的偏见而未被大多数人所认识。教练员的劳动通过运动员成绩的提高间接作用于他们的智力发展，同时，也有利于提高运动员在紧张、激烈、多变的条件下分析问题、解决问题能力。

（4）教练员的劳动促进了我国竞技运动水平的提高。当今世界，竞技体育已经成为展示一个国家政治、经济、文化和科技等综合实力的舞台，一场重大体育比赛的胜利，常常关系到一个国家的荣誉，不仅可以振奋民族精神，还可以迅速提升一个国家的国际威望，在一定程度上促进一个国家体育的发展。

总之，教练员的劳动价值是有"价"的，在对他们的劳动价值作出正确的评价之后，就应该给予教练员合理的劳动报酬。劳动报酬是根据人们的脑力劳动和体力劳动的付出而付给的报酬。教练员在劳动价值要素中拥有劳动者、管理者、劳动技术和人力资源等多重身份，因此，不能单一地以劳动时间、劳动强度等衡量劳动力价值的要素来给教练员分配劳动报酬，而应该更多地考虑其人力资本、精神价值、创造性、管理和育人等劳动价值，根据这些向教练员提供合理的报酬。

党的二十大报告中指出要"坚持按劳分配为主体、多种分配方式并存，构建初次分配、再分配、第三次分配协调配套的制度体系"。为此，要深化收入分配制度改革，提高劳动报酬在初次分配中的比重，完善劳动、资本、技术、管理、业绩、责任等要素按贡献参与分配，做到"效率优先，兼顾公平"，多劳多得，优劳优酬。只有这样，才能做到一流的岗位、一流的业绩、一流的报酬，才能对教练员的工作积极性产生激励作用。

二、教练员的劳动报酬分析

现代竞技体育是科学与技术的较量。今天，现代科学技术已经普遍应用于竞技体育的训练之中，这对教练员的知识结构和能力水平提出了全新的要求。教练员不仅要掌握教育学、心理学、运动训练学、运动生理学、运动生物化学、运动生物力学以及系统论、信息论、控制论等一系列知识理论和相关操作理论，还要掌握并熟练运用一些新兴的科学技术，如计算机模拟、运动材料分析等。所以，在当今市场经济条件下，要想成为一名出色的教练员，不仅要有良好的知识和能力水平，而且要有过硬的心理素质和高超的组织领导技巧，只有这样，才能够培养出优秀的运动员，带出优秀的运动队。

教练员的劳动有其特殊性，其劳动量不宜量化，劳动报酬不能简单地按照普通生产者的劳动报酬来衡量。评价教练员的劳动效率不仅要看其经济指标，还要看其业务能力和科研成果。在国外，尤其是美国和欧洲一些国家，教练员的劳动报酬要远远高于其他行业，例如篮球和足球等项目，一个优秀的教练员年薪可以达到几百万美元。2024—2025赛季，NBA教练的平均年薪约为700万美元，收入最高的教练是金州勇士队的教练史蒂夫·科尔，年薪为1 750万美元。在我国，由于长期以来对竞技体育认识的偏差，教练员的地位得不到应有的重视，无论是国家队的教练员，还是一些基层的教练员，其劳动报酬一直偏低，与付出的劳动不相匹配，只有一些成绩好、受重视的优势项目和传统项目，教练员劳动报酬才相对高一些。

随着经济的发展，我国的职业体育将会向纵深发展，运动员和教练员的职业化程度会逐渐增强。自足球和篮球实行职业化以来，足球、篮球等热门项目的教练员的劳动报酬有了明显提高，有些教练员的年薪已经达到了百万元以上。随着职业化的发展，教练员的劳动价值将由市场决定，教练员水平的高低将直接影响其收入，教练员所带运动员和运动队的水平越高，成绩越好，其收入就越多。2024年，上海海港足球队主教练穆斯卡特及其团队的总年薪超过2 500万元，巴黎奥运会女子网球单打冠军获得者郑钦文的教练佩雷里巴年薪约为170万元。

在市场经济条件下，我国教练员劳动报酬有如下发展趋势：

（1）教练员的劳动将越来越得到市场的认可，市场机制将成为决定教练员劳动报酬的关键因素，教练员水平的高低将直接影响其收入。教练员所带运动员和运动队水平高，成绩好，其劳动报酬就高；反之，劳动报酬就低，甚至会被市场所淘汰。

（2）教练员劳动报酬与其从事运动项目的市场化、社会化水平有直接关系。

（3）我国实行三级训练体制，教练员类型众多，水平层次不一，这一特殊性决定了我国教练员的劳动报酬不可能一刀切。职业体育教练员的劳动报酬将由市场来决定，而从事一些公益性体育训练的教练员，其劳动报酬会纳入相应的系列中去，体现按劳分配的原则。

第三节 体育教师的劳动报酬

体育教师在学校教育中的地位，是由其工作性质以及其在培养人才过程中体现的价值决定的。体育是学校教育的重要组成部分，是培养德、智、体、美、劳全面发展人才的一个重要方面。体育在增强体质、增进健康、完善人格等方面所具有的独特作用是德育、智育、美育、劳动教育所不能替代的。

一、体育教师的劳动特点

评价一个人的劳动价值，不可忽视其所从事专业的特点和所从事劳动的特殊性。离开这一点，就不能客观、正确地评价其劳动价值。体育教师的工作是培养人才，这一点与其他学科教师是一致的。但体育教学的特点和体育教师劳动的特殊性是相对于其他教学而言的，学校体育本身的特点决定了体育教师的工作有其特殊性。

（一）体育教师的劳动是体力与智力的统一

其他课程的教学活动主要是通过思维活动使学生掌握教师所传授的知

识和技能，而体育教学虽然也要传授知识和技能，但主要是通过各种身体练习进行的。学生在反复练习中，通过身体活动和思维活动的紧密结合来掌握体育知识和技能，并在练习中收到增强体质的实效。体育教学的特点决定了体育教师劳动的特殊性。体育教师的劳动具有体力劳动与脑力劳动、理论与实践高度结合的特点。其他课程一般都是以脑力劳动为主，而体育教师的劳动从表面上看主要是由示范动作、保护帮助、组织练习等体力劳动所构成的，但是构成这些表面动作形式的背后却是潜在的脑力消耗。知识技能的获取，技术战术的掌握，示范保护的完成，对学生个性和共性的分析、综合和处理，教学手段的选择和运用等，都是经过分析、判断、记忆、思维、想象等大量的脑力劳动和体力劳动共同完成的，故体育教师的劳动是以脑力劳动为基础、以体力劳动为主要表现形式的一种特殊劳动。

（二）体育教师劳动对象的广泛性和复杂性

体育教师授课班级多、活动范围广，既要组织学生的早操、课间操、课外体育锻炼、课外运动训练和竞赛，又要组织全校性的体育活动。因此，体育教师接触学生多，对学生影响广泛且深刻。由于学生来自不同的家庭，年龄不同，个性各异，体质水平也不同，每一个学生都是一个特殊的主观世界，促使其向着积极的方向发展，无疑是一项极为复杂的揭示矛盾和不断解决矛盾的工作。体育教师要在自己的职业劳动中不断地解决学生知与不知的矛盾、知与行的矛盾、学与练的矛盾，把知识和技术技能转化为学生自身的认识能力和实践能力，把社会的政治要求、道德规范转化成学生的信念、品行与行为等。在体育教学中，学生不仅是教师的劳动对象，而且是自我教育的主体，教师只有通过自己的辛勤劳动才能提高学生的自我教育能力，充分发挥学生的主观能动性。因此，体育教师应特别注意在错综复杂的矛盾运动中，善于抓住主要矛盾，促使学生的身心向健康的方向发展，这也是体育教师工作的复杂性所在。

（三）体育教师劳动的示范性和创造性

体育教师的劳动具有示范性，这也是其特殊性的一面。体育教师庄重的仪表、熟练的技巧、出色的组织能力、良好的品德作风和健美的体魄等，对学生会有潜移默化的影响作用。在体育教学过程中，学生一般具有尊敬教师、乐意接受教师指导的自然倾向，具有模仿性、"向师性"的特点，学生希望得到教师的关怀和鼓励，并以教师为榜样。

体育教师的劳动还是一种创造性的劳动。体育教师既要遵守统一的社会目标去培养学生，又要针对不同的教育对象灵活地采用教育和教学方法，因人、因时、因地进行创造性的劳动，把学生塑造成社会所需要的人才。体育教师创造性的劳动还表现在创造性地运用自己的经验和智慧，根据学生的身心发展变化特点创造性地运用体育教育的普遍规律，因势利导，产生良好的育人效果。

（四）体育教师劳动的艺术性和情感感染性

教师对学生的情感态度，对取得良好的体育教育效果有着决定性的意义。体育教师在传授体育知识、技术和技能中，对学生真挚的情感不仅会使学生尊敬教师，而且会使学生克服身体练习和学习中的各种困难，并对体育课产生浓厚的兴趣。实践证明，体育教师对待学生的态度和情感给予学生道德行为及个性变化的影响更为明显。体育教师不畏艰苦、勇于奋斗、乐于助人等良好的教师风范，辛苦而不忘进取的敬业形象，好学多思、诚实热情、认真负责、处处为他人着想等优良品质，将深深地影响着学生的心灵。这也是一种无声的强有力的教育力量，对学生起着潜移默化的教育作用。

（五）体育教师劳动方式的个体性与集体性

体育教师从掌握体育知识、技术、技能和教育方法，到备课、上课、课余指导学生训练、锻炼和运动比赛以及对学生进行思想品德教育等活动，都是头脑内部的单独活动，由个人单独完成。但是从教育的效果看，学生德、智、体、美、劳的全面发展和运动技术、技能的提高，又很难说是某一个体育教师个人劳动的成果，而是各学科教师及体育教师集体长期教育、培养和训练的结果。学生的健康成长是教师群体智慧和劳动的结晶，因此，体育教师的职业劳动是一种劳动方式的个体性与劳动成果的集体性相结合的劳动。这就要求体育教师在提高个人素养的基础上加强与其他教师的联系与合作。

（六）育体与育德、育智的统一性

体育在促进学生个性发展、提高心理素质以及世界观形成上都起着积极的作用。体育教学过程是培养学生爱国主义、集体主义思想以及团结协作、助人为乐、克服困难、开拓进取的精神风貌的过程，同时也是培养学生良好心理品质的过程。通过体育活动，学生会变得活泼开朗、热情大方、乐观向上。此外，体育锻炼还可以促进机体的新陈代谢，提高神经系统的活动能力，从而使记忆力增强、想象力丰富、思维敏捷灵活，从而大大提高学习效率。因此，体育与德育、智育是统一的，能促进学生的全面发展，为"育人"的总目标服务。

（七）体育教师以露天课堂上课为主，工作复杂、多样且繁重

体育教师大部分时间都是在露天课堂上课，要经受风雨寒暑等恶劣环境的考验。如在烈日下组织学生进行长跑训练，或者在雨天安排室内体育理论知识讲解或简单的室内活动。室外教学环境相对较为复杂，可能受场地设施、周边环境等因素的影响。体育教师需要时刻关注学生的安全，确保教学活动的顺利进行。例如，检查运动场地是否有障碍物、器材是否安全可靠等。

学校体育的工作是多方面的，体育教师除了要承担体育教学、指导课外体育锻炼和课外运动训练、组织课外运动竞赛，还要协助学校领导进行学校体育管理工作，协助总务部门选购、制作、维修和管理体育场地器材，协调与学校体育开展有密切关系的各个部门的相关工作安排。

由于学生体质、性格和技能的明显差异，体育教师在教学过程中必须做到因材施教，因人制宜，个别辅导，区别对待。与其他教学相比，体育教师在这方面所付出的劳动量要大得多。

（八）体育工作具有社会性

体育工作具有很强的群众性和社会性。体育教师的工作不仅要面向学生，而且要面向社会。学校要进行各种校际体育交往，也经常利用节假日

开展校内外的体育竞赛，社会上也经常组织和开展各种群众性体育活动。体育教师作为专门人才，常常受聘担任裁判、教练、辅导、组织、讲学等多种工作。这使体育教师的工作已超出了学校体育工作的范畴。

（九）体育教师的教学成果显现周期长

学生体育技能和身体素质的提高是一个长期过程。体育教师需要持续地进行教学和指导，通过长期的努力才能使学生逐渐掌握体育技能、提高身体素质。另外，体育教师的劳动成果还体现在培养学生团队合作精神、竞争意识和坚韧不拔的毅力等方面，这些品质的培养同样需要时间和耐心。

二、体育教师的劳动报酬分析

社会的发展对体育教师的劳动质量要求在不断提高，体育教师的劳动投入与日俱增，除了正常的工作时间，还需投入大量时间和资金进行知识的更新。劳动付出与经济收入的不平衡使得部分体育教师忙于在外兼职赚钱而不安心本职教学。这将对体育教师队伍的稳定造成不利的影响，尤其是边远地区的体育教师。只有认真改善体育教师的生活条件和经济状况，以必要的物质激励为基础，以精神激励为辅助，才能使体育教师更安心地工作。这就要求我们对体育教师的劳动作出科学的评价，使他们能得到合理的劳动报酬。

（一）体育教师的劳动投入与产出

体育教师的劳动投入包括两个方面：一方面是看得见的有形投入（或称显性投入）。例如，体育教师在从事教师劳动前所受教育和从事教师劳动后参加的在职培训，为补充更新知识、获得信息、订购资料等家庭及个人所支付的有关费用。另一方面是看不见的无形投入（或称隐性投入）。例如，体育教师除了同其他学科教师一样要投入脑力和精力，还要投入更多的体力，而且体育教师的课大部分时间都是在露天课堂上，要经受风雨寒暑。相对其他学科教师的劳动来说，体育教师付出得更多。可是，体育教师的课时津贴和其他各种补助并没有比其他学科教师多。从体育教师的投入可以看出，体育教师的工资首先应包括构成劳动力价值的三个基本组成部分：

① 体育教师维持其自身发展所必需的生活资料的价值。② 体育教师养育子女、赡养家属所必需的生活资料的价值。③ 体育教师培养训练的费用。同时,在评价体育教师的工资时还应考虑体育教师选择这个职业所付出的机会成本。

体育教师的劳动产出包括直接产出和间接产出,这是由教师劳动的隐含性和滞后性决定的。因为,教师劳动所创造的"产品"(学生),其直接产出表现为社会创造的精神财富,其物质财富是间接的,需要通过"产品"(学生)进入社会并且在社会生活中经过对精神和物质财富的创造而最终体现出来。

(二)体育教师的劳动价值

1. 对学生身心健康的价值

体育教师通过系统教学,向学生传授各种体育运动规则、知识、技巧和方法,提高学生身体的协调性和灵活性。此外,体育教师安排合理的体育锻炼以增强学生体质,提高其免疫力。体育教师根据学生的年龄和身体状况,制订科学的锻炼计划,引导学生进行适度的运动,有助于学生身高的增长、肌肉的发育和骨骼的强壮。体育教师在教学过程中,注重培养学生的运动兴趣和习惯,让学生认识到体育锻炼对身体健康的重要性。

体育教师组织丰富多彩的体育活动,可以缓解学生的学习压力,有助于其放松心情;在体育教学活动中,学生通过不断地挑战自我,克服困难,完成各种体育任务,可以逐渐培养自信心和意志力;体育活动通常让学生在活动中学会与他人合作、沟通和协调,提高人际交往能力。

2. 对学校教育的价值

体育课程是学校教育的重要组成部分,体育教师通过开设多样化的体育课程,如田径、体操、武术、游泳等,丰富了学校的课程体系,满足了不同学生的兴趣爱好和发展需求。

此外,体育教师通过组织各种体育活动和比赛,营造浓厚的校园体育文化氛围,提高学生对体育的关注度和参与度,促进学校体育事业的发展;体育教师带领学生参加各种体育比赛,取得优异成绩,可以为学校赢得荣誉,提高学校的知名度和美誉度。

3. 对社会发展的价值

体育教师通过体育教学，培养学生的身体素质、心理素质和社会适应能力，为社会培养全面发展的人才；体育教师作为体育专业人才，不仅在学校中发挥着重要作用，还可以通过参与社会体育活动、培训体育爱好者等方式，推动社会体育事业的发展；体育教师通过组织体育活动，让不同阶层、不同背景的人参与其中，可以促进社会的和谐稳定。

在确定体育教师的劳动报酬时，劳动时间是重要的尺度，但不是唯一的尺度。马克思在论劳动量决定价值量时指出，不仅要区别个别劳动时间和社会必要劳动时间，而且要区别简单劳动和复杂劳动。体育教师是经过专门培养和训练的具有一定技术专长的劳动者。体育教师的劳动是复杂的脑力和体力劳动。

判断体育教师获得的劳动报酬是否合理，不能仅以社会必要劳动时间来衡量，而应从他们所创造的价值来判断其劳动是"物"超所值，还是"物"低所值。通过对体育教师的劳动特点进行分析可以看到，体育教师的劳动价值具体表现在以下几个方面：① 创造了有形价值（体育能力的培养）——增强了学生的体质，帮助学生树立终身体育的意识和能力。② 创造了大量的潜在的无形价值（体育的德育功能）——培养了学生吃苦耐劳、机智果断、勇敢顽强的精神和集体主义、爱国主义的高尚思想情操，促进了学生思想素质和道德水准的提高。③ 促进了学生的智力发展，提高了学习效率。④ 影响着下一代劳动者的质量。⑤ 促进了我国竞技运动水平和国际声望的提高。⑥ 对"全民健身计划"的实施起着重要的作用。

（三）体育教师的劳动报酬与补偿

体育教师劳动报酬的形式就是每月的工资，其劳动补偿就是体育教师在住房、医疗、子女上学、就业、后勤服务等方面所享有的待遇。

在评价体育教师的劳动报酬时应充分考虑体育教师劳动的特殊性，除基本工资外，还应增加体育教师室外课的课时费，增加上课物质（如运动服装、鞋等）消耗的补贴，增加意外保险等，同时建立有效的训练带队奖励机制，鼓励体育教师上课、训练、争创佳绩的积极性。

"把按劳分配和按生产要素分配结合起来，坚持效率优先、兼顾公平，有利于优化资源配置，促进经济发展，保持社会稳定。依法保护合法收入，允许和鼓励一部分人通过诚实劳动和合法经营先富起来，允许和鼓励资本、技术等生产要素参与收益分配。"这一全新的分配结构和分配方式制度是制定教师劳动工薪报酬制的理论依据。按劳分配规律中的"劳"应该是劳动量与劳动有效性的统一。体育教师的劳动既有显性的又有隐性的，较一般教师的劳动更为复杂，因此按照按劳分配的原则应给予体育教师与其付出的劳动相称的报酬。

第四节　社会体育指导员的劳动报酬

社会体育指导员是指在竞技体育、学校体育、部队体育以外的群众体育活动中从事技能传授、锻炼指导和组织管理工作的人员，所从事的工作主要包括：指导社会体育活动者学习、掌握体育健身的知识、技能和方法；组织人们进行健身、娱乐、康复等活动；协助开展体质测定、监测、评价等活动；承担经营、管理及服务工作。社会体育指导员是社区乃至整个社会体育发展的推动者，是促进体育发展的重要力量。近年来，我国服务百姓健身的社会体育指导员队伍不断壮大，全民健身志愿服务和国家体育锻炼标准达标活动常态化开展。截至2023年年底，全国累计培养公益类社会体育指导员320万人，每千人拥有社会体育指导员达2.28名，提前达成了《"十四五"体育发展规划》中提出的每千人拥有社会体育指导员2.16名的目标。

社会体育指导员工作可形象地比喻为全民健身工作的"牛鼻子"，社会体育指导员是全民健身的宣传者、科学健身的指导者、群众活动的组织者、体育场地的维护者、健康生活方式的引领者。近年来，随着《全民健身计划（2021—2025年）》《关于构建更高水平的全民健身公共服务体系的意见》《"十四五"体育发展规划》等政策文件的颁布，我国社会体育持续发展，社会体育组织和社会体育指导员体制不断健全，在未来的社会体育发展中，社会体育指导员的地位将越来越高，逐步成为社会体育发展的中坚力量。

第四节 社会体育指导员的劳动报酬

一、社会体育指导员与体育教师、教练员的区别

随着社区体育的日益普及和活跃，社会体育指导员的需求量激增，许多体育教师、教练员在业余时间兼任社会体育指导员工作。由于社区体育的目的、参与人员、活动内容和形式都与学校体育、运动队训练有很大差异，体育教师、教练员在兼任社会体育指导员工作时，必须转换角色，以适应社会体育指导工作。明确社会体育指导员与体育教师、教练员的区别，是做好角色转换的前提。

社会体育以满足人们的强身健体和休闲娱乐等需要为目的，开展社会体育活动以业余自愿为原则，人们是否参加体育活动，取决于他们对体育的认识和兴趣。这点和学校体育、运动队训练有很大不同。学校体育作为学校教育的组成部分，国家对其过程、内容都有较严格的规定，从某种意义上说，它带有强制性。无特殊情况，学生都必须参加每周的体育课和课外体育活动，并要经过考核，达到《国家学生体质健康标准》，才能毕业和升学。运动队训练也是一种专门组织的教育过程，其主要目的是要出运动成绩。与学校体育相比，运动队训练的项目、内容和方法具有很强的专业性，其实施过程更为严格。

上述差异，导致社会体育指导员这一角色不同于体育教师和教练员。体育教师和教练员所面临的对象基本上属于同一群体，一般没有质的差异。例如，一个班级的学生尽管存在身体状况、体育基础、兴趣爱好等方面的差别，但都属于同一年龄段。体育教师、教练员在教学与训练的组织管理和指导中，可以采用各种指令方式来要求学生和运动员，学生和运动员都必须无条件地完成。然而，社会体育指导员与居民之间则完全是一种平等的关系，因而不能采用学校体育教学或运动队训练中各种指令的方式要求居民参加体育活动，而要用激励、合作的方式激发居民内在的体育动机，通过活动内容与形式将居民吸引到体育活动中来，使"让我参加"变成"我要参加"。此外，由于社区体育参与人员的构成极为复杂，要满足居民的不同体育需求，社会体育指导员就必须对不同年龄、性别、职业、文化背景以及参与动机的居民，因人、因地、因时制宜地采用各种体育方法手段，不受固定规则、器材设备、场地的限制，不断创造各种新的方法手

段来满足居民多方面的体育需求，以使社会体育活动为多数人所接受，并长期坚持下去。

二、社会体育指导员的劳动特点和职责

（一）社会体育指导员的劳动特点

社会体育指导员是我国体育工作者队伍中的重要成员，也是促进体育发展和社区文化建设的重要力量。同其他体育工作者相比，他们的工作具有鲜明的特点。

1. 非职务性

社会体育指导员职业资格须经专门化的评审，由各级体育行政部门和国家体育总局认定。社会体育指导员职业资格分为国家级、一级、二级、三级4个技术等级。社会体育指导员等级制度不同于教练员等专业技术职务制度，而类似于运动员、裁判员等技术等级称号制度，都属于非职务型资格认定。任何人，不论其职业、职务、身份如何，只要从事社会体育工作，符合条件都可以按规定申请并获得社会体育指导员技术等级称号，但不存在技术称号与岗位职务、工资直接挂钩的问题。

2. 社会服务性

社区体育是一项社会服务事业。为广大居民服务，是发展社区体育的宗旨。根据这一性质，社会体育指导员同居民的关系不存在上下级、领导与被领导的关系，而是平等的关系，为居民参加体育活动提供科学指导和技术服务。它主要有两种方式：一种是义务性服务。目前，我国社区体育指导工作中存在志愿服务和义务奉献的情况，许多发达国家的社会体育指导也有相当多的义务性服务。另一种是有偿服务，即社会体育指导员在开展体育知识、技能传授，锻炼指导，体育咨询以及组织管理中，向居民收取基本的开支费用。随着居民体育消费水平的日益提高，社区也可能出现相应的体育经营实体，开展经营性体育指导活动。但无论是有偿性服务，还是经营性服务，都要将社会效益放在首位，以满足居民的体育需要、为居民服务为己任。社会体育指导员的服务不应以营利为目的，而应突出社会效益。

3. 工作对象的广泛性

社会体育指导员更多的是服务于社区体育。社区体育虽有特定的地域，但它是一项涵盖面极为广泛的社区文化形式。从对象上看，社区体育涵盖社区不同阶层和人群，他们年龄不同，职业各异，文化程度不一，参与体育活动的动机、目的各不相同。从活动的内容和指导方式来看，社区体育涉及面广、杂。仅就锻炼指导来说，不同对象的健身、健美、休闲娱乐和康复体疗的指导方法都不一样。此外，社区体育活动的组织无行政手段可依赖，一刻也离不开居民的合作与支持，还必须协调好各方面的关系。从某种意义上说，社会体育指导员既是一名社会活动家，又是一个多面手。

4. 工作内容的复杂性

目前，我国的社会体育指导员主要服务于社区体育活动，社区成员不仅需要社会体育指导员进行现场技术指导和健身咨询，还需要其具备使用、维护多种运动健身器材的技能，具有运动心理和生理、医疗保健方面的知识和健康的形象。此外，为了扩大社区体育的影响，社会体育指导员还需要有良好的公关能力。

5. 活动指导的平等性

社会体育指导员与社区成员处于平等地位。社区成员是整个体育活动中的主体，社会体育指导员通过提供服务和指导，可以营造一种宽松、和谐、民主、互帮互学的锻炼氛围，促进邻里关系和社会交往。

6. 专业性要求高

社会体育指导员需要具备一定的体育专业知识和技能，包括运动生理学、运动训练学、体育保健学等多方面的知识，以及掌握多种体育项目的技术动作和教学方法。他们要能够准确地评估服务对象的身体状况和运动能力，为其提供科学合理的体育锻炼建议。

（二）社会体育指导员的劳动职责

2011年国家体育总局发布了《社会体育指导员管理办法》（简称《办法》）。该《办法》分总则、组织管理、培训教育、申请审批、注册办理、工作保障、服务规范、奖励处罚、附则共9章43条。其中在服务规范中明确规定："社会体育指导员在基层文化体育组织、群众性体育组织或国家机关、企业事业单位和其他有关组织中开展志愿服务。""社会体育指导员应当坚持科学、文明、安全、诚信的原则，因人、因时、因地制宜，经常开展志愿服务，提高健身者的健身技能和身体素质，推动全民健身活动的开展。"

社会体育指导员的指导对象是社区居民，这就要求他们必须根据居民的收入水平、年龄结构、价值观念、学历、体质状况有区别地进行指导。社会体育指导员的工作宗旨是：面向社会居民的实际需要，开展各种体育指导工作，坚持直接而经常地为居民服务。社会体育指导员应履行的具体工作职责有以下几方面。

1. 主动配合社区体育组织开展丰富多样的社区体育活动

社会体育指导员应采取多种方式方法调动和提高社区居民参加体育锻炼的积极性，提高社区居民的健身意识和健康水平。

2. 指导社区居民科学健身，提高健身指导水平

社会体育指导员要成为社区居民的良师益友。一个好的社会体育指导员，要善于根据不同的健身人群和对象，选择和推荐因时、因地的健身项目。要注意与社区本身的体育文化和健身传统相结合，采用科学、适量、有效的方法进行指导。

3. 提高自身体育科学素养，及时介绍和引入新的健身理念和方法

社会体育指导员自身体育科学素养的高低是能否科学、有效地指导社区居民体育锻炼和健身活动的最核心的因素之一。社会体育指导员要积极宣传《全民健身计划纲要》和科学健身知识，同时要具备及时了解、介绍和引入新的健身理念和方法的素养，使社区体育健身活动充满活力。

4. 引导和帮助社区居民进行合理的体育健身消费，提高他们的体育健身和健康投资的意识

随着社会主义市场经济体制改革的深入，体育健身娱乐、康复保健、健身咨询服务、运动健身家政等市场快速发展，职业社会体育指导员走入社区，他们和业余（志愿）社会体育指导员一道承担起社区体育工作的责任。体育健身消费和体育健身及健康投资会极大改变社区居民的生活方式，提高其生活和生命质量，同时，也会促进体育产业和体育健身消费市场的发展。

三、社会体育指导员的劳动报酬分析

目前，我国社会体育指导员分职业型社会体育指导员和公益型社会体育指导员两种类型。职业型社会体育指导员在取得执业证书后，其薪酬与市场挂钩，与职称挂钩。公益型社会体育指导员的劳动报酬应该得到全社会的广泛尊重和认可，建立起政府购买的责任体制，给公益型社会体育指导员应有的社会保障和利益保障。

在《社会体育指导员管理办法》中，关于社会体育指导员工作保障是这样描述的："各级体育主管部门应当在本级事业经费预算中列支社会体育指导员工作经费，在体育彩票公益金中安排一定比例的资金作为社会体育指导员工作经费，并随着体育工作经费的增长逐步加大对社会体育指导员工作经费的投入。各级体育主管部门应当为有关组织开展社会体育指导员工作提供补助经费，并对农村、贫困地区和民族地区予以倾斜"；"基层文化体育组织应当提供必要的社会体育指导员工作经费。鼓励社会对社会体育指导员工作提供经费、捐赠和赞助"；"各级体育主管部门应当明确基层文化体育组织、群众性体育组织和全民健身设施的管理单位配备社会体育指导员的数量和等级要求，组织社会体育指导员依托各级各类体育组织和设施开展志愿服务"；"有条件的地方体育主管部门应当为社会体育指导员开展志愿服务办理保险。鼓励社会为社会体育指导员开展志愿服务办理保险"。解决社会体育指导员的报酬问题要从以下几个方面进行考虑：

（1）要体现按劳分配的原则。按劳分配是我国最基本的分配制度，是促进社会公平、保障社会公正、激励劳动奉献、推动社会进步最合理的分配制度。社会体育指导员的工作虽然平凡，但对增强国民体质、促进体育事业发展具有重要的意义。他们的工作关系到平常百姓的幸福安康，关系到精神文明建设，所以给予他们与贡献相匹配的待遇既是稳定和发展这支队伍的需要，也是推动全民健身事业发展的需要。

（2）对社会体育指导员的待遇要进行系统研究。目前，社会体育指导员一般在社区工作，而社区是自治性组织，社会体育指导员又没有固定的管理模式，大部分社会体育指导员都是自觉自愿的社会公益性服务者，因此，要通过加强社区组织来改善对社会体育指导员的管理，从而进一步落

实社会体育指导员的劳动报酬。另外，可成立行业协会，社会体育指导员可以成立自己的行业协会，通过协会的力量维护自身权益，争取更好的报酬待遇和工作条件。协会可以与政府、企业等进行沟通协商，为社会体育指导员争取更多的资源和支持。

（3）要明确社会体育指导员的工作地位。政府要为社会体育指导员的劳动建立相应的工作奖励机制，拿出一部分钱来补贴社会体育指导员。同时，社区、组织也要为社会体育指导员开展相应的捐助和赞助活动，开拓相应的创收渠道，通过正式的制度安排，对社会体育指导员进行补助和工作奖励。

思考题

1. 运动员的劳动特点是什么？
2. 怎样看待我国职业运动员的劳动报酬现状？
3. 试述教练员劳动的特点和劳动价值。
4. 目前我国竞技运动教练员的劳动报酬是否合理？为什么？
5. 试述体育教师的劳动特点和劳动价值。
6. 怎样看待我国体育教师劳动报酬的现状？
7. 社会体育指导员的劳动特点是什么？

第十章 体育产业政策

本章导学

改革开放以来，我国从中央到各级地方政府为加快体育产业发展，出台了一系列文件和扶持政策，使我国体育产业在规模、结构、布局、质量和效益等方面都有了快速提升。本章首先介绍体育产业政策的含义、理论依据、作用和目标；其次，从体育产业结构政策、体育产业组织政策、体育产业布局政策、体育产业技术政策 4 个方面论述体育产业政策体系；最后，从体育产业一般经济政策、体育主体产业政策、体育相关产业政策和体育内部产业政策 4 个方面解析我国体育产业政策体系的一般内容。

学习目标

1. 了解体育产业政策的含义、理论依据、作用。
2. 理解体育产业政策的目标。
3. 理解体育产业政策体系的构成。
4. 理解体育主体产业政策的构成。
5. 掌握实现我国体育产业发展目标的主要政策和措施。

第一节　体育产业政策概述

第二次世界大战后，为了谋求国家经济的发展与平衡，大多数国家都把产业政策作为调整产业的重要工具。体育产业政策也对西方国家体育的产业化发展起了非常重要的作用。在一些发达国家，如英国、美国等，其体育产业也随着国家产业政策的调整成为第三产业的支柱产业之一。自1995年起，我国对体育产业化发展进行了探索，体育产业化也在调整产业结构、推动经济增长方面显示出巨大的潜力。在社会主义市场经济背景下，我国体育产业已经逐步成为一个独具特色的产业门类。2014年《关于加快发展体育产业促进体育消费的若干意见》明确指出："到2025年，体育产业总规模超过5万亿元，成为推动经济社会持续发展的重要力量。"2019年国务院办公厅印发的《体育强国建设纲要》提出，到2035年，体育产业更大、更活、更优，成为国民经济支柱性产业。体育产业政策在促进体育产业发展、培育和完善体育市场、促进体育消费、推动体育事业发展等方面发挥着越来越积极的作用。体育产业在我国是朝阳产业，在产业政策的研究、制定以及实施等方面不可避免地存在着许多亟待解决和研究的问题。随着我国社会主义市场经济的进一步发展，特别是在《中共中央关于进一步全面深化改革、推进中国式现代化的决定》提出"构建高水平社会主义市场经济体制"及"健全推动经济高质量发展体制机制"的顶层设计下，体育产业的发展会越来越好，与之相适应的体育产业政策也将会得到进一步的完善。

一、体育产业政策的含义

产业政策的产生可以追溯到17世纪英国的贸易保护和产业保护政策。之后，美国、德国等国家相继征收进口税，旨在保护国内新兴产业以及扶持本土产业。1970年，日本通产省代表在经济合作与发展组织（OECD）大会上作了题为《日本的产业政策》的演讲，"产业政策"一词才被正式提出，发展至今已成为一个广为使用的经济术语。1986年，"产业政策"一词正式出现在我国的《中华人民共和国国民经济和社会发展第七个五年计划》中，在第二部分以"产业结构和产业政策"提出。之后，产业政策在我国越来越为人们所熟悉和重视。由于研究角度和学术背景的不同，人们对产业政策所作的解释也多种多样。严格地讲，产业政策是各国在产业化过程中所采取的一种经济政策，任何有能力履行经济职能的国家都存在某种形态的产业政策。也可以说，产业政策是一个国家中央或地方政府为了其全局和长远利益而主动干预产业活动的各项政策的总和。

体育产业作为一种特殊的产业业态，属于国家新兴战略产业，与其他产业具有一些共性，其发展离不开产业政策的作用。体育产业的建立、运行和发展需要国家制定相应政策予以保障和制约。体育产业政策可以说是国家为实现一定历史时期的体育产业路线而制定的行动准则，是国家干预体育产业发展的一种经济政策，是国家宏观领导、调控、优化和监督体育产业发展和运行的重要依据和手段，也是一国政府为了体育产业的整体发展和长远利益，遵循产业结构演进的一般规律和一定时期内的变化趋势，通过对体育产业资源的配置而实施的以影响体育产业结构、发展目标和水平及其成果为直接目的的一种产业政策，其核心内容包括法规、制度、财政、税收、产权、所有制、价格、外贸、企业法和行政干预等方面的规定和规范。

二、体育产业政策兴起和存续的理论依据

产业政策的本质是一种政府行为，是一种非市场性质的经济调控手段，是政府管理经济的基本工具。制定和推行产业政策是政府经济职能的重要实现形式。

各国学者对产业政策兴起和存续的原因有不同解读，归纳起来，主要有以下三种解释。

（一）"市场失灵"学说

持这一立场的学者强调，产业政策的兴起和存续是弥补市场缺陷、完善资源配置机制的需要。由于公共产品、外部性、规模经济等市场失灵领域的存在，仅仅依靠市场机制，不可能实现产业资源的最优配置。于是，运用产业政策这一非市场调节的手段发挥政府经济职能以弥补市场机制的

缺陷，便成为必要。"市场失灵"学说对产业政策在市场经济发达国家的兴起和存续具有显著的理论解释力。

（二）"赶超战略"学说

该学说强调产业政策是政府在市场机制基础上更有效地实施"赶超战略"的需要。它是总结后发国家实现赶超目标的成功经验所得出的理论认识，因而较好地揭示了"为什么后发国家在实现赶超目标的过程中比发达国家更多地运用产业政策"的原因。事实证明，由于"后发优势"的存在，发展中国家完全可能通过制定和推行合理的产业政策来实现经济的超常规发展，缩短追赶发达国家所需的时间。

（三）"国际竞争"学说

该学说强调产业政策是为了满足当今世界各国更好地参与国际竞争的需要。这是目前各国普遍接受的理论主张，其基本共识是支持产业政策的存续和适度强化。由于经济全球化和世界经济一体化趋势的出现，国际经济关系和国际分工体系正经历着前所未有的变化，各国经济都面临着新的机遇和挑战。在这种形势下，各国政府都迫切需要以产业政策为基本工具，审时度势，充分发挥政府的经济职能，增强本国产业的国际竞争力，从而争取或维持本国产业在经济全球化过程中的优势地位。

"国际竞争"学说较好地解释了当今发达国家和发展中国家都致力于推行不同形式的产业政策的深层原因。21世纪，产业政策将作为各国基本的经济政策长期存在下去。从功能学派的立场看，只要市场失灵现象继续存在，产业政策所发挥的现实功能仍然符合经济发展和社会进步的需要，且不能为其他政策所取代，那么，作为一种有效的制度安排，它的存在基础就是牢靠的，不可能轻易退出历史舞台。

三、体育产业政策的作用

（一）弥补市场失灵的缺陷

市场机制可以依靠价格和供求规律自发地调节资源的合理配置，但是由于规模经济、公共产品、外部性等市场失灵领域的存在，仅仅靠市场机制，是无法避免体育领域的垄断、不正当竞争、体育基础设施投资不足等现象的发生和蔓延的。例如，在市场经济条件下，市场在竞技体育资源的配置中起着基础性作用，如果一味地让市场这只"看不见的手"调控竞技体育的生存和发展，就会使得竞技体育内部利益关系和分配关系混乱，从而引发诸如罢赛、球场暴力、欺诈行贿、运动员收入两极分化等一系列不利于竞技体育发展的矛盾和问题。因而，弥补市场失灵的缺陷，就成为体育产业政策形成的逻辑起点。

（二）促进体育产业结构合理化与科学化，实现体育产业资源的优化配置

依靠市场机制虽然可以较好地实现体育资源的有效配置，但市场的力量相对是盲目的，主要发挥事后调节的作用，因而不可避免地伴随着大量的资源浪费。产业政策作为政府行为，可以根据科学的预见实现事前调节，避免不必要的体育资源闲置和浪费。它在体育产业结构领域的作用尤其显著，通过制定和实施体育产业结构政策，可以加速体育产业结构的合理化和科学化，实现产业资源的优化配置，有效地促进体育产业的成长和壮大。

（三）增强体育产业的国际竞争力

体育产业的国际竞争力是建立在本国体育资源的国际比较优势、创新能力和国际市场的开拓能力基础上的。产业政策对增强企业创新能力和开拓国际市场等具有重要作用。2014年发布的《关于加快发展体育产业促进体育消费的若干意见》提出，引导体育企业做强做精。实施品牌战略，打造一批具有国际竞争力的知名企业和国际影响力的自主品牌，支持优势企业、优势品牌和优势项目"走出去"，提升服务贸易规模和水平。《体育强国建设纲要》在"战略任务"中再次强调，激发市场主体活力。打造一批具有国际竞争力的知名体育企业和具有国际影响力的自主体育品牌，支持优势企业、优势品牌和优势项目"走出去"。《"十四五"体育发展规划》进一步明确，培育壮大体育市场主体。积极促进体育资源和生产要素向优质

企业集中，力争培育100家营业收入超百亿元、品牌知名度高、国际竞争力强、行业带动性大的体育企业。在一系列政策引导下，我国体育产业的国际竞争力不断提升。《2024年全球体育用品行业报告》显示，2023年中国本土品牌占据了前20大品牌中约60%的市场份额，这足以体现我国体育用品企业较强的国际竞争力。此外，《普华永道全球体育行业调研（第八期）中国报告》指出，一批批中国创新的体育产品惠及全球各地，越来越多的中国传统运动品牌战略收购国外运动品牌，一系列中国运动品牌签约国际知名运动员，中国体育品牌全球化步伐正在加快。

四、体育产业政策的目标

由于各国所处经济发展阶段不同，产业政策的目标侧重点也都各不相同。目前，发达国家大多没有明文规定本国体育产业政策的目标，但在实践中往往都以市场机制为导向，促进体育产业结构合理化，防止体育产业组织内的不正当竞争和垄断，将体育产业建设为增强国民身心素质、带动关联产业发展、推动国民经济增长的重要行业，作为施行体育产业政策的指南。比如，在美国、意大利、英国等发达国家，体育产业已经成为其国民经济的支柱产业之一。体育产业不仅为这些国家创造了众多的就业机会，也为政府提供了巨额的财政收入。这些发达国家的体育产业在近100年的时间里能得到如此迅速的发展，究其原因，与体育产业政策的制定及有效执行分不开。

在我国，与体育产业发展相关的政策以基本原则、主要任务等形式体现体育产业政策的目标。例如，《关于加快发展体育产业促进体育消费的若干意见》（简称《若干意见》）中明确了我国体育产业发展的基本原则，即"坚持改革创新；发挥市场作用；倡导健康生活；创造发展条件；注重统筹协调"。同时确定了我国体育产业发展的主要目标，即"到2025年，基本建立布局合理、功能完善、门类齐全的体育产业体系，体育产品和服务更加丰富，市场机制不断完善，消费需求愈加旺盛，对其他产业带动作用明显提升，体育产业总规模超过5万亿元，成为推动经济社会持续发展的重要力量"。为了完成目标，《若干意见》中提出了6项主要任务：① 创新体制机制；② 培育多元主体；③ 改善产业布局和结构；④ 促进融合发展；

第一节 体育产业政策概述

⑤丰富市场供给；⑥营造健身氛围。为了完成这些任务，《若干意见》从大力吸引社会投资、完善健身消费政策、完善税费价格政策、完善规划布局与土地政策、完善人才培养和就业政策、完善无形资产开发保护和创新驱动政策、优化市场环境等方面确定了政策措施。

《国务院办公厅关于加快发展健身休闲产业的指导意见》

为了进一步贯彻落实《若干意见》，《体育产业发展"十三五"规划》《"健康中国2030"规划纲要》《国务院办公厅关于加快发展健身休闲产业的指导意见》《国务院办公厅关于加快发展体育竞赛表演产业的指导意见》等政策文件相继发布，旨在推动体育产业成为经济社会持续发展的重要力量。

《国务院办公厅关于加快发展体育竞赛表演产业的指导意见》

《体育强国建设纲要》提出"体育产业更大、更活、更优，成为国民经济支柱性产业"的战略目标。《"十四五"体育发展规划》明确指出体育产业领域的目标："体育产业发展形成新成果。体育产业高质量发展取得显著进展，产品和服务供给适应个性化、差异化、品质化消费需求，基本形成消费引领、创新驱动、主体活跃、结构更优的发展格局。体育产业总规模达到5万亿元，增加值占国内生产总值比重达到2%，居民体育消费总规模超过2.8万亿元，从业人员超过800万人。"此外，《中华人民共和国体育法》《国务院办公厅关于促进全民健身和体育消费推动体育产业高质量发展的意见》《户外运动产业发展规划（2022—2025年）》《国务院办公厅关于以冰雪运动高质量发展激发冰雪经济活力的若干意见》等一系列法律法规为体育产业及产业内部各业态的快速发展保驾护航，旨在推动体育产业逐步成为我国国民经济支柱性产业。

我国体育产业政策的目标可以这样描述：通过体育产业政策的制定与实施，扩大产业规模、改善产业结构、优化产业布局、夯实产业基础、促进体育消费、推动融合发展，加快形成现代化体育产业体系，推动产业数字化转型升级，促进体育产业高质量发展；将体育产业建成与社会主义市场经济体制相适应、符合经济和社会发展要求、满足人民群众多样化体育需求的国民经济支柱性产业。

第二节 体育产业政策的体系

根据产业政策的含义和各国学者多年来的研究成果以及实践的发展，体育产业政策体系主要包括体育产业结构政策、体育产业组织政策、体育产业布局政策和体育产业技术政策4个主要部分。它们分别从体育产业内部资源配置合理化、防止体育产业内不正当竞争和垄断、建立合理的地区间体育分工协作关系及保障体育产业技术有效发展的角度出发，确保体育产业政策更好地为体育产业的发展服务，其中，体育产业结构政策是体育产业政策的核心。

一、体育产业政策体系的概念

体育产业政策体系是指与体育产业有关的各项政策的总和。体育产业是一个多门类、多层次、纵横交错的产业系统。就横向而言，按产业性质分，可分为体育主体产业、体育相关产业和体育延伸产业；按生产要素分，可分为人、财、物。就纵向而言，向上它受国家总体产业政策，特别是第三产业和体育事业发展规律的制约；向下它的各个产业部门又可层层分解，受多方面条件的限制。这就导致体育产业政策也是一个多因素、多层次的庞大系统。只有全面、系统地分别就体育产业的总体和各个主要因素和层次制定相应的政策，形成一个完整的体育产业政策体系，才能对体育产业进行有效的管理和调控。

二、制定体育产业政策体系的原则

（一）适应社会发展原则

体育事业是社会公益性事业，受政治、经济的影响和制约，其发展依靠国家投入和社会支持，随着社会的发展而发展。建立和发展体育产业同样要适应社会发展，因此体育产业政策体系的设计，必须坚持体育产业发展与我国经济和社会发展相协调、与社会主义市场经济体制相适应的原则。

首先，要紧紧围绕以中国式现代化全面推进强国建设、民族复兴伟业这个中心任务，推动体育产业成为国民经济支柱性产业，将体育建设成为中华民族伟大复兴的标志性事业。其次，必须坚持全面深化改革，科学研判体育产业发展面临的新形势，密切跟踪国际体育产业发展新动态，不断提高主动识变、应变、求变能力，坚持问题导向，深化重点领域和关键环节改革创新，大力推动政府简政放权、放管结合、优化服务，完善社会办体育的体制机制，深化供给侧结构性改革，增强体育产业内生动力，激发体育产业发展活力，形成体育产业发展新模式，通过体育产业政策体系促进体育改革创新和体育产业数字化转型升级之间的良性循环。再次，必须适应《中共中央关于进一步全面深化改革、推进中国式现代化的决定》提出的"构建高水平社会主义市场经济体制"及"健全推动经济高质量发展体制机制"大前提。最后，必须适应我国体育发展的规律和产业发展特别是第三产业发展的规律和政策。

（二）全面系统原则

制定体育产业政策必须坚持为人民服务的宗旨，使社会效益与经济效益相结合，把社会效益放在首位，坚持全面系统的原则。《体育产业统计分类（2019）》将体育产业划分为11个大类、37个中类、71个小类，涉及不同领域和层次的问题，同时强调了体育与文化、教育、旅游、健康、传媒、信息、金融等产业的融合性。这就要求政策的制定过程必须以全局为着眼点，在努力解决单一业态发展的同时，兼顾其他业态的发展，以期产生合力，展现政策体系的整体效益。此外，在政策制定的过程中，还需注意与政策执行、评估等其他政策运行环节之间的衔接。

（三）社会化原则

《中华人民共和国体育法》在第七章"体育产业"第七十四条中明确指出："国家鼓励社会资本投入体育产业，建设体育设施，开发体育产品，提供体育服务。"体育领域积极推进体制改革，核心是发动全社会办体育，这有利于打破原有的体育利益格局，满足经济层面和社会层面等多种需求，提升体育领域的自我改造和自我发展能力。体育产业政策体系一定要有利于充分调动和发挥社会各行业、各社会团体和个人发展体育产业的积极性，充分发挥体育产业的功能和作用，不断壮大体育产业的队伍和力量，着力破解社会资本投资体育产业的"玻璃门""弹簧门""旋转门"等问题。

（四）以人民为中心原则

充分调动人民群众参与体育的积极性、主动性、创造性，胸怀"国之大者"，把优先满足人民群众健康需求、促进人的全面发展作为体育工作的出发点和落脚点，强化体育公共服务职能，落实全民健身国家战略，构建更高水平的全民健身公共服务体系，满足人民日益增长的美好生活需要。体育产业要实现"新质化"发展，就应当坚持以人为本、主动满足人民对美好生活的需要，促进人的全面发展。不仅要满足人们"高、大、上"的个性化服务，更要注重青少年实践能力和创新思维的培养，要让社会大众收获运动知识和健康体魄，助力顽强精神的培养、健全人格的塑造与规则意识的养成。

（五）因地制宜原则

我国幅员辽阔，各地经济、文化条件不同，除了制定全国性的基础体育产业政策，各地可根据具体情况制定地方性政策，以增强体育产业政策的针对性和实效性。

（六）依靠科技进步原则

科技是第一生产力。党的二十大报告强调："教育、科技、人才是全面建设社会主义现代化国家的基础性、战略性支撑。"科学技术的革命性突破、生产要素的创新性配置等催生的新质生产力已成为推动经济社会高质量发展的重要动力，是中国式现代化进程中推进我国经济社会高质量发展的关键。在制定体育产业政策体系时，必须把提高体育队伍特别是提高体育产业队伍人员素质和依靠科技进步的思想贯彻始终，并且落在实处，走内涵发展的道路，提高体育产业管理和生产的效益和效率。

三、体育产业政策体系的构成

（一）体育产业结构政策

1. 体育产业结构政策的含义

体育产业结构是各个体育产业部门之间的相互关系及其内部的比例关系。而体育产业结构政策，是指政府制定的有关干预体育产业内部资源配置过程以促进体育产业结构向协调化和科学化方向发展的体育产业政策。

2. 体育产业结构政策的目标

为了保证经济快速、持续、稳定发展，体育产业结构政策的制定和实施必须明确体育产业结构调整目标，即在一定时期内，根据本国的经济发展阶段、体育产业发展状况、科技水平、人口规模等，通过对体育产业结构进行动态调整，以保持体育产业向协调化和科学化方向发展。其核心是在尊重市场起决定作用的基础上，对市场不能调节和无力调节的领域进行政策性引导。

3. 体育产业结构政策的内容

体育产业政策的内容相当丰富，包括体育产业计划、经济立法、税收结构以及价格政策、信贷政策等，对体育产业各部门或扶植、保护与鼓励，或调整和限制，以促进体育产业各部门的协调发展。科学的体育产业结构政策应反映体育产业结构的协调性和整体性，促进体育产业结构向有序化、合理化方向发展，是在现有资源条件和技术水平的约束下，调整与现有经济发展水平不适应的产业结构，根据现有需求结构和技术水平等条件科学配置生产要素，使产业结构从低级状态向高级状态转变，产业间与产业内的要素布局趋于协调且高关联的动态调整过程。

进入新时代，我国经济由高速增长阶段转向高质量发展阶段。《体育强国建设纲要》《国务院办公厅关于促进全民健身和体育消费推动体育产业高质量发展的意见》等政策相继出台；国家统计局为科学界定体育产业的统计范围，建立体育产业统计调查制度，就2015年版《国家体育产业统计分类》优化出台了《体育产业统计分类（2019）》；《"十四五"体育发展规划》更是明确了我国体育产业发展的阶段性目标，我国体育产业发展迈入了由国民经济的重要力量向支柱性产业转变的关键阶段。根据国家统计局、国家体育总局发布的《2023年全国体育产业总规模与增加值数据公告》，2023年全国体育产业总规模为36 741亿元，增加值为14 915亿元。体育用品及相关产品制造业总产值与体育服务业总产值的比重约为1∶1.43，整体占比向好。虽然体育服务业占比已经达到57.3%（21 046亿元），但是，体育竞赛表演业和体育健身休闲业总产值占体育产业的总产值的比重分别为2.0%和7.5%，整体产值偏低，产业服务化指数仍较低，支柱性产业链辐射效应仍不足。且据统计，2022年安踏、李宁、361度、特步等体育用品企业研发支出占其各自营收比重的平均值仅为2.7%，与耐克、阿迪达斯等发达国家体育用品企业研发支出占比10%～30%的差距还较大。

《国务院办公厅关于促进全民健身和体育消费推动体育产业高质量发展的意见》

这表明，体育健身休闲业市场、竞赛表演业市场、场馆服务市场、体育培训市场、体育中介市场、体育传媒市场等体育服务业市场的发展还不成熟，仅具初步形态。此外，我国的体育用品制造业虽然规模较大，但大多处于全球价值链中低端，产品科技含量和品牌效应有待提高。

《"十四五"体育发展规划》明确了打造现代体育产业体系的目标，强调"加快形成以健身休闲业、竞赛表演业等为龙头、高端制造业与现代服务业融合发展的体育产业体系"，并提出"鼓励体育用品企业研发家庭化、智能化运动装备器材，加快体育用品制造业向服务业延伸"。因此，我国在体育产业结构政策的制定工作中，要做好四方面的内容：

（1）促进体育服务业提质增效。立足新发展阶段，促进体育服务业提质增效，既是高质量发展的关键环节，也是释放服务业动力的重要举措。要大力培育健身休闲、竞赛表演、场馆服务、体育经纪、体育培训等服务业态，创新商业模式，延伸产业链条，形成以健身休闲业、竞赛表演业为龙头，高端制造业与现代服务业融合发展的体育产业体系。支持体育场馆以体为主、复合经营，完善多元功能，提升运营效益，打造观赛、健身、消费、社交体验新场景，同时为社会力量进入体育培训业创造良好的政策环境、市场环境。推动体育竞赛表演产业升级，培育一批具有较高知名度的竞赛表演品牌，支持打造一批具有较大影响力的体育赛事名城。逐步建立、完善和实施体育标准化制度，加强体育服务业质量监测，规范体育服务业发展。

（2）推动体育制造业转型升级。习近平在考察调研北京冬奥会、冬残奥会筹办工作时强调，要加强自主创新，推动我国体育器械制造业加快发展。作为制造业的重要组成部分，体育制造业肩负转型升级重任。要发展服务型制造新模式，鼓励体育用品企业研发家庭化、智能化运动装备器材，推动智能制造、大数据、人工智能等新兴技术在体育制造领域的应用。鼓励体育企业与高校、科研院所联合创建体育用品研发制造中心，增加科技投入，加大科技成果转化力度，开发科技含量高、拥有自主知识产权的体育产品，支持可穿戴运动设备和智能运动装备的研发与制造，促进体育用品制造业向价值链两端延伸。支持优势体育用品企业通过海外并购等方式"走出去"，提升企业知名度和国际影响力，打造优秀国产体育品牌。

（3）推进体育制造业与体育服务业数字化融合。在先进技术支撑下，体育制造业和体育服务业两者很大程度上将融合发展。智能制造系统依托于传感器、网络通信系统、数据挖掘和计算能力，形成硬件制造销售、系统平台与应用开发、大数据及相关服务、广告及其他增值服务为一体的产业链闭环。例如，智能体育项目以高端智能制造为前端，以运动场景为后端，通过数字技术相连接，集合制造、健身、赛事、文旅、康养、培训、传媒、场馆运营等业态，是第二、第三产业复合的生态链式产业。更有意义的是，智能体育将虚拟网络游戏实体运动化，突破物理空间与时间限制，消费者可以足不出户，在室内小空间体验山地骑行、滑雪、高尔夫球等对场地要求较高的运动。对消费者来说，既能享有网络空间和数字技术的乐趣，又参与真实的身体运动，实现了娱乐与健身的双重目的。在体育产业诸多领域中，体育制造与体育服务数字化融合发展都有广阔前景。

（4）实施"体育+"和"+体育"行动，促进融合发展。促进体育产业与相关产业融合，有利于形成新模式、新业态、新消费，提升生活性服务业发展质量和效益，满足大众消费结构升级需要，发挥体育产业的经济社会效益。要促进体育与文化、旅游、教育、养老、健康、医疗、互联网、金融、科技、交通运输、传媒等产业融合发展，构建全产业链生态体系，拓展体育产业发展空间。例如，《国务院办公厅关于促进全民健身和体育消费推动体育产业高质量发展的意见》提出：实施"体育+"行动，促进融合发展。推动体医融合发展；鼓励体旅融合发展；加快体教融合发展。

《"十四五"体育发展规划》也明确指出：实施"体育+"工程，大力发展体育运动技能培训、运动健康服务、体育旅游等产业。打造100个国家体育旅游示范基地。支持北京、河北加快建设京张体育文化旅游带。

2021—2023年国家体育旅游示范基地名单

4. 体育产业结构政策的实施手段

体育产业结构政策的实施手段是所有行为主体为实现体育产业结构政策目标而采取的措施，不仅包括政策操纵的手段，而且包括其他主体所拥有的一切手段。体育产业结构政策包括产业计划、经济立法、税收结构、预算分配结构、价格政策、信贷政策等调节系统。在执行这些政策内容时，要采用行政手段、法律手段、财政税收手段等。以下是三种主要手段：

（1）间接诱导手段。这是政府启动经济杠杆对体育产业结构进行合理化调整的手段。主要有：

① 财政支出手段：主要是通过财政直接投资调整体育产业结构，促进体育产业结构合理化，如财政投资体育基础研究、体育教育、体育信息服务等领域。

② 财政税收手段：包括按国家的体育产业政策目标实行减税、税收返还及补贴，实行引导投资方向的调节税以及差别税等，如体育高新技术产业减免税、对体育赞助企业减免税等。

③ 金融手段：主要包括贷款差别利率、贷款政府担保、债券和股票发行以及上市资格审核、利用外资等。

④ 价格手段：如对体育公共产品、体育准公共产品价格的浮动范围的确定等。

⑤ 政府订购手段：即政府通过对体育商品或服务的直接订购（如政府购买体育公共服务等），刺激体育产业的发展。

（2）直接控制手段。这是政府依照法律的规定，在其范围内运用行政权力，实行直接经济管理的手段。主要有：

① 配额制：主要是指信贷配额、物资配给制等。

② 许可制：包括进出口许可、外商投资许可、限制参加经营许可、技术利用许可、产品生产许可等。

（3）信息指导手段。这是政府利用掌握的信息进行政策引导或提供信息传递场所的政策手段。主要有：

① 通过劝告、诱导等方式向经济主体传递信息，减少经济主体经济行为的盲目性。

② 提供交换信息场所，传递市场信息，减少市场不确定性。

③ 引导外资投入，促进体育行业的结构升级。

（二）体育产业组织政策

1. 体育产业组织政策的含义

体育产业组织政策是指为优化体育产业内资源的合理配置，由政府制定的干预市场结构和市场行为，处理产业内企业间关系的公共政策的总和。体育产业组织政策的实质是协调竞争与规模经济之间的矛盾，以维持正常的市场秩序，促进有效竞争态势的形成。

产业组织政策是市场经济实践的产物。其产生的依据在于：市场力量本身并不能自发地避免过度竞争，也不能防止大规模企业凭借其垄断地位采用共谋、卡特尔和价格歧视等不正当手段来获取高额利润、抑制竞争。在这种情况下，政府有必要以立法形式制定市场规则，规范企业的市场行为，从而提高市场效果。

2. 体育产业组织政策的目标

体育产业组织政策的目标是在体育产业内形成有效的竞争环境，用竞争促进企业提高经济效益，从而提高体育产业的整体效益。

（1）竞争的有效性。实现体育产业组织合理化，就要在体育产业内形成有效竞争秩序，既保持市场竞争活力，又充分利用规模经济。市场竞争，主要指企业间为了争取各自的经济利益所采取的相互抗衡、较量、各尽所能的行为和过程。有效竞争必须维护市场的竞争环境。此外，充分竞争的市场应该是透明的、公开的，每个竞争者能够了解其他竞争者的技术和成本，了解市场的发展方向，消费者也应当有丰富的知识，可以准确地评价体育商品和服务，适当地定位自己的选择。

（2）组织的经济性。体育产业化是体育产业的发展方向。一般来说，任何企业要发展，首先都应达到一定的生产规模，产业的情况也是如此。产业形成之后，在利益驱动和竞争压力之下，将通过各种方式进行扩张，逐步走向成熟和强盛，从而成为国民经济的支柱产业。有活力的竞争会迫使企业尽可能地按照最优组合方式利用经济资源，以便达到一定产出条件下的投入最小化。产业组织政策应保障市场在向需求倾斜配置和向效率倾斜配置的同时，实现企业组织经济性。

3. 体育产业组织政策的内容

（1）反垄断和反不正当竞争政策。反垄断和反不正当竞争政策是发达国家产业组织政策的重点。这是因为发达国家的市场机制相对完善，主要问题是来自垄断势力对市场效率的破坏和由此造成的社会经济矛盾的激化。

在美国，反垄断政策通常是通过贯彻专门的反垄断法规，来限制集中和垄断。美国联邦最高法院是反垄断的最高仲裁机关，司法部则是政府反垄断的执行机构。此外，还按产业分类设有许多独立于行政部门的专业委员会，负责在特定产业内执行反垄断政策。美国国会于1890年颁布了反托拉斯法（即反垄断法），目的就是打破超级垄断，限制贸易壁垒。

在体育市场运行中，美国职业体育联盟正在向超级垄断体育市场的方向发展，反托拉斯法在美国职业体育发展中正受到前所未有的挑战。例如，每个运动项目只有一个职业联盟，这些职业联盟几乎控制着每个运动项目的市场份额。它显然与反托拉斯法形成了鲜明的对立。如果职业联盟的托拉斯垄断一旦被确定成立，则职业联盟将被肢解并需支付昂贵的赔偿金。如今，美国的大多数职业球队价值不菲，运动员的工资更是以百万美元计算，反垄断裁决一旦实施，将会涉及一大批人，包括职业联盟的组织者、职业球队的老板、运动员以及整个职业联赛。

以前，美国业余体育组织不属于反托拉斯法的管辖范畴。但自从一些业余体育组织（如NCAA）具有越来越大的盈利能力，它们也日益成为反托拉斯法监督的对象。法院裁决主要根据这些业余体育组织的行为，如果它们的垄断行为属于非商业性、非营利性，则免于法律责任，否则将受到反托拉斯法的制裁。

（2）体育产业合理化政策。"产业合理化"一词最先出现在德国、法国和英国。产业合理化政策不仅在一些工业化先行国家发挥过重要作用，更是广大后发国家实施赶超战略必不可少的基本政策。因为后发国家在国际竞争中面临的基本问题，就是企业规模较小、产业集中度低、缺乏足够的竞争力。

产业合理化政策主要适用于自然垄断产业,鼓励专业化和规模经济,它着眼于限制过度竞争,直接表现为政府的规制政策。以中国足球职业联赛为例,2011年国家体育总局批复了《中国足球协会职业联赛俱乐部标准》和《中国足球协会职业联赛俱乐部审查和监管办法》,赋予中国足球协会在体育领域的垄断管理地位。

4. 体育产业组织政策的实施手段

实现体育产业组织政策目标的手段主要有以下三种:

(1)控制市场结构。即控制体育产业的市场结构变动,保障其合理性。主要有:① 依法分割处于垄断地位的巨型企业,降低市场集中度,降低市场进入壁垒。② 建立企业合并审批制度,对中小企业实施必要的扶持政策。

(2)控制市场行为。即控制企业的市场行为,扼制垄断势力的扩大,保障公平竞争。主要有:① 禁止和限制竞争者的串谋、垄断及不正当的价格歧视。② 对企业的价格、质量实行全面监督,增加市场信息的透明度等。

(3)直接改善不合理的资源配置。这主要是指政府对"市场失灵"领域的直接干预。主要有:① 政府直接投资于体育基础研究领域。② 对盈利不多或风险较大的重大技术开发项目提供资金援助。③ 增加政府购买公共服务,增加对公共体育设施的投资等。

(三)体育产业布局政策

1. 体育产业布局政策的含义

体育产业布局政策一般指政府机构根据体育产业的经济技术特性、各类地区的综合条件,对体育产业的空间分布进行科学引导和合理调整而采取的政策总和。从本质上讲,体育产业布局合理化的过程也就是建立合理的地区间体育分工关系的过程。产业布局政策既是产业政策体系中不可或缺的重要内容,同时又是区域政策体系中非常重要的组成部分。

2. 体育产业布局政策的目标

从体育产业布局政策的目标来看,体育产业布局政策往往与经济发展程度相关联。也就是说,在经济不发达阶段,政府通常更强调产业布局的非均衡性，即强调优先发展某些地区的特色或优势体育产业，通过特色或优势体育产业的发展带动一般体育产业的发展，通过这些地区体育产业的发展带动其他地区体育产业的发展以及整个国家经济的增长。而当经济较为发达之后，政府则从维护经济公平和稳定等目标出发，侧重强调地区体育经济的平衡性。

3. 体育产业布局政策的内容

体育产业布局政策主要是指地区发展重点的选择。我国是一个发展中的大国，地域辽阔。各地区可以从实际出发，扬长避短，制定本地区的体育发展战略。习近平在中共中央政治局第二次集体学习时强调，要全面推进城乡、区域协调发展，提高国内大循环的覆盖面。为更好发挥体育产业在促进区域协调发展、助推经济增长等方面的独特作用，需持续优化体育产业发展布局。体育产业布局政策的内容主要有以下三方面：

（1）推动体育产业发展对接国家重大区域发展战略。紧扣京津冀协同发展、长江经济带发展、粤港澳大湾区建设、海南全面深化改革开放、长三角一体化发展、黄河流域生态保护和高质量发展、成渝地区双城经济圈建设、高标准高质量建设雄安新区等重大战略，促进体育产业跨区域合作项目建设，鼓励建立区域体育产业发展联盟，实现区域间体育资源共享、制度对接、要素互补、流转顺畅、待遇互认和组织协同等良性互动。例如，引导在京的全国性体育组织落户河北雄安新区，支持京津体育科研院所、体育高科技企业到河北开展技术研发、中试和产业化生产。

（2）深入贯彻落实西部大开发、东北全面振兴、中部地区崛起、东部率先发展等区域协调发展战略，为区域间资源要素流动扫清体制和机制障碍。结合各地实际情况，将体育融入城市发展进程，促进区域体育产业协调发展，培育一批具有较大影响力的体育城市。依托各地独特的自然资源禀赋和人文特色，因地制宜布局运动项目产业，发挥特色项目优势，带动区域特色产业发展。支持新疆、内蒙古、东北三省等地区大力发展寒地冰雪经济。研究推动在河北崇礼、吉林长白山（非红线区）、黑龙江亚布力、新疆阿勒泰等地建设冰雪丝路带。支持京张体育文化旅游带建设。支持新疆、吉林共同创建中国冰雪经济高质量发展试验区。沿太行山和京杭大运河、西安至成都、青藏公路打造"三纵"，沿丝绸之路、318国道、长江、

区域协调发展迈向高水平　重大战略实施取得新进展

黄河沿线打造"四横"，构建户外运动"三纵四横"的空间布局。

（3）助力"一带一路"建设，推动构建人类命运共同体。以"一带一路"共建国家为重点，发起组建国际体育产业联盟。推动在"一带一路"共建国家举办马拉松、自行车、帆船、汽车拉力赛等系列体育赛事。

4. 体育产业布局政策的实施手段

体育产业布局政策主要是规划性的，同时也包括一定意义上的政府直接干预。在地区发展重点的选择上，产业布局手段主要有以下三方面：

（1）制定国家产业布局战略。规定战略期内国家重点支持发展的地区，同时设计重点发展地区的体育发展模式和基本思路。

（2）国家直接投资方式。支持重点发展地区的体育公共设施，及直接投资介入当地体育产业的发展。

（3）差别性的地区经济政策。使重点发展地区的投资环境显示出一定的优越性，进而引导更多的资金和人才投入该地区体育产业的发展。

（四）体育产业技术政策

1. 体育产业技术政策的含义

体育产业技术政策是指国家对体育产业技术发展实施指导、选择、促进与控制的政策总和。它以体育产业技术为直接的政策对象，是保障体育产业技术适度和有效发展的重要手段。产业技术政策是产业政策体系的重要组成部分，它同产业组织政策、产业结构政策和产业布局政策是并列关系。

2. 体育产业技术政策的目标

通过体育产业技术政策引导体育技术标准的制定和施行，推动体育技术水平的持续发展，保障体育技术产品和服务所有者的正当权利，培育体育技术产品生产的运行机制，以技术进步作为引领体育产业持续发展的动力。

3. 体育产业技术政策的内容

（1）确定体育产业技术的发展目标和具体计划。包括制定各种具体的体育技术标准、体育技术发展规划。

（2）技术进步促进政策。包括体育技术引进政策、体育技术推广政策、体育技术开发扶植政策。

体育技术成果是体育无形资产的一个组成部分，体育技术市场具有垄断特征，如果体育技术技能所有者能在交换中依照意愿确定价格，就能使体育商品在竞争中处于十分有利的位置。但是，目前我国的体育产业技术市场还不成熟，体育技术商品化的观念没有真正形成，体育市场的主体和技术商品的界定范围还不明确，阻碍了技术商品和服务价值的实现。体育技术是商品，体育技术市场的主体是企业和个人，应该利用体育竞赛表演市场、体育健身休闲市场等体育主体市场来培育体育技术商品生产的运行机制，在市场运营中确立技术商品的价格，同时通过价格机制又可推动体育产品技术含量的进一步提高。

智能制造不仅是我国制造业由大变强的根本路径，而且对推动体育用品制造业高质量发展、加快转型升级具有积极意义。然而，2022年我国头部体育用品制造企业李宁、安踏的研发强度（研发投入占销售收入的比重）远低于国外一些企业，这制约了我国体育用品制造业的转型升级。因此，针对我国科技创新投入不足、体育科技自主创新能力较弱的客观事实，有必要制定明确的体育产业技术扶植政策，发挥政府的科技创新引导功能，加大体育用品研发经费投入，提升我国体育用品制造业的国际竞争力。例如，针对体育用品制造企业，通过完善高新技术企业认定机制、设立创新专项引导基金、建立金融支持模式等途径，以财政补贴、贷款贴息、政府和社会资本合作（PPP）模式等方式，对在体育用品领域取得重大创新成果或有创新潜力的企业给予优惠或奖励，激发企业创新积极性。例如，江苏省体育产业发展专项资金以资助、奖励和贴息的方式，重点面向企业，支持包括体育装备科技创新、智能产品开发、重点品牌建设、商业模式创新在内的体育装备制造创新类项目，对鼓励江苏省体育用品制造企业创新发展、培育新质生产力起到了积极作用。

4. 体育产业技术政策的实施手段

（1）直接干预手段。这是政府依据有关体育产业技术进步的各种法规所实施的行政干预。包括政府对引进技术实施管制，直接投资于体育产业技术开发和应用推广，主持和参与体育产业技术开发项目等。

（2）间接干预手段。包括政府对体育产业技术的发展前景、战略目标、项目重点等提供指导，对体育产业技术开发提供补助金、税制优惠和融资

安踏展示北京2022年冬奥会装备科技助力中国冰雪健儿

舒华体育"黑科技"产品将入驻巴黎奥运会"中国之家"

支持等。

四、我国体育产业政策体系的一般内容

（一）体育产业一般经济政策

体育产业一般经济政策是指宏观的、带有普遍意义的、任何体育产业都离不开的经济政策。主要包括以下几方面内容。

1. 体育资产管理与开发政策

体育资产管理与开发政策的内容包括：体育资产管理与开发的概念、范围、种类和特性；体育有形和无形资产管理的内容和方法；体育有形和无形资产评估方法的确定；我国体育有形和无形资产开发的基本原则和途径；体育部门国有资产产权的界定标准；防止体育部门国有资产流失的制度规定；侵害体育部门国有资产产权的法律责任；体育部门资产管理机构的确认及其职责；体育部门非经营性资产转变为经营性资产的管理方法；体育部门资产开发收益的分配办法等。例如，针对体育无形资产的管理与评估，《国务院办公厅关于促进全民健身和体育消费推动体育产业高质量发展的意见》明确指出："建立体育无形资产评估标准、完善评估制度。支持各类体育协会采用冠名、赞助、特许经营等方式开发其无形资产。"为规范体育无形资产评估业务行为，保护资产评估当事人合法权益和公共利益，服务体育产业高质量发展，中国资产评估协会于2022年印发了《体育无形资产评估指导意见》。

2. 体育投资政策

体育投资政策的内容包括：社会主义市场经济条件下体育产业投资的性质及作用；体育产业投资主体的构成及扩大投资渠道的措施；政府投资、社会投资（企事业单位）、个人投资和境外投资的原则和政策；在有效的宏观调控下，建立各层次投资主体自我发展、自我完善、自我约束的机制，保证各方面、各层次的投资合理搭配，协调增长；不同投资主体领域的确定，如政府投资可遵循"凡是个人愿投的集体不要去投，凡是集体愿投的国家不要去投"的原则，确保体育产业投资结构的合理化；关于公益性体育投资与经营性体育投资的鼓励和保护政策；在各项体育产业特别是体育

主体产业的投资中，对科技的投资要有明确规定，以提高体育产业的集约化程度；关于鼓励外商投资的政策规定；体育产业投资的管理机构及其职责；综合运用经济、法律、行政等手段管理投资，提高投资管理的有效性；经营性体育产业投资的经济责任和社会责任等。例如，《关于加快发展体育产业促进体育消费的若干意见》提出，鼓励社会资本进入体育产业领域，建设体育设施，开发体育产品，提供体育服务。《中华人民共和国体育法》总则第十一条明确指出：国家支持体育产业发展，完善体育产业体系，规范体育市场秩序，鼓励扩大体育市场供给，拓宽体育产业投融资渠道，促进体育消费。

3. 体育市场管理政策

体育市场管理政策的内容包括：对体育市场范畴和经营活动的界定；制定体育市场管理条例，加强体育市场法治建设；对体育市场实行归口统一管理和宏观调控职能的确定及实施细则；体育市场管理机构的建立、职能及其实施细则；体育经营活动审批程序和许可证制度的建立和实施细则；各类体育经营活动从业条件、标准和检查监督制度及其实施细则；对各类体育市场进行分类管理的政策；保护体育经营者合法权益的政策；对体育经营单位和个人进行业务指导、监督和帮助，以及负责对经营管理人员和业务指导人员进行业务培训的法规等。例如，《"十四五"体育发展规划》强调：加强体育市场监管。完善体育市场监管体制，细化监管举措，不断完善公共体育设施、体育赛事活动、运动技能培训、体育中介服务等重点领域的监管制度体系，进一步加大事中事后监管力度。

4. 体育税收政策

体育税收政策的内容包括：对高消费体育娱乐项目征收特种附加税，对大众消费项目、高雅体育项目少征或不征税；国有体育场馆开办的、向大众开放的体育健身娱乐经营活动，免征国有资产占用税和房地产税；凡纳税人向体育公益事业进行捐赠的，其捐赠金额应纳税额应从其纳税总额中扣除；对体育事业单位附属的独立核算的经营单位实现的利润，用于弥补事业费不足的以及实行企业化管理的自收自支的事业单位，所得纯收入上缴体育主管部门抵顶事业费的部分，经同级财政、税收部门审定后，减免所得税和"两金"；体育部门与其他单位合作开发改造的项目，其中属于体育部门自用的部分，免征投资方向调节税；体育系统所属企事业单位上缴的税利，全部或大部分返还同级体育主管部门，社会办的营业性体育活动税收的一部分返还同级体育主管部门，专户储存，建立体育事业发展基金；赞助企业的体育赞助费用经由财政税收部门和同级体育主管部门核实后，可退还赞助企业全部或部分税额，以资鼓励；体育事业单位在保证自身业务用房、场地的前提下，利用空余房间、场地出租或联办其他产业所得用于贴补事业费者，减征或免征房产租赁税和土地增值税；体育场馆设施建设免交建筑方向调节税和投资方向调节税；运动队训练使用的进口器材的进口税，采用先征后退的方法予以照顾等。例如，《中华人民共和国体育法》第七章第七十一条明确提出：符合条件的体育产业，依法享受财政、税收、土地等优惠政策。

5. **体育服务价格政策**

体育服务价格政策的内容包括：制定体育服务产品的价格政策依据，这种依据既要考虑体育服务产品的价值依据，也要考虑它的供求依据、政策依据、消费能力和不同的消费层次等具体问题；体育服务产品价格种类的确定，重点考虑哪些产品可以采用统一价格，哪些产品可以采用浮动价格和自由价格，哪些产品必须实行优惠价格和低价等；体育服务产品和文化产品的比价关系的确定；体育服务产品价格管理机构及管理方式的确定；违反体育服务价格政策的处罚等。

（二）体育主体产业政策

1. **竞技体育产业政策**

（1）少儿体校和专业运动队（员）经营管理政策。其内容主要包括：基层少儿体校根据各个运动项目市场化和受群众喜爱的程度分别采取收费、部分收费和先出成绩后退还等方式实行部分有偿培训的政策；部分少儿体校和专业运动队逐步向俱乐部制过渡的政策；加强运动员的日常文化学习和就业培训工作，增加退役运动员的就业机会，解决运动员的后顾之忧，且要特别重视加强宏观调控；确保高水平竞技人才在不同项目上的合理分布和正常流动及其后备人才的有效供给；运动员有偿代培和流动政策；运动员比赛资格认定制度；专业运动员工资、奖励政策；专业运动员参加商业性比赛的分配和奖励政策；优秀运动队及其队员接受社会捐赠、赞助和奖励以及承接广告的规定；运动员人身保险、因公致伤、致残抚恤办法；体育部门和其他部门联合办高水平运动队的政策；鼓励少儿体校和专业运动队搞活经济、加强经营、努力创收的政策；运动人才市场经营规定；专业运动员国际转会的规定等。

例如，《关于深化体教融合 促进青少年健康发展的意见》提出，制定优秀退役运动员进校园担任体育教师和教练员制度，畅通优秀退役运动员、教练员进入学校兼任、担任体育教师的渠道。《关于在学校设置教练员岗位的实施意见》对退役运动员转型学校教练员做出指导。体教融合背景下退役运动员进校园具有缓解我国学校体育师资数量不足、提升新时代学校体育教育工作质量、培育优秀竞技体育后备人才队伍、拓展优秀退役运动员多元化转型等时代价值。

（2）体育俱乐部经营管理政策。其内容主要包括：针对业余、职业和商业等不同类型体育俱乐部的性质和特点制定相应的管理制度，实行规范化管理；有关单项协会要加强本项目的组织建设，不断扩大会员数量，并采取有效措施促进后备力量的建设和发展；有关单项协会要建立和健全层层衔接的、具有强大激励作用的竞赛体系，对球类项目而言尤其要建立和健全从国家到地方层层衔接的俱乐部等级联赛制度；有关单项协会要充分利用自身优势，下大力气做好联赛冠名权和电视转播权等部分无形资产的开发经营工作；努力扩大财源，将收益的大部分分配给俱乐部，以增强财力和向心力；有关单项协会要采取协调措施，确保参加全国联赛的职业俱乐部在东西和南北地区分布上的相对平衡；职业和业余体育俱乐部的组织、登记、经营和管理规定；体育行政管理部门和其他单位联合创办职业俱乐部时双方责权利的规定；俱乐部要努力扩大会员及球迷队伍，壮大组织，增强实力；俱乐部要通过多种形式在会员中开展训练、锻炼、比赛和社交活动，增强凝聚力和向心力；俱乐部要扩大经营范围和创收力，改善经济状况，提高造血功能，逐步做到自收自支；俱乐部要加强财务管理，完善财务制度，堵塞漏洞，提高效益；职业运动员资格认定和登记制度，职业运动员的国内外转会制度；职业运动员的工资和奖励政策；职业运动员的人身保险和因公伤残抚恤政策等。例如，为鼓励、支持社会体育俱乐部规范有序发展，国家体育总局、教育部、公安部等八部门在2020年联合印发了《关于促进和规范社会体育俱乐部发展的意见》。

（3）训练基地经营管理政策。其内容主要包括：各级训练基地设置标准和开办条件；各级训练基地经营管理办法；训练基地社会效益和经济效益综合评估办法；经营性收益的分配政策；逐步扩大经营范围，减少国家补贴，向自收自支过渡的政策；对基地科技基础设施、人员和经费的要求等。例如，为加强对全国体育训练基地的指导和管理，国家体育总局在2013年制定了《国家体育训练基地管理办法》。《体育强国建设纲要》要求加大对训练基地科研、医疗、文化教育等的支持，把若干现有基地建设成为世界一流的"训、科、医、教、服"一体化训练基地。

（4）体育竞赛表演经营管理政策。其内容主要包括：各级体育行政管理部门和单项协会大力培育和发展体育竞赛表演市场，使体育竞赛表演朝产业化、社会化、法治化方向发展的政策；体育竞赛表演市场管理政策和制度；全国及在华举办的国际性体育竞赛，在完善体育竞赛招标制度的基础上，积极推行申办制度；各类体育比赛和表演许可证制度；全国综合性和单项运动会管理条例和实施细则；全国综合性和单项运动会集资（含捐赠、广告、赞助和各种类型的经营开发活动）管理条例、实施细则和审计制度；禁止利用体育比赛表演进行赌博的规定；赛场安全制度和具体措施；针对体育比赛和表演市场中的违法现象，制定相应罚则等。例如，《关于加快发展体育产业促进体育消费的若干意见》首次提出取消对商业性和群众性体育赛事活动的行政审批。《国务院办公厅关于加快发展体育竞赛表演产业的指导意见》的出台旨在加快我国体育竞赛表演产业发展。自2023年1月1日起施行的《体育赛事活动管理办法》以及《体育总局关于做好高危险性体育赛事活动管理工作的通知》等体育赛事活动专项政策规范、引导着各级各类体育赛事活动安全、有序、高质量地开展。

《体育赛事活动管理办法》

2. 群众体育产业政策

群众体育产业政策的内容主要包括：采取多种形式和方法，长期地、不懈地宣传、普及有关体育和健身的知识和方式、方法，提高人们的体育参与意识水平和层次；大力提倡和加强群众体育社会化，广泛动员社会各界开展和支持全民健身计划，积极引导和鼓励社会各界投资全民健身服务业，鼓励各地区根据经济发展水平、民族传统、气候和地理条件,投资开发具有自身特色的体育产业;各级政府要通过多种渠道和方式保障基本体育场馆满足群众参加体育锻炼的需要,并用法律形式保证这些场馆不受侵占或破坏,现有公共体育设施,尤其是大、中、小学的体育设施向群众开放,提高利用率;进一步活跃体育健身娱乐消费市场,加强宏观引导和调控,丰富体育健身娱乐活动的形式和内容,使不同层次和形式的体育健身娱乐产业协调发展,满足不同层次和爱好的人们的需求。

群众体育产业政策的内容还包括:提高群众项目体育协会的自主权,并在资金、物质上给予必要的支持,使其面向社会,走向市场;对一些便于进入市场的群众项目体育协会,如武术协会、气功协会、体育舞蹈协会等,要加速其朝实体化方向转化;利用自身优势从事技术培训、组织竞赛和对外体育劳务输出等活动,提升协会活力;加强群众性体育组织的建设,大力发展多种形式和内容的群众性体育俱乐部,开展有组织、有指导的体育健身活动;大力加强社会体育指导员的培训、上岗和考核工作,尽快建设和扩大有一定水平的群众体育骨干队伍;加强各级职工、农民、少数民族、残疾人以及大学生、中学生运动会的社会化建设,强化经营活动,努力集资;研制基层群众性体育竞赛活动的经营管理政策;各体育科研单位和体育院校要在群众体育和全民健身的科学研究方面发挥更大的作用;加强对群众体育科学研究的投入;加快科技成果向群众体育健身实践的转化;鼓励各群众体育产业及时吸收现有科研成果,加强健身活动的科学性,减少盲目性,提高群众体育的科学化程度。

3. 体育场馆产业政策

体育场馆产业政策的内容主要包括:明晰国有体育场馆的产权关系以及经营收益分配的政策;体育场馆要通过经营和产业开发提高自我发展能力,保证场馆和设施的维护、保养、改造和扩大再生产;对各种形式的承包制度要有一定的政策规定,以确保国家、集体和个人三者的利益以及社会效益和经济效益得以兼顾;制定量化的综合审核评价指标体系,落实以社会效益为主兼顾经济效益的方针;对吸收外资或与其他单位及个人联合改造或经营体育场馆要有明确的政策规定,以确保各种利益和效益的合理分配;各种经营活动必须坚持以体为主,并不断扩大其中的体育成分;严肃财经纪律，加强审核、监督，堵塞漏洞，杜绝"穷了国家，富了集体和个人"的现象。例如，为规范和加强公共体育场馆向社会免费或低收费开放补助资金管理，提高资金使用效益，财政部和国家体育总局于2022年印发《公共体育场馆向社会免费或低收费开放补助资金管理办法》。为深入贯彻落实党的二十届三中全会精神，完善全民健身公共服务体系，国家体育总局办公厅于2024年印发《关于进一步加强公共体育场馆向社会免费或低收费开放管理工作通知》，明确要求提高政治站位，切实履行开放义务，落实安全责任，确保安全有序开放，强化监督检查，切实提升开放效果，确保场馆资源真正惠及广大群众，提高人民群众对全民健身公共服务的获得感和满意度。

4. 体育教育科技产业政策

体育教育科技产业政策要求体育科研部门和体育院校要以"全民健身计划""奥运争光计划""科技助力奥运备战"等科技工程为依据，加强对群众体育和竞技体育的科学研究与服务。此外，还要着重培训体育产业专门人才，加强对体育产业问题的研究，促进体育产业理论与实践水平的提高。

体育科研部门和体育院校要面向社会、面向市场，开门办学、办科研，在努力完成国家任务的前提下，结合自身业务，广泛开展多种形式的培训、指导、科研和咨询活动，一方面为发展体育和体育产业多作贡献，另一方面可以增强自身活力；采取多种方式和手段加强体育科研成果信息交流，活跃体育科技成果市场，促进体育科技成果的转化；界定何种体育培训属于义务教育，何种培训属于有偿教育，凡属义务教育严禁收费，将非义务教育性质的体育指导、咨询等劳务活动逐步从无偿变成有偿；视需要与可能将体育信息由无偿分享逐步变成有偿使用；过去只面向运动员的诊所和医院应创造条件，逐步向社会开放；确立体育有偿培训、指导、咨询和医疗服务收费标准；明确国家体育行政部门对体育有偿服务的监督和检查职能；国家工商部门在不同时期对有偿体育服务制定相应的税收标准；制定体育部门有偿服务所获收益的合理分配办法；建立体育科技基金，其经费可从体育彩票公益金、捐赠、赞助和奖励收入中提取一定份额；制定保护体育科技知识产权的法规。例如，2017年，国家重点研发计划设立了"科技冬奥"重点专项，面向北京 2022 年冬奥会的实际需求，围绕办赛、参赛、观赛、安全、示范五大板块部署科研任务。据了解，"科技冬奥"重点专项共安排部署 80 个科研项目，共有 212 项技术在北京 2022 年冬奥会上落地应用。未来，"科技冬奥"成果将持续助力经济社会发展。

5. 体育无形资产开发经营政策

体育无形资产开发经营政策的内容主要包括：明确体育无形资产的内涵和外延；建立体育无形资产的评估体系和办法；建立体育无形资产权益的保护条例；体育无形资产开发经营的方式和方法；不同类型和层次的体育无形资产产权隶属关系、开发和经营权限及其收益分配法规；体育赞助的内涵和外延；体育赞助双方及其中介应遵循的原则；全国性综合运动会赞助收益的合理分配（应逐步做到像奥运会那样，能考虑到各个单项协会的分配利益）；建立体育竞赛表演电视有偿转播制度；制定体育广告经营管理办法；海外实物赞助税收优惠政策；赞助资金和实物管理及使用办法；从全国性体育无形资产开发收入中提取一定比例划归体育科技基金，用于发展体育科技。例如，为规范体育无形资产评估业务行为，保护资产评估当事人合法权益和公共利益，服务体育产业高质量发展，中国资产评估协会于 2022 年印发了《体育无形资产评估指导意见》。

6. 体育彩票经营管理政策

体育彩票经营管理政策的内容主要包括：明确体育彩票的内涵和外延；加强对发行体育彩票意义的宣传，提高认识；体育彩票发行管理机构及其职责的确定；建立体育彩票销售许可证制度，完善体育彩票营销体系；体育彩票销售及其额度管理办法；体育彩票印制管理办法；体育彩票中奖办法的确定，包括中奖说明、奖级划分、中奖名额、奖励形式、开彩时间与地点、公告媒体、兑奖地点和兑奖期限等内容；体育彩票销售单位财务和审计管理办法；体育彩票发行公益金分配原则；违反体育彩票发行和经销政策的处罚。

例如，《"十四五"体育发展规划》明确指出，推动体育彩票安全健康持续发展。坚持国家公益彩票定位，加强体育彩票管理，提升依法治彩水平，完善体育彩票风险防控长效机制。推动责任彩票建设，持续塑造责任为先、公益公信的品牌形象。优化渠道布局和渠道结构，提升渠道服务水平，统筹产品管理体系，制定差异化营销策略，实现客户体验提升和客群结构改善。强化技术支撑能力，发挥数字化赋能作用，加强战略管理、运营管理、创新引领、人才保障，提高体育彩票发行销售整体效能。加强体育彩票公益金使用的管理和宣传，助力体育发展。

7. 体育基金经营管理政策

体育基金经营管理政策的内容主要包括：向有关体育产业部门开征体育事业建设费，或争取体育部门参与分享文化事业建设费的权利；对向体育基金捐款的纳税法人和个人在税收方面给予一定优惠；体育基金名下应设若干专项基金，分项协调使用；对体育基金会投资所得用于自身增值的部分给予一定税收优惠的政策；从体育无形资产开发、捐赠、赞助和奖励所得中提取一定比例充实体育基金的政策。

（三）体育相关产业政策

体育相关产业政策的内容主要包括：明确体育相关产业的内涵和外延；明确体育部门对各类体育相关产业协调、支持、促进和监督的具体职能；及时颁布国内及国际权威体育部门所制定的体育产品标准，提供国内外体育产品标准、规格、贸易、行情以及发展趋势等有关信息，促进信息交流；制定并严格执行比赛用体育器械必须经国家体育总局指定部门认定后方能投产的制度；联合有关部门定期举办体育用品博览会和展销会，活跃体育经济，促进体育商品交流；对各种体育相关产品的生产和经营进行指导、咨询、帮助、检查和监督；采取多种途径、方法和手段为不断扩大和提高体育产品的品种和质量提供服务；为打造中国体育名牌产品和中国体育产品进入世界市场提供支持和帮助。

（四）体育内部产业政策

体育内部产业政策的内容主要包括：明晰产权关系，合理评估和保护国有资产，一方面严防其以各种方式流失，另一方面确保其得到应有收益；政企严格分开；完善各种形式的承包制度和政策，确保合理分配各种收益，严防损公肥私；严肃财经纪律，加强审计、监督，堵塞漏洞，提高效益；体育系统相关产业应聚焦核心体育业务，加速向现代体育产业体系转型，这样做一方面可以发挥体育优势,增强企业自身实力,另一方面可以促进体育事业高质量发展。

> **思考题**
>
> 1. 如何理解体育产业政策的目标?我国体育产业政策的目标是什么?
> 2. 体育产业政策体系主要由几部分构成?
> 3. 体育产业结构政策包括哪些内容?试结合我国体育产业发展的实际情况进行分析。
> 4. 体育产业布局政策包括哪些内容?试结合我国体育产业发展的实际情况进行分析。
> 5. 我国体育主体产业政策包括哪些内容?

主要参考文献

［1］白宇飞．体育经济学［M］．北京：高等教育出版社，2024．

［2］何立华．体育经济学十五讲［M］．北京：北京大学出版社，2024．

［3］王庆伟．体育赛事管理［M］．北京：北京体育大学出版社，2022．

［4］马天平．体育经济学［M］．北京：清华大学出版社，2021．

［5］张春兴．现代心理学［M］．上海：上海人民出版社，2021．

［6］符国群．消费者行为学［M］．4版．北京：高等教育出版社，2021．

［7］卢元镇．体育社会学［M］．北京：高等教育出版社，2020．

［8］曹可强，张林．体育产业概论［M］．2版．北京：高等教育出版社，2019．

［9］丛湖平，郑芳．体育经济学［M］．2版．北京：高等教育出版社，2015．

［10］骆秉全，姚娜．体育消费者行为学［M］．北京：高等教育出版社，2014．

［11］萨缪尔森，诺德豪斯．经济学（第19版）［M］．于健，译．北京：人民邮电出版社，2013．

［12］沈蕾．消费者行为学：理论与实务［M］．北京：中国人民大学出版社，2013．

［13］骆秉全，张力．体育经营理论与实务［M］．北京：北京体育大学出版社，2008．

［14］骆秉全．体育市场营销学［M］．北京：人民体育出版社，2008．

[15] 骆秉全. 体育经济学概论 [M]. 北京：中国人民大学出版社, 2006.

[16] 鲍明晓. 中国体育产业发展报告 [M]. 北京：人民体育出版社, 2006.

[17] 余兰. 体育产业经济学研究 [M]. 成都：西南财经大学出版社, 2006.

[18] 曼昆. 经济学原理（第4版）：微观经济学分册 [M]. 梁小民, 译. 北京：北京大学出版社, 2006.

[19] 黄晓灵. 体育经济学 [M]. 重庆：西南大学出版社, 2005.

[20] 陈宏, 徐伟. 现代体育促销研究 [M]. 合肥：合肥工业大学出版社, 2005.

[21] 李荣日. 体育产业概论 [M]. 北京：北京体育大学出版社, 2005.

[22] 王琪延. 休闲经济 [M]. 北京：中国人民大学出版社, 2005.

[23] 吴超林, 杨晓生. 体育产业经济学 [M]. 北京：高等教育出版社, 2004.

[24] 邱菀华, 邓华, 刘晓峰. 现代文化产业项目管理：如何成功运作大型活动 [M]. 北京：机械工业出版社, 2004.

[25] 戴亦一. 消费者行为 [M]. 北京：朝华出版社, 2004.

[26] 王秋石. 微观经济学原理 [M]. 北京：经济管理出版社, 2004.

[27] 张保华. 现代体育经济学 [M]. 广州：中山大学出版社, 2004.

[28] 钟秉枢, 梁栋, 于立贤, 等. 社会转型期我国竞技体育后备人才培养及其可持续发展 [M]. 北京：北京体育大学出版社, 2003.

[29] 苏义民. 体育经济学教程 [M]. 武汉：湖北人民出版社, 2003.

[30] 陈云开. 赛事经营管理概论 [M]. 上海：复旦大学出版社, 2003.

[31] 杨晓燕. 中国女性消费行为理论解密 [M]. 北京：中国对外经济贸易出版社, 2003.

[32] 武齐, 彭程. 耐克营销 [M]. 北京：中国经济出版社, 2003.

[33] 柳伯力, 陶宇平. 体育旅游导论 [M]. 北京：人民体育出版社, 2003.

[34] 利兹, 阿尔门. 体育经济学 [M]. 杨玉明, 蒋建平, 王琳予, 译.

北京：清华大学出版社，2003．

［35］艾伦，等．大型活动项目管理［M］．王增东，杨磊，译．北京：机械工业出版社，2002．

［36］张忠元，向洪．体育资本［M］．北京：中国时代经济出版社，2002．

［37］赵立，杨铁黎．中国体育产业导论［M］．北京：北京体育大学出版社，2001．

［38］郑志强．我国体育经济学发展历程、学科交融与学科定位［J］．上海体育学院学报，2023，47（1）：83-93．

［39］林毅夫．中国经济增速新目标、增长法宝与共同富裕［J］．中国经济评论，2022（5）：82-87．

［40］江小涓．中国体育产业：发展趋势及支柱地位［J］．管理世界，2018，34（5）：1-9．

［41］游贵兵，张瑞林．体育经济学的科学理论思考［J］．首都体育学院学报，2017，29（6）：485-488．

［42］徐山平．优秀退役运动员就业安置法律保障机制的构建［J］．前沿，2012（13）：93-94．

［43］侯会生，兰保森，刘刚，等．我国退役待安置运动员问题现状及形成原因分析［J］．山西师大体育学院学报，2010，25（3）：33-38．

［44］程大中．中国服务业增长的特点、原因及影响——鲍莫尔—富克斯假说及其经验研究［J］．中国社会科学，2004（2）：18-32＋204．

郑重声明

高等教育出版社依法对本书享有专有出版权。任何未经许可的复制、销售行为均违反《中华人民共和国著作权法》，其行为人将承担相应的民事责任和行政责任；构成犯罪的，将被依法追究刑事责任。为了维护市场秩序，保护读者的合法权益，避免读者误用盗版书造成不良后果，我社将配合行政执法部门和司法机关对违法犯罪的单位和个人进行严厉打击。社会各界人士如发现上述侵权行为，希望及时举报，我社将奖励举报有功人员。

反盗版举报电话　（010）58581999　58582371
反盗版举报邮箱　dd@hep.com.cn
通信地址　北京市西城区德外大街4号
　　　　　高等教育出版社知识产权与法律事务部
邮政编码　100120

读者意见反馈

为收集对教材的意见建议，进一步完善教材编写并做好服务工作，读者可将对本教材的意见建议通过如下渠道反馈至我社。

咨询电话　400-810-0598
反馈邮箱　gjdzfwb@pub.hep.cn
通信地址　北京市朝阳区惠新东街4号富盛大厦1座
　　　　　高等教育出版社总编辑办公室
邮政编码　100029

防伪查询说明

用户购书后刮开封底防伪涂层，使用手机微信等软件扫描二维码，会跳转至防伪查询网页，获得所购图书详细信息。

防伪客服电话　（010）58582300